聆听智慧的声音

宫昌俊 主编

中国社会科学出版社

图书在版编目（CIP）数据

聆听智慧的声音 / 宫昌俊主编. -- 北京：中国社会科学出版社，2015.10
ISBN 978 - 7 - 5161 - 6511 - 9

Ⅰ．①聆… Ⅱ．①宫… Ⅲ．①人文科学－文集②社会科学－文集
Ⅳ．①C53

中国版本图书馆 CIP 数据核字 (2015) 第 159920 号

出 版 人	赵剑英
责任编辑	王 斌 郭晓娟
责任校对	付 婷
责任印制	李寡寡

出　　　版	中国社会科学出版社
社　　　址	北京鼓楼西大街甲 158 号
邮　　　编	100720
网　　　址	http://www.csspw.cn
发 行 部	010 - 84083685
门 市 部	010 - 84029450
经　　　销	新华书店及其他书店

印刷装订	三河市君旺印务有限公司
版　　　次	2015 年 10 月第 1 版
印　　　次	2015 年 10 月第 1 次印刷

开　　　本	710×1000　1 / 16
印　　　张	18
字　　　数	325 千字
定　　　价	49.00 元

凡购买中国社会科学出版社图书，如有质量问题请与本社营销中心联系调换
电话：010 - 84083683

编 委 会

"听君一席言，胜读十年书"
——江阴图书馆《聆听智慧的声音》第二集序

徐 雁

（南京大学教授，兼江苏省政协常委，中国阅读学研究会会长）

作为一个来自树德堂徐氏，又出身于图书馆学专业的人士，我知道，在暨阳这片神奇的土地上，不仅出产知名的风物，而且诞生过著名的人物。且不说徒步壮游华夏山水的徐霞客（1587—1641），单道晚清学者缪荃孙（1844—1919）在版本学、目录学、金石学、方志学等方面的成就，以及他先后奉命创建江南图书馆和京师图书馆的贡献，就不是他方人物可与之媲美的。与地灵人杰的江阴的缘分，正因此而生。

1997 年 11 月 8 日至 9 日，我因参加在江阴举办的缪荃孙学术研讨会而首次踏土暨阳。此行两日，参观了刚刚在申港镇上建成开放的缪荃孙纪念馆，瞻仰了矗立在馆前手握书卷的缪翁雕塑，并聆听了诸多与会专家的交流发言。而古籍版本目录学家、上海图书馆名誉馆长顾廷龙先生的开馆赠诗墨宝："柱史溯源自久长，平生仰慕艺风堂。书林薪火千秋耀，遥望江城献瓣香"，及江阴本地学人田柳先生《缪荃孙对故乡江阴的情愫》一文，更令人印象深刻。

2005 年 10 月 1 日，江阴图书馆新馆舍在澄江中路 128 号落成开放之后，我在馆里曾经开过会、做过阅读推广报告、查阅过地方文献资料，业务往来日益密切。如今，在明媚敞亮的江阴图书馆大堂的荣誉墙上，镶嵌着一方以开卷之书为框架的"书香暨阳"荣誉牌匾。那就是我代表中国阅读学研究会，在"2010 华夏阅读论坛暨阅读疗法的理论和实践研讨会"（2010 年 5 月 22 日）上授予的，表彰的是江阴图书馆在全民阅读推广活动领域所作出的积极贡献，与此同时，暨阳中学和山观实验小学被同时授予了"华夏书香校园"称号。在这次论坛上，与会同行就阅读对读者心理的矫正和完善功能进行了深入探讨，品评了江阴市图书馆编印的阅读推广导刊《读读书》。四年后，该杂志获得了"2014中国图书馆阅读推广类十佳内刊内报"奖，成为了中国阅读学研究会与中国图书馆学会阅读推广委员会的"指定书香园地"。

创设于2008年的"暨阳大讲坛"，在江阴图书馆的精心策划和打理下，已经发展成为江阴公众获得信息、汲取知识、提升文化和科学素养的重要公共园地。而通过整理和编印各学科专家、名家的讲演文稿，是进一步延伸讲坛影响力、拓展讲坛传播力的重要举措。继《聆听智慧的声音》第一集（陈蓉主编，作家出版社2011年版）之后，由宫昌俊馆长主编的第二集即将在中国社会科学出版社出版发行。

纵览收录在第二集中的十四篇讲演录，它们在题材上，既有《吃喝之中求健康》，又有《德行修养与人生智慧》；既有《长大不容易，成长有规律》，又有《解读青春密码》；既有《亲子沟通的艺术》，又有《与其诅咒黑暗，不如点亮蜡烛》；还有专家解读的《论语》、《三国演义》，以及莫砺锋的《诗圣杜甫》、郦波的《曾国藩的人生启示》、赵丽宏的《阅读改变人生》、许知远的《旅行与阅读》、马家辉的《我生命里的八间图书馆》、有葛剑雄的《中国需要怎样的世界文化遗产》等，有的金声玉振，有的振聋发聩，有的雅俗共赏，共同组成了古今知识和中外文化、科学的传播平台。2015年4月23日，是国际教科文组织"世界读书日"设立二十周年，我也应邀走上"暨阳大讲坛"，做了《人生惟有读书好》的讲座。

在多次出入江阴图书馆，与馆内人士有了多个层面的交往之后，我感觉到江阴图书馆不仅具有我国最美基层中心图书馆的潜质，而且还具备最接地气和文脉的基层图书馆的特色。如其所设的展示江阴人士著作的展厅、江阴籍"两院"院士长廊等，都具有非常浓厚的乡土人文特点。

江阴图书馆创建于1936年，明年将迎来创馆八十周年。我期待，在当今这个全民阅读的时代，她能够在文献资源建设、读者服务，尤其是少儿阅读推广等方面，继续领先，把自己打造成为中国最美、最接地气和文脉的基层中心图书馆的楷模。

是为序。

乙未七月于金陵江淮雁斋

目 录

目 录

《论语》——中国人的必读书

鲍鹏山

　　我很荣幸能和大家一起参加江阴读书节，并在图书馆这样的场合和大家交流。以"读书"为主题的活动，我很愿意参加，因为中华民族是全世界最早通过文字来传达思想的民族，中国有着较悠久的阅读历史。

　　在四大发明里面，有一个与读书有关——印刷术。为什么印刷术在那个时候就被我们发明出来了？要知道任何一个发明，都是因为有需求。印刷术的发明，说明那个时候读书的需求非常旺盛，说明中华民族一直是热爱读书的民族。我们中国人精神生活的最基本方式，甚至可以说唯一的方式，就是读书。这是当时我们中华民族和其他民族不同的地方。

　　其他民族也有他们的精神生活方式，比如说宗教活动。他们去参加宗教活动，到教堂里面参加唱诗、礼拜等。我们没有全民的宗教信仰，我们的精神生活主要靠读书。如果说一个民族不读书，或者说读书的风气淡薄了，那就说明这个民族的精神生活已经匮乏、精神生活层次已经下降，以及与之相契合的文化氛围已经淡薄了。告诉大家一个不是很乐观的现状，中国人现在的年均读书量，在全世界的排名是非常靠后的。但是，我们图书馆就做得很好，每年举办这些读书活动，提供读书场所，同时推荐一些好书，拓展大家的读书渠道和范围。可是，今天中国的图书市场不容乐观。与美国相比，他们的人口只有我们的零头多一点，可是我们的图书销量，却还不到美国图书销量的零头！

读书，还没有成为中国人的一种生活方式

我们有时候讲，大国与大国的竞争，最终是什么？是国民的竞争！马丁·路德·金曾经讲过一句话，"我们美国之所以强大，不是因为我们军事强大，也不是因为我们经济强大，而是因为我们的国民强大"。国民强大是什么意思？不是说练了一身好武功，然后带着枪，从拳头武装到牙齿，天天找人打架！而是用书籍和知识武装了头脑。他们有知识，他们有判断力，他们有信仰，他们有他们的精神支柱，这样的国民就是强大的！

据说有个日本人写了一本书，说我们中国社会是一个低智商的社会，原因是中国人不读书。我不知道这对我们算不算是污蔑，但是我觉得，就中国人读不读书而言，他是讲对了。中国现在年人均读书量是四本多一点，我相信在座的都不认可。因为从今天早上来听讲座的人数看，大家是喜欢读书的，有读书的习惯，有听讲座的习惯。但是我们江阴有一百多万人，多少人有读书和听讲座的习惯？再请问我们在座的诸位，你一年读多少本书？大家有没有统计？请大家想一想。上海现在是全中国人均读书最多的，每人每年七本。但据我所知，我身边的人，他们每年所读的书，远达不到七本。那这个数字是怎么统计出来的呢？我猜想有两个原因：第一，我们讲到好事情的时候，总会把数字夸大一点；第二，是我们沾了中小学生的光，统计的时候，把中小学生一年要做的十几本练习册，也摊到我们的头上去，才让我们达到年均阅读四本到七本的数量。

但是你们要知道，全世界读书读得最多的是犹太人，人均每年七十本。美国以及欧洲国家，人均每年三十至四十本，日本也差不多，韩国是人均每年三十本，我们中国人才只有四本多一点，这样的差距，我们怎么和别人竞争？

　　读书，在某种意义上，不是为了学点知识，然后应付考试和升学。这是很功利的读书方式。读书更重要的是什么？是让我们的思维保持在一定的水平之上，是让我们的精神境界保持在一定的高度之上！不读书的话，你的思维不可能在那个层次上，你的精神不可能在那个层次上，所以读书不仅仅是为了获得知识。我觉得，每年的 4 月份，由我们的政府、社会各界以及图书馆做这样一个普及推广的读书月活动，是非常必要的。尤其是对我们中国来说，这真的是太必要、太重要了！

　　中国绝大多数人把业余时间花在饭桌上，花在应酬上，花在打牌娱乐上，花在手机聊天上。中国人打牌是世界第一，如果将来搞世界大战，不比别的；就比打牌、打麻将，中国肯定第一。林语堂曾经到欧洲去旅游，发现全欧洲的人都在打麻将。他很激动啊，说我们中国人终于征服世界了！我们不是靠武力，也不是靠政治，我们靠一副麻将把欧洲人征服了。但是过了两年他再去，全欧洲找不到一个人玩麻将了。他觉得很奇怪，说两年前你们都玩麻将，怎么现在不玩了？欧洲人的回答是，玩麻将太耽误时间了！这话让林语堂印象太深了，所以他专门写了一篇文章，来报道这个事。

　　还有一个类似的例子，有人问马云，"除了淘宝网，能不能再搞个网络游戏"？马云讲过一句话："不做游戏，饿死我也不做游戏。"马云为什么对游戏反感？传说是因为他儿子太沉迷玩游戏了。玩网络游戏让很多孩子变得没有了意志，最可怕的是把一个民族玩得没有了意志。马云还说了一句："玩游戏不能改变中国的现状，只有时间不值钱的国家才去玩游戏。"这个话和百年前林语堂听到欧洲人讲的话是一样的。当我们的时间值钱的时候，我们就不会把时间浪费在玩麻将游戏、手机聊天这样无聊的事情上，我们恨不得要把有限的时间都利用起来！

　　所以，改变你的生活方式，就是改变你的人生；改变国民的生活方式，就是改变一个国家的未来；改变一个民族的生活方式，就是改变一个民族的命运。概而言之，读书对一个民族的重要性不言而喻！全世界最后的竞争，我相信，就是在看哪个国家的国民更热爱读书，更愿意把业余的时间放在读书上！

　　当我们听到别人在说中华民族是低智商民族的时候，内心有没有受到震动？我曾经在微博上说过一句大逆不道的话，招致很多人反对。我写道："我开了微博之后，我觉得特别痛苦的事，是发现在微博上有很多的弱智。"作为文化名人，在这样的场合，用这样的语气说话，我也知道确实是不好。可是，这样的一个观点在微博上发出去，后面就出现很多媒体毫无逻辑、毫无知识、毫无智力地跟帖反对，而且人特别多！当然我在这里要说明的是：我的论点只针对我这个事情，不是特别针对某个人。如果我们社会的整个智力和智商水平就像在微博上表现得那样，那不就证明这个民族就是低智商民族吗？从某种角度看，也反映我们中国人文化程度的现状。我们要能认识到这点，这真的很重要。

我记得多年前读维特根斯坦的著作，他的第一句话就把我打动了，"世界不是事物的总和，而是事实的总和"。我做一个简单说明，比如今天在这房子里，我们所有的人以及桌子椅子都叫事物，还有你拿的笔和本子都叫事物。我们看得见、摸得着的叫事物，这些事物合起来不是世界的本质，世界的本质还得加上另外一个东西，就是此时此刻我们在这儿做一件什么事儿！我们在这儿听一堂讲座，我们在谈读书，我们在举办一项比较高级的关于精神生活的活动，这个才是决定世界的本质、决定世界的性质的！反过来说，如果我们今天在这里不是在读书，同样在这个场所摆上很多麻将桌，大家都在这儿打麻将。什么都不变，就是活动变了，一边是打麻将，一边是谈读书，世界变了没有？世界变了！性质不一样了。所以世界是事实的总和，不是事物的总和。那么这句话给我们什么启发？我们每个人都可以用你自己的选择，来改变这个世界的某种事实。如果你今天在这儿打麻将，那么今天中国就多了一个打麻将的人；如果你今天在这儿读书，那么中国就多了一个读书的人。中国多了一个打麻将的人和多了一个读书的人，这个现状是不一样的！所以我们每一个人在改变自己的时候，就是在改变中国，就是在改变世界！

作为这次讲座的开场白，前面说了读书的重要性，讲了中国人读书的现状，讲到了林语堂，讲到了马云，讲了维特根斯坦的这一句话。我想说明的是，当我们自己的个性化行为改变的时候，我们实际上是在改变世界，所以我们每个人都是很重要的。

没有阅读经典的沉淀，就不具备阅读其他读物的思维能力

那么，下面我们来讲读书。很多人问我，"鲍老师，应该读什么书？因为世界上的书太多了"。确实现在的书比较多，光是江阴图书馆馆藏的书，从现在开始读，不吃不睡地坐在那里读，你这一生能读完吗？所以读书有个前提就是：人生短暂，读书的时间有限。我们会说，开卷有益，读什么书都行，读这个书不也有好处吗？没错，假如我们的时间是无限的，你读什么书都有好处，但是如果我们把时间

算进去，读书的时间只有这么一点，我们要有所选择。比如今天早晨只有两个小时读书时间，如果读一本二流的书，那你就不能读一流的书；读一本很糟糕的书，就表示你不能读一本很好的书。所以我们不能盲目地说开卷有益，不是开所有的卷都有益，得把时间成本算进去。读书一定要考虑读好书。

这个世界上有很多的烂书、没有价值的书，读了非但没有让我们变聪明，反而让我们越来越笨。这种书还特别流行，特别有读者群，特别畅销。很多年以前，我记得是二十世纪八九十年代那会儿，全国人民都在迷琼瑶。而且很多人跟我说，读琼瑶的书也很好啊，文辞也很好，诗词也很优美，每个人都读得眼泪兮兮的。用我的话来说，如果照着琼瑶的书学，你谈恋爱肯定失败。比如《还珠格格》里面的角色总发嗲，全民都跟着学发嗲，尤其是老头老太太，特别喜欢还珠格格，觉得她像孙女一样，逗他们玩。但读书不是让人去玩的，它是一种智力活动。

有人问我，从开始读书到今天，印象最深的书是什么？在我所读的众多书籍中，影响最大的有三本，它们让我开窍明理。不过不算《论语》，《论语》是元典，也是今天要讲的，另外还有三本。第一本是《鲁迅全集》，我大三的时候才开始读。在图书馆花了三个月时间，每天坐十个小时，读完了以后，我觉得比以前不知聪明多少倍。以前感觉自己什么都看不明白，读完《鲁迅全集》以后才发现，原来世界是这个样子的，豁然开朗！还有一本《莎士比亚全集》也是大学时候读的。它让我明白了文学的本质是什么。第三本穆勒的《论自由》是我大学毕业后在校任教时读的，一本小册子，大概只有六七万字。它让我有了现代的眼光，我认为自己判断世界的观念，就是受这本书启发的。

所以我觉得，好书、益书的数量不是很多，没有营养的书却很多。无益的书看再多也没有用，我对我的学生说，你们要好好读书，读很多书，你不能为应付考试去读书、上我的课，只要你好好读书，我一定会让你及格。然后就有个学生跑到讲台上，跟我说："鲍老师，我可喜欢读书了！"我一听，特别高兴，终于遇到一个爱读书的学生了。我还没高兴完呢，第二句话出来了："我把琼瑶全读完了！"我说有多少啊？她还给我比画了下，有两尺多高。我说你《红楼梦》有没有读过？她回答没读。我说《红楼梦》只有十厘米不到，你读了两尺多高也比不上十厘米，它们的内涵不一样！

所以，除了基本读物外，这辈子能让你开窍、让你明白事理的书往往不多。但是让你一辈子都读不明白、越读越傻的书，太多太多。所以读书一定要有选择！

刚才讲的莎士比亚、鲁迅，是我个人的阅读经验，不需要学习，因为每个人的感觉不一样。我对鲁迅有感觉，可能你没感觉；我对莎士比亚有感觉，可能你也没感觉。这些都没有问题，你可以从另外的作家那里找到让你开悟的门道。但是在选择之前，要有一个前提：有经典阅读的铺垫。你必须有阅读经典的底子，这是基础。没有这些沉淀，想通过读一本书就开窍，那是不行的，因为你没有达到那样的思维水平。读书首先要有一个打底子的过程，就像我们盖图书馆大楼一样，一定要有非常坚实的基础。这个基础，就是人类有史以来的经典著作。基础打得越牢、打得越深，上面的建筑就会越雄伟壮观！

今天我们要说的《论语》就是经典。说到经典我还想说，经典里面还要分两类，像我刚才说的《莎士比亚全集》、《鲁迅全集》以及《论自由》是经典，那么《论语》是什么？《论语》当然是经典，但是《论语》比经典更高一个层次，它应该叫元典！所以今天我给大家带来一个概念，在人类书籍殿堂中，排次最为高级的，或者说在今天图书馆这么多书中，排次最高的书，就是元典！

《论语》是元典，是中国人的必读书

哪些书可以成为元典？在中国，孔子的《论语》，老子的《道德经》，墨子、荀子、韩非子的著作都叫元典；在西方世界，苏格拉底、柏拉图、亚里士多德的著作也叫元典，《圣经》也是元典。那么元典和经典有什么区别？元典是在人类文明特殊时期产生的经典。那么人类文明有哪些特殊时期呢？说到人类历史，可以推到几十万年前，比如考古发现的蓝田人、北京猿人。但是这些对我们来说，只有考古学的意义。从文化的层面来讲，人类的文明不算很长，最长也就数中国的上下五千年。而这五千年，是不是每一个年代的价值和重要性都是一致的？不是的！在这五千年里面，距离今天两千五百年左右的那个时期，是人类文明史上最为关键的时刻，此期间出现的经典，我们称为元典。

为什么说两千五百年前的人类文明被称为元典和关键？这倒不是我的观点，只不过是我觉得比较贴切。发表这个观点的，是德国的一个思想家，叫雅斯贝尔斯。他提出一个非常有意思的概念，这个概念已经被学术界承认，叫轴心时代。

他说人类文明史上，有一个划时代的点，就跟坐标一样，人类文明的所有时代，都是围着这个坐标原点运转。他称这个时代为轴心时代，它有时间和空间的概念。时间的概念在公元前 800 年到公元前 200 年，尤其是公元前 600 年到公元前 300 年。雅斯贝尔斯定义的这个时间，对中国来说很有意思，公元前 600 年到公元前 300 年在中国是什么时候？孔子是公元前 551 年出生的，老子比孔子早一辈，算是孔子的长辈。如果从这儿一直往下数：老子、孔子、孙子、墨子……一直到孟子出生，大概是公元前 380 年。孟子活了八十四岁，所以孟子去世的时候，正好是公元前 300 年左右，庄子和商鞅几乎也是同时代的。孟子去世的时候，当时中华大地上还有荀子、李斯、韩非等。雅斯贝尔斯定义的轴心时代，正好是中国的春秋战国时代，也就是我们现在所讲的诸子百家时代。

那么在那个时代，古希腊又是谁的时代？在古希腊是苏格拉底、亚里士多德、柏拉图的时代，在古印度是释迦牟尼的时代，在古代的以色列是耶稣的时代。这就是时间的概念。

空间的概念主要是"四大文明"。四大文明标志着人类文明的历史性突破，是真正的人类文明的曙光。在这之前，人类文明都叫古文明。这对今天来说具有划时代的意义，不再只有精神的意义了。比如我们现在到埃及去看金字塔，它只是一个建筑，能让我们感受古代文明的伟大，但古埃及的价值观念对我们已经没有影响了。而古埃及、古印度、古巴比伦、中国这四大文明，今天仍然构成我们的价值基础，这个时代的书叫元典。

雅斯贝尔斯后来出了本书叫《大哲学家》，这本书非常好。为什么要推荐这本书？古往今来出现了很多的哲学家，有一些已经超越一般的哲学家，具有一定的特殊意义，所以把他们称为"大哲学家"。被誉为"大哲学家"的总共只有十几个，但对于这十几个大哲学家，我要说两个要点。第一点，中国有两位入选：老子和孔子，这是我们的骄傲。还有一点，这十几个人里面，又有四个人被单独列出来，他们是这些大哲学家中的"大哲学家"。雅斯贝尔斯说，这四个人我已经没有办法用哲学家来命名了，因为他们影响了整个人类的思维范式，所以他把这几个人称为人类思维范式的创造者！这四个人是谁？第一是孔子，第二是苏格拉底，第三是耶稣，第四是释迦牟尼。耶稣和释迦牟尼是两个宗教的创始人，一个是基督教，一个是佛教。世俗哲学家有两个人：孔子和苏格拉底。

而且，在这四个人里面孔子是最早的。孔子比苏格拉底早七八十年，比耶稣早。所以，孔子是第一道出现在人类文明史上的曙光，他创造了人类思维的范式，形成一个非常伟大的文化传统。他的思想、他的行为、他的气质以及他的个性，今天都在一本薄薄的书里面记录着，这本书就叫《论语》！

当你打开《论语》的时候，你会发现它总共只有一万一千七百多个字。与读两尺多厚的书比，你说读哪本更有收获？很多人都说《论语》读不懂，我告诉大家，《论语》没有读不懂的。《论语》有那么多的注释、那么多的翻译，可以供你理解。漫画书和童话书很好理解，难道我们一辈子都要读这些书吗？人总要读一些有难度的书，可以让你的精神上一个台阶。试想你站在半山腰，你知道最终将去往哪里？如果你想每一步都轻松些，最后你就会发现，你已经站在山脚下了！如果你愿意每一次都费一点心，每一次都用一点力，蓦然回首，你会发现你已经站在山顶上了！读书也是一样！你不能老想着，读书就是图个轻松，费那么多脑筋干什么？我在学习生涯中，曾经碰到一个特别聪明的人，他中考直接考了中专（我们那个年代中专比高中先录取，中专生比高中生成绩优秀）。他对我说："你进高中就行了，还要费那么多脑筋上大学干什么？"后来我大学毕业当了老师，他在某一个工地操作机器。我没有说开机器有什么不好，都是工作，没有贵贱之分。我俩一起下围棋，那家伙聪明得很，围棋比我下得好，我就老想拉着他下。后来找他，他说已经不下了，问他为什么，他说那个太伤脑筋了。他做什么事都怕伤脑筋，你们知道他现在怎么样了吗？下岗了。他以前在中专学的技术，工厂倒闭，他也就下岗了。他智力比我高，测智商的话，他可能一百五，我最多一百二。我想他如果读书学习愿意吃点苦的话，那么今天肯定在山顶上了。可是现在他和老婆都下岗了，两个人住在五十多平方米的房子里。我说这些只想说明，其实我们每个人都应该在生活中不畏困难，读书也一样。

你不能老想着读轻松的书，不愿意动脑筋。你不愿意动脑筋，有两件事情可以干：第一就是看电视；第二就是打牌。我在很多年前写过一篇文章，讲过这样一个故事：有个猴子给老虎的头皮挠痒痒，老虎觉得很舒服。因为老虎的头上有虱子，猴子可以拿虱子当食物，老虎和猴子各取所需。你知道猴子挠到最后怎么样？把老虎的头皮给弄破了，把老虎的脑浆抠出来，吃一口，觉得还挺好吃。老虎也觉得挺愉快，问它："你吃的什么啊？"猴子挖出来一块给老虎吃，老虎一吃，味道挺不错，继续吃，吃完以后老虎就死掉了。这个故事告诉我们什么？我们看电视，电视就像是给我们头皮上挠痒痒的猴子。看电视的时候，你只要拿遥控器一开，根本就不用去考虑，对于电视剧的每一个情节，导演都给你安排好了。

我在央视参加节目，它面对的是全国十三亿人，不是小众的精英阶层。它的受众相对广泛，所以央视定位的观众欣赏水平是什么？是初中毕业的欣赏水平。为什么说看电视就跟猴子抓痒一样？看电视的时候拿着遥控器，不停地换台，这么循环着换，一晚上就这么换来换去，然后就是睡觉，这就是晚上干的事。

而学习《论语》却不同，要稍微费点力气。我们读《论语》需要做什么？《论语》第一章第一篇告诉我们，子曰："学而时习之，不亦说乎？有朋自远方来，不亦乐乎？人不知而不愠，不亦君子乎？"请问在座的有谁听不懂？我一念大家都能听得懂！文言文和白话文的区别是什么？白话文就是一说出来大家都能明白，文言文说出来你不一定明白，但是我写出来你就会明白。

我曾经说，一个人想聪明起来，是他自己的权利，我们不能剥夺，但同时这是你自己的义务，我们也不能代你尽责。我们为什么要读《论语》？因为《论语》是元典，是人类思想观念和精神世界的起点。后面的那些东西，都在这个基础上。如果你要读中国的小说，尤其是现代白话文小说，那毫无疑问首选《鲁迅全集》。如果说你不喜欢鲁迅，你就喜欢张资平类型的作家，那也可以。但是我要告诉你，经典作品和普通作品是有区别的。与鲁迅同时代的作家有很多，比如冰心，她的散文和小诗读起来清新可喜。但是冰心当时写的小说拿到现在，估计连一个小学生都不愿意学。如果一个人天天读冰心的小说，而另外一个人读鲁迅的小说，到时候这两个人就会有很大的差距，因为它的配置不一样。就像为什么有的车上百万甚至千万，有的车只有十几万，奥拓只要几万块，差距在哪里？好车有最高配置，它代表着汽车制造的最高工艺水平，同样，经典作家代表着人类智慧和认知的最高水平。所以读书当然要读经典，这笔账大家算一算就知道了。买车没有选择余地，太贵的我们买不起。但是读书你总是可以选择的吧？

元典代表人类思维的基点，基点是起点。《鲁迅全集》是经典，但不是元典。读《鲁迅全集》之前，如果你没有读过《论语》，没有读过诸子百家，没有对中国的传统文化有一个基本的了解，你就读不懂鲁迅，因为你缺少这个基础。就鲁迅的杂文来说，里面包含了大量的传统。他的很多观点、他的语言、他的词汇和他的表达方法大量来源于经典，包括《论语》、《孟子》、《庄子》、《荀子》、《韩非子》等。如果没有读过这些书，就没有办法很好地理解鲁迅。

有人在问，畅销书该不该读？我就跟学生说，不是不让你读，也不是不让你买，只是给你一个建议，等一年之后再买。比如2013年的畅销书，先别急着买，用手上的钱先买一本《论语》，畅销书等到明年再买。为什么？因为我有信心，到了明年，这本畅销书可能就没有人再读了。如果这本书不需要读，也就不需要花这个钱和时间了。我们这一代人读书已经吃了很多亏，二十世纪八十年代我们读琼瑶的书，到了九十年代初大家读汪国真的书。但你现在可能这样表述"我年轻的时候喜欢过汪国真"。有些东西只要加一点点时间，就可以掂量出它的价值。我碰到很多热爱读书的人，读的书比我多。但他构不成一个完整的知识体系，他读的书太杂乱。所以，如果说把读的书比喻成建筑材料的话，他读的书没有办法建成一座精神大厦。

回到《论语》，我们读完《论语》后，再去看《孟子》、《庄子》、《韩非子》，然后再去看其他经典，比如汉朝的书，董仲舒的书、司马迁的《史记》；哪怕读宋明理学，读朱熹、张载的书就容易得很。你就会知道他们的观点从哪里来，知道他们为什么这么说，知道前后有什么区别。你有了这个基础，后面的事情就好办了，所以一定要先读元典。而对中国人而言，元典中最重要的一本，就是今天要和大家探讨的《论语》。

《论语》不仅是元典，还是中国人信仰的中心。在有基督教和天主教信仰的国家，没有一个人不读《圣经》。读《圣经》不是为了考试，美国所有的考试卷中，都不允许出现《圣经》的内容。他们上学，不可以把《圣经》当成教学内容。为什么这些国家，不允许把《圣经》当成教材？有两个原因：一是西方讲宗教平等，你把《圣经》拿来当教材，那美国还有信仰伊斯兰教的怎么办？凭什么不把《古兰经》当作教材？美国还有信仰佛教的怎么办？他要告你歧视。所以在美国普通学校不允许有宗教教育，除非你办宗教学校。二是他们有读《圣经》的地方。他们不需要到学校去读，他们的精神生活有两个教育场所，中国除了学校，可能就没有别的教育场所，可是西方除了学校，还有一个宗教场所。很多人明白不了这一点：中国的教育和西方的教育前提不一样，西方的教育建立在全民宗教教育的基础上，中国的教育却没有。所以，教育该有的功能是不一样的。美国人读《圣经》不是为了考试，不是为了工作，也不是为了学习知识，《圣经》里面的知识早就过时了。既不是知识，又不是技术，还不能帮着找工作，美国人为什么要读《圣经》？因为《圣经》是信仰系统，是心灵系统。

中国的传统教育有没有问题？绝对没有！我们的传统教育，是把儒家经典放在学校里面学的。因为《论语》是儒家经典，它不是宗教，所以可以放到学校里当教材。如果所有的读书人都读到《论语》，那么这样的一个民族是有信仰系统的。有一个基本事实告诉大家，那就是至少在汉朝以后，没有一个读书人不读《论语》。他可能《孟子》、《庄子》、《诗经》、《周易》等都没有读，但是《论语》一定会读，《论语》是他们的第一本书。

古代的小孩七岁进私塾，老师发下来的第一本书是《论语》，第一课是："学而时习之，不亦说乎？有朋自远方来，不亦乐乎？人不知而不愠，不亦君子乎？"古代读书人，哪怕只上过一天学，也读过《论语》。就像今天美国人一样，只要信仰基督教，那一定读《圣经》。

所以，人类除了知识和技术，除了养家糊口盖房子之外，还需要一个心灵系统和一个信仰系统。《圣经》、《论语》就是给人类提供心灵系统和信仰系统的元典。一个民族长期不读这样的书，这个民族就会变得很可怕，会变得很功利。它可能很强大，但可能会变得很野蛮，而野蛮的力量不可能强大到最后。人类历史上有很多野蛮的力量：中国历史上的秦王朝，就是野蛮的力量；德国的纳粹，就是野蛮的力量。它们曾经无比强大，但很快就崩溃了。只有文化的力量、心灵的力量、善的力量，才是最永恒的！

那么，我们具体来讲《论语》有哪些价值。

《论语》是一套知识体系，蕴含着深厚的传统文化

读《论语》可以学很多知识。《论语》总共有近一万两千字，分为二十篇:《学而篇》、《为政篇》……每一篇都有相应的短则。比如第一章第一则:"学而时习之，不亦说乎？有朋自远方来，不亦乐乎？人不知而不愠，不亦君子乎？"三句话也叫一则。那么第二则:"子曰:'其为人也孝弟'。"就这样一则一则讲，一共有五百多则。你可以算一下每一则大概多少字？很短，而且朗朗上口！

现在给大家讲《论语》第一篇，第一篇共十六则、六百多字。假如小孩子每天背三十个字，六百多个字要二十多天。假如一天背六十个字，或者一天背一百多个字都可以，很容易。古文比现代文好背得多，整齐精炼，一天就能背下来。背出来有什么益处？从知识层面讲，第一篇六百多个字，你能掌握十几个成语和格言，这些格言是你一辈子都用得着的。《论语》是很多成语的原始出处，像"慎终追远"、"三省吾身"都能在《论语》中找到。我看到有大学老师考学生语文，有道填空题内容是"请写出下列成语出处"。有一个学生怎么回答的大家知道吗？那个学生回

答的是：见《成语词典》。我不知道这个老师怎么给他分数。我为什么要说这个事，因为《成语词典》上的成语，和出处那是不一样的。

　　我记得南怀瑾先生曾经说过一句话：现在的孩子读"小白兔，跳三跳"，跳六跳也没有用，这个背了干什么用啊？而我们小时候学的东西，一辈子有用。如果家里有客人来，你说"有朋自远方来，不亦乐乎"，既表达了对他的欢迎，又展示了文化底蕴。多好！再比如"人不知而不愠，不亦君子乎"，人生活在这个世界上，总是会有被人误解的时候。有必要把所有的误解都跟别人讲明白吗？比如父母误解我，我一定要说父母错了？朋友误解我了，我要找他去说明白？一个班的同学误解我了，我要找全班四十几个同学一个个去谈？我们有这个时间、有这个精力吗？如果你把被别人误解当作生活的一个常态，就会心胸坦荡。现在很多人认为心理学很重要，动不动就去找心理医生，我们学《论语》，开篇就说"人不知而不愠"，就是心理干预。前两天，有个朋友给我发短信，说："我是不是得了抑郁症，现在总是看不到希望，总是觉得很绝望。"我问他为什么？"单位里没人能理解我，领导也一样，我干了很多，他看不到，我心里很压抑。"如果像我们小时候读过《论语》的"人不知而不愠"，他就早有预防，就不会出现这种状态，所以《论语》是能够开阔你的心胸的。

　　《论语》读到第三句，就帮助你开阔心胸，这比"小白兔，跳三跳"好多了。我经常批评中小学的教材，有一次我到山西参加中小学的老师座谈，头天晚上请他们把教材找来，我翻了翻。随便一翻就是："谁的尾巴长？谁的尾巴短？谁的尾巴像把伞？猴子尾巴长，兔子尾巴短，松鼠尾巴像把伞。"同学们都读过这篇文章，我问老师们，这篇课文有意义吗？让孩子知道这些干什么呢？你不教，他就不知道兔子尾巴短吗？然后再一翻是"西瓜大，芝麻小"，我问这干什么呀？他说让他们知道"西瓜大，芝麻小"。我说这个教材是特殊需要的教材吗？我不知道这个怎么教的？然后还让孩子们背。考试还让他们填空"谁的尾巴长"，让孩子们填"猴子"。

　　但是翻开《论语》，很多东西就自然提前解决了。得抑郁症的如果提前读这本书，就不会抑郁了。"人不知而不愠，不亦君子乎"，这就是修养。人生中总会有被别人误解的时候，但被别人误解了又怎么样呢？因为我早就看穿了，被别人误解这很正常。这并不说明我有多委屈，也不说明我比别人有多高明，因为我也会误解别人。所以不要把它当作一件很重要的事情，就不会在心理上造成很多负担，对你的心灵就不会有创伤。没有创伤，就不会受伤害。不会受伤害，就不会得抑郁症，这个就是受益。

从语言学习的角度看，"子曰"就是孔子说，这就是知识。为什么把孔子叫作"子"？你引申一下，"子"在最早是对幼崽的称呼，画的是小孩的形象。后来就是爵位的说法，是"公侯伯子男"五个爵位之一。再到后来，是对有学问、有道德的人的尊称，比如孔子、孟子、庄子、荀子等。再到后来，"子"成了哲学家的尊称。所以凡是思想家，我们都称之为"子"，孔子、孟子、墨子都是思想家，到了宋朝，我们称朱熹为朱子，因为他也是思想家。那么李白的诗写得那么好，我们有没有叫他"李子"？杜甫的诗写得那么好，为什么不管他叫"杜子"？朱熹叫朱子，但是李白却不能叫"李子"，杜甫就不能叫"杜子"。这有什么区别呢？因为"子"是思想家。

古代图书分四类：经、史、子、集，这里又来一个"子"，是指思想类的著作。在古代图书馆查书，我要读老子、庄子，读朱熹的著作，到"子"的一类去找，因为它们属于思想类著作。如果要读司马迁的《史记》，要读《唐书》、《宋史》，那就要找"史"的一类。如果我要读《苏东坡集》，那就找"集"的一类。这些知识在《论语》中就有了，其他更多的文化知识，就不多讲了。所以《论语》是一套丰富的知识体系，一本《论语》读完，中国很多传统文化理念和概念就掌握了。包括称谓，古代人有姓有名有字。孔子有个学生叫子路，子路姓"仲"，名"由"，字"子路"；子贡姓"端木"，名"次"，字"子贡"。为什么《论语》中是子路曰、子贡曰，而不是仲由曰、端木次曰？因为平辈之间要称字不称名。称字表示对别人的尊敬，直呼其名是不礼貌的。从小，读过私塾的父亲就告诫我们，对同学不能直呼其名，对长辈们就更是如此，直呼其名不礼貌。

先前受过教育的人，互相之间都称字。蒋介石称他的部下从来不直呼其名。比如他称呼李宗仁为"德邻"，这是有教养和文化的。但在《论语》中孔子却也直呼其名了，那是长辈称呼晚辈，可以直呼其名。通过这样的学习，能把《论语》中的称谓规矩学习到了。所以说《论语》是一套知识体系，里面包含着很多的文化。

《论语》是一套价值体系，让我们学习如何做道德判断

我们今天讲智慧的"智"，往往是指这个人考试考了多少分，在考试标准化机

器里面做判断，和古人讲的"智"不一样。我们今天讲"智"，"1+1=2"答对了，就叫"智"。"秦朝什么时候统一的？公元前221年"，这也叫"智"。记得有一个人参加单位组织的文化考试，这个人从来不读书，但是他考过了。我问他怎么过的，拿卷子一看，全是选择题。其中有题目是这样的"秦朝是什么时候建立的"，有下面几个选项："公元前221年、公元221年、公元1949年、公元2014年"，然后选择，选什么？公元前221年，肯定是这个答案，后边三个肯定是错的。现在，我们把这些都叫作"智"。

实际上我们今天所谓的"智"是对知识的掌握，知道秦朝是哪一年建立的，知道秦朝的第一个皇帝是秦始皇。知道"1+1=2"，知道电灯为什么会亮，知道话筒为什么会发声。我们把这些叫作"智"，其实不是，这种只能叫作"知识"。对于"知识"来说，我们需要的不是"智"，而是记忆！而在古人看来，什么叫"智"呢？孟子讲"人有四心"，其中有一个心叫"是非之心"。什么是"是非之心"？判断对错，判断是非，判断善恶，判断美丑，这才叫"智"。

举个例子。什么叫记忆力？我现在假如出个题目，孔子是什么时代的人？填空题，下面有几项选择：唐朝、宋朝、元朝、春秋。那大家选一下，肯定是春秋。我这是来考你们的智力吗？不是，考的是你们的记忆力。什么是知识？我给知识下了个定义：知识是对事实的认知。所以有两个要素：第一，知识针对的是事实，不是事实不叫知识，比如我说孔子是唐朝人，这个就不是事实，也不叫知识；第二，认知，所有的知识都是过去完成时，已经被人们所认知。我给你们最简单的鲍氏解答：知识是对于事实的认知。既然是事实，并且早已被人们知道。所以你所需要的就是记忆！跟智力没关系。

那么我们再换一个题目，你认为孔子是一个什么样的人？这个考的就不是记忆力了！这需要你对所有的事实做一个综合，然后对孔子做一个价值上的判断。他是一个伟大的人还是一个渺小的人？是一个杰出的人还是一个普通的人？是一个可敬的人还是一个可恨的人？这个需要去判断，这个判断叫什么？这才叫"智"！

我们在日常生活里，可以说更多地需要是非判断。有很多知识我们不懂很正常，面对庞大的知识体系，可以说人人都是无知的。我在《光明日报》发表过一篇文章讲到"人可以无知，但不可以无良知"。无知是什么？是记忆力。良知是什么？是判断力。

人可以无知，但不可以无良知，为什么要说这句话？人完全可以无知，事实上很多人都无知。如果不服气，马上可以证明。现场给你出一百分的题目，你一分都拿不到。大家说鲍老师你太牛了，你能出一百分的题目，我们居然一分都拿不到。这出题目太容易了，你也可以出一百分的题目，让我一分都拿不到。复旦大学自主招生有个题目，老师给学生一个课题，让学生给老师出个题目，这个题目要求：第一，老师必须答不出来；第二，你必须要有明确的答案。学生都说好难，比如说孔子出生在什么时候，老师肯定知道；问李白是什么人，老师肯定知道。有一个学生特别聪明，他马上张嘴就来一句，老师你知道我祖父的名字吗？老师知道吗？老师不知道。学生有答案吗？有！

学生能难住老师。所以让我出一份一百分的题目考你们，我都不需要动脑筋，只要照他的那个思路，你知道我祖父的名字吗？你知道我祖母的名字吗？你知道我祖母的姑姑的名字吗？你知道我祖母的左边邻居的名字吗？按照这样的方法来出一百道题目，你一题都答不出来，无知啊。但这种无知可怕吗？不可怕。

我甚至可以告诉大家孔子都是无知的，好多人不信。有位学生跟我说：老师，孔子不是无知，孔子的知识很多！我说你怎么知道的？他说司马迁的《史记》上讲到了很多人问孔子古里古怪的问题，孔子都知道。我说司马迁的《史记》上记载很多人问孔子的问题，孔子都回答出来了，这没错。但是你也要知道，也有很多人问孔子古里古怪的东西，孔子都没有回答出来。那是司马迁没记，他记的都是回答出来的。没回答出来的，就没有必要记了嘛。司马迁太崇拜孔子了，记的都是孔子回答出来的。

可是也有人不崇拜孔子，中国道家的《列子》上面有一个故事，小朋友们都读过的《两小儿辩日》。孔子回答出来了没有？没有吧。这个问题对我们今天来说不难吧？太阳早上离我们远，中午离我们近，晚上又远，这个跟光的折射有关。这个问题孔子没有回答出来，然后有人就说，孔子对于这个问题连小朋友都比不上，就说孔子没有智慧。要知道孔子比我们高，不是因为他知识比我们多，而是因为他比我们有良知。

所以我们读《论语》、《圣经》、《法华经》这类的书，不是为了获得知识，而是为了获得良知。中国人现在觉得知识很重要，因为要考试，要挣钱。良知不重要，因为坏人也能挣钱。一个没有良知的人，是多可怕的人；一个没有良知的民族，是多可怕的民族。中国人现在整体的道德水准，跟我们中国人的读书水平一样，在全世界严重靠后。

很多人老觉得自己很牛，老觉得自己应该受人尊敬，因为觉得自己有钱。中国人到全世界买奢侈品，丢尽了脸。很多美国商场都提前打招呼：下午有中国团队来，请其他各国旅客趁早离开。有的饭店直接就提前在墙上打出"中国人要来了"，这些多可怕。我有一次到合肥去做讲座，前一天报纸打出一个大标题"鲍鹏山来了"。后来，我讲课的时候说，你们有没有看过鲁迅先生的一篇文章《来了》。在大街上悄悄跟一个人说"来了！"那人吓坏了，然后一传十，十传百，整个江阴一百多万人都说"来了"！"来了！"不知道什么东西来了，而且还标了一个大标题："鲍鹏山来了"！这个就很可怕。欧洲已经标出"中国人要来了"，大家一定要注意。

要想受人尊敬，一定要有文化；要想受人尊敬，一定要有良知。

我们有很多事情在国际上表现得很没有良知。看到别的国家遭殃了，我们很多人幸灾乐祸，这是多么卑鄙的本性！日本大地震，我们幸灾乐祸。就算再恨日本人，也不能"傲天灾"啊。大地震是全人类的灾难，就不该幸灾乐祸。中国的传统文化说，一个人"傲天灾"要受天谴。什么叫天灾？地震、大旱、洪水、飓风这些叫作天灾。有天灾来了，人家遭罪了，你在那里拍手称快，这样的行为要遭天谴的。

美国9·11事件发生的那天，全世界都在震惊和哀悼，但是有些中国人却在欢呼。我当时正好在复旦大学附近，很多大学生从教室里出来，在校园里、在大街上游行欢呼。两座大厦瞬间轰然倒塌，最初的估计有上万人遇难，伤亡人员中有一百四十多个国家的人。在这一瞬间有些中国人表现出来的是欢呼，你说我们怎么能在国际上受尊敬？你怎么说我们还有一点点的良知？而且做这样事情的人，不是没有知识的人，是大学生啊，是高层次、高端的人啊！

后来美国发生一次校园枪击案，凶手是一个移民到美国的韩裔学生，他在校园杀死了同学，然后开枪自尽。一瞬间三十三个人倒在血泊中。这个事件让全世界震惊了。一个大学生在校园里开枪打死了三十二个人，这样的悲剧在校园里有史以来是没有的。因为这个韩国人长得太像中国人了，所以美国一开始的报道都猜测凶手可能是中国人。你知道中国人什么反应吗？高兴和兴奋呐，我们出了个民族英雄。有一个人甚至在微博上写道："他不是民族英雄，他是民族魂，他一下干掉人家三十二个人！"这是我们中国人的反应。后来证明是韩国人，你看韩国人怎么表现的：韩国总统发表电视讲话。虽然这个人已经移民到美国，属于美国人了，但是韩国总统还要讲话表个态。韩国首尔的民众自发地组织起来，在首尔街头举行烛光守夜活动，给死难者守夜。这是韩国人的表现，而我们中国人的表现是欢呼，这就是差别啊！

　　所以中国人现在缺的是什么？我认为最缺的是心灵系统、精神系统以及信仰系统，这些东西支撑着一个人的良知。中国人原来是没有这个问题的，近几十年来，我们把传统文化资源从教育中剔除出去，从而造成了现在的严重后果。没有信仰，没有心灵，只有利害。谁对我不好，我就跟他拼命。我有个学生跟我说："老师，美国人很坏，他倒霉我就是高兴，不可以吗？"我说，你跟你家邻居起了点冲突，比如邻居家的猪吃了你家的瓜，你家的鹅吃了他家的苗了，有冲突很正常。假如邻居家来了强盗，把邻居一家全杀了，然后你在那鼓掌，这跟9·11事件不是一样的吗？跟邻居有矛盾、有冲突是一码事，他家被强盗杀人越货，你在旁边鼓掌，这证明了什么？这证明了你自己是一个什么样的角色。

　　如果我们这样是非都分不清，就没有办法让自己得到别人的尊重。美国人为什么要读《圣经》？《圣经》就是给他们安装一颗善良的心灵，让他们有个信仰。

　　《论语》五百多则，基本上没有关于知识问题的问答，也没有关于技术问题的问答，只有樊迟问过孔子一个技术问题，结果还被孔子骂了。樊迟有一天莫名其妙问了孔子一个问题："老师啊，我想问怎么种庄稼。"孔子大概被这一问给问傻了，这小子怎么了？孔子没想到给学生讲技术问题。完了孔子答了一句，"我不如老农，你要请教学种庄稼，你去问老农，老农比我专业。"樊迟又傻乎乎地问了一句，"那老师你教我怎么种白菜"，孔子这个时候估计生气了，语气也比较生硬，说："我不如老菜农。"樊迟这时看着老师，赶紧转身走了，然后孔子在背后给他送了三个字"小人哉"。

　　"文化大革命"的时候，就因为这个内容，说孔子轻视体力劳动，其实不是这个意思，这跟轻视体力劳动有什么关系呢？孔子认为，一个人最重要的是要有价值观！因为孔子需要办的是精英学校，他办的不是农业技术大学，他的教育将来是要引导社会的。对于一个求学者来说，重要的不是你会不会种庄稼，而是你能不能有良知和判断。

　　孔子接着这句话说了三个概念："礼、义、信"。礼，礼节礼貌的礼。义，仁义道德的义。信，诚信的信。"礼、义、信"不是知识，不是技术，是价值。我们现在讲的礼、义、信、忠、勇、孝这些都属于价值系统！人是需要有一套价值系统的。这个非常重要，所以在《论语》中，孔子基本上是既没有回答知识问题，也没有回答技术问题。他所做的就是教人做价值判断，价值判断就是提高人类的良知。

知识是学不完的，知识是无限的，而人类所需要运用或者汇集的知识是有限的。所以庄子说如果要用有限的生命去追求无限的知识，你的人生可能会废掉。如果用我们宝贵的生命去追求无聊的知识，人也会变得很无聊；用我们宝贵的精力去追求琐碎的知识，人会变得很猥琐。所以我们一定要警惕知识，我在《光明日报》上写过一篇文章：《要警惕知识，要注重良知》。

《论语》五百多则都在告诉你怎么做良知上的判断。举个简单的例子，有人问孔子："以德报怨，何如？"我现在把这个题目交给在座的诸位，假如有人问你，我们能不能在社会上提倡以德报怨？这个是知识判断吗？不是！是技术判断吗？不是！这个需要做价值判断。现在有人说，孔子讲的要以德报怨，错了！《论语》上是有这个词，《老子》上也有这个词。有学生问到这个问题，孔子的回答很有意思，孔子反过来问了一句"何以报德"？做价值判断和评估的时候，你一定要掂量。一个人做了坏事，我们不但不去惩罚他，反而给他褒奖，那么另外一个人做了好事该怎么办？比如张三做了坏事，我们不惩罚他，反而给他做了褒奖，包容他，给他鼓励，过年的时候还给他送两袋面，让他吃上饺子。李四做了好事怎么办？这一问问得很好，假如做了坏事给他褒奖，那么做了好事，总不能让他受惩罚吧？也只能给他做褒奖，是不是？那结果是，做坏事，给褒奖，做好事，也给褒奖。那么，用数学的思维方式来讲，合并同类项，做坏事 = 做好事。

所以不能提倡以德报怨，因为以德报怨，我们就不公平了。既不能够惩罚邪恶，也不能够鼓励善良、纠正错误，所以不能够提倡"以德报怨"。但是这里有个前提我要说明一下，当我们问孔子这个问题的时候，我们是在讲一个国家的体系。就具体的某一个人对另外一个人是否可以以德报怨？孔子并不反对。孔子只是说作为一个国家的道德体系和义务，我们不能够这样提倡。就具体的人，张三伤害了李四，李四发现张三出问题了、碰到困难了，帮他一把，以德报怨，可以不可以？可以。这个是个人选择，无关紧要。但是不能作为社会的一种道德体系。因为如果这种模式成为社会的道德体系，那么这种道德体系会导致善恶不分。

这里还包含另外一个东西，既然不能"以德报怨"，那能不能够"以怨报怨"？这又是价值评估。一个人做了坏事，然后想尽办法惩罚他。如果他偷了我家的东西，我就想尽办法把他家的门窗砸掉。可以不可以？不可以，这个也是要排除的。以德报怨不可以，以怨报怨也不可以，因为以怨报怨会导致好人和坏人在同一个道德级别上。以德报怨，是坏人跟好人一样，以怨报怨，是好人跟坏人一样。所以都不可以。那么孔子提出的正面主张是什么？"以德报德，以直报怨"。什么是"以直报怨"？就是按照他的所作所为给予恰当的惩罚，既不报复他，也不专门去赦免他。

《论语》就是回答这类问题。看起来很简单："以德报怨，何如"，子曰"何以报德？以德报德，以直报怨"，加起来总共二十字不到，但是这里包含重大的伦理学的命题，甚至包含全世界的很多行为的判断，更重要的是教你怎样去评估这些价值。以德报怨可以吗？以直报怨可以吗？以怨报怨可以吗？评估完之后得出个结论——以直报怨。

所以读《论语》五百多则，就相当于跟着孔子一起做了五百多道的价值判断训练题。这样的训练下来，你自身的判断能力就自然而然地上升了。什么是价值判断？能够判断是非，能够判断善恶，能够判断美丑，能够让我们知道在这个世界上，什么事情可以做，什么事情不可以做；什么话可以说，什么话不可以说；你该支持谁，你该反对谁。比如说，你该支持恐怖分子吗？中国人有部分支持恐怖分子，唯一的理由就是说恐怖分子在跟美国作对。我们会支持强盗，唯一的理由就是强盗把某个有矛盾的邻居给杀了。这是多么可怕的良知。所以，9·11事件后，中国在国际上的形象一落千丈。全世界都很震惊，因为这个自称有五千年文明的古国，在这样一个大是大非问题上，居然站到了世界文明的最底端。全社会缺乏良知，这是我们社会最大的问题。

2007年我在苏州一中的校庆上，就讲到这个问题，我说中国社会面对的最大的问题，就是全社会缺少价值观来源。中国最大的教育问题是，在我们现在的教育体系里面，教学生知识题，教学生技术题，却不教价值判断题。中国人现在的价值取向存在这样的弊端，这样的国家，经济再强大，政治再强大，你如何去引领全世界？在世界大家庭里面，你如何获得起码的尊重？

所以说《论语》是一个价值体系。

《论语》是一套文化体系，让我们对中华民族有了文化的认同

最后，我还要讲一点：《论语》还是一个文化体系。美国人通过读《圣经》获得了心灵的洗礼，获得了良知的判断。中国人读《论语》获得了良知和心灵的判断。

假如我们不读《论语》，去读《圣经》，可以不可以？可以！通过读《圣经》我们同样可以得到上面的东西，做人不会有问题，但是我们的民族就有问题了。通过《论语》获得的良知，你认同的是中国文化，通过《圣经》获得的良知，你认同的是西方文化。文化认同对一个民族来说，生死攸关。

我讲两个例子，一个正面的，一个反面的。

中国是全世界唯一没有中断过自己历史的国家，而且幅员辽阔。辽阔的领土，风土不同，气候不同，民俗不同，甚至方言都不同，可是几千年来却凝聚在一起。虽然有的时候因为利益的冲突合久必分，但分久以后仍然还要合。你知道分久必合的合力从哪里来吗？那就是——文化的认同！没有文化的认同，分久以后也不会再合了。

我们现在说台湾一定要回来，很重要的一点是因为台湾是我们的领土。但是台湾能不能够回来，台湾愿不愿意回来，最终的力量是什么？是台湾对祖国的文化有没有认同！所以说陈水扁很阴险，搞了个"去中国化"。当然我们没有资格说"去中国化"，在台湾，对于小孩《论语》还都是要读的。大陆倒还是真的"去中国化"了，我们不读了。我们几千年来一直维护的统一，靠的是什么？维护中国统一最伟大、最恒久、最基础的力量不是政府代表的政治力量，不是政府代表的军事力量，而是文化的自信！

对于优秀的中华儿女来说，最大的凝聚力来自于什么？不是来自古代的军事，不是来自古代的政治家，而是来自乡村的私塾老师。无论是北京城区的老师，还是在贵州、云南边远山区的老师，一个优秀的老师，在召集子弟开始读书，翻开的第一本书是《论语》，读的第一句话是"子曰"，大家由此有了共同的文化认同。不管是北京，还是贵州，或是云南，这些人心中都有一个圣人——孔子，有一本"圣经"——《论语》！所以，他们的心中就只有一个中华，这种力量是永远不可摧毁的。

我到离越南很近的云南建水县时，发现这个县有一个孔庙。据说它是中国第二大，第一大在山东曲阜。那一天是9·28祭孔，请我过去做一堂报告。我当时讲了这样一个观点，在中国这样一个边陲地区，一个孔庙可以抵十万驻军。孔庙在那个地方，大家的心就向着中国，只要有孔庙在那，那个地方的人心就会向着北京，不会向着南方往河内。

最后，我做一个简单的总结。《论语》是一套知识体系，读完后我们可以获得很多的知识;《论语》是一套价值系统，读完后我们可以获得良知;《论语》是一套文化系统，读完后我们可以获得对民族文化的认同。我们每一个人，都通过这本《论语》实实在在地维护着国家的统一，这就是《论语》的价值!

让我们读书吧，先把《论语》读完! 只有短短一万多字。拜托了!

德行修养与人生智慧

徐玲

　　大家下午好！我是徐玲，来自镇江。去年 8 月第一次来江阴，当时我还是江苏镇江中学的老师，一个月后我就调到了镇江崇实女子中学。今天又有这样的机缘来到"暨阳大讲坛"，分享"德行修养与人生智慧"这样的话题，非常荣幸，非常感恩。

　　介绍一下崇实女子中学，她创办于 1884 年，是美国一个教会创办的学校，1952 年改为镇江第二中学，去年又复办镇江崇实女中。2014 年 12 月是她一百三十岁生日，这所学校被誉为"南国女宗"、"女学先锋"。给大家分享几张图片：大家看到的是不是想象中的民国风情的学校？女生身着五四青年服，脚穿白色的小短袜、黑布鞋，梳两个麻花辫。她们站在古朴的校门口迎宾，让人觉得惊艳。我还记得拍照的这一天，各大媒体头版头条宣传："百年老校民国风"。我很幸运，也很幸福地调任崇实女子中学工作，陪同姑娘们成长。

复办女校：闺阃乃圣贤所出之地，母教为天下太平之源

有人问，现代社会制度之下，为什么还要复办女子中学？我们从老祖宗那里找答案，老祖宗说了这么一句话："闺阃乃圣贤所出之地，母教为天下太平之源。"什么意思？要治天下，先正人伦；要正人伦，先正夫妇；要正夫妇，先正女德。也就是说，要把女子的教育放在头等重要的位置上，这是老祖宗说的。从女子的闺房里面走出来的女孩，将来要为人母，她孕育的孩子将来要成为天下的圣贤人，可见胎教的重要性。当然，要有好的胎教，母亲的德行那是至关重要的，所以女德的重要性就可见一斑了。

《易经》里有一句话："天行健，君子以自强不息。地势坤，君子以厚德载物。"男子意味着天，女子意味着地。大地是什么德行：宽厚、包容、慈悲。所以，女德的培养首先是包容心的培养，女孩子只有具备宽厚的品德才能孕育天下的圣贤。从这个角度来讲，我认为《道德经》里面有一句话很重要："人法地，地法天，天法道，道法自然。"所有人都要向大地学习，大地的坤厚品德是人人都要学的。女子的德行是坤德，这个重要性就可以想象了。

谁决定这个世界？是女人。谁决定一个家族呢？是媳妇，娶一个好的女孩子回来做儿媳妇，要旺三代人。上要孝顺父母；中要敬重丈夫，助夫成德；下还要侍养孩子。这都是媳妇所要具备的品德、要做好的本分。谁来决定丈夫的发展？是妻子，妻贤夫兴旺，家和万事兴。丈夫要兴旺，妻子的德行就非常重要。谁决定孩子的发展？是妈妈。综上所述，我们女人的德行的重要性就不言而喻了。

和蔼的女人会赢得幸福，女孩子的笑容要像和煦的春风。刚刚我进门的时候，有好多的听众在跟我微笑，也许您认识我，也许我们见过，也许我们素昧平生，但是一个微笑就拉近了彼此的距离。所以微笑是女人最好的名片。任何时候都要把微笑展示给别人，证明我们是一个阳光的幸福的女人，这种感觉是很美好的。女人首先要学会微笑，其次是说话。言语要像春雨一样的柔顺，不可以刚硬。《道德经》里面有一句话叫"柔弱胜刚强"。女子在跟丈夫相处的过程当中，有的时候其实就是四两拨千斤。不一定要以刚强为胜，也不一定要以声音大为胜。所以，女子的坤厚、适当示弱，恰恰是智慧的体现。

女子的表情要像冬日的暖阳一样。今天在来的路上，我给江阴的朋友发了一条短信，我说今天下午要来江阴讲课，她给我回复了一条短信，我觉得特别温暖。她说天气越来越冷了，你的讲课将带来温暖。这句话我觉得讲得好、有智慧，特别彰显文化底蕴。我说谢谢您，我一定尽心尽力地把我的所学分享给江阴的听众。

和蔼的女人心灵剔透，而且干净。我觉得心里面干净的女子，看起来要比实际年龄年轻。我们适当地放下一点点，生活就会变得自在；自在了，你的心里面就敞亮；敞亮了，幸福感就会增强。心宽者路宽，心窄者路窄。中央电视台曾经有一个广告：在一个大的舞台上，有一个很模糊的女孩身影在跳舞，她挥舞着红绸子，当整个画面定格的时候，出现了一句广告词"心有多大，舞台就有多大"。这个广告词刻在了我心上，一个人的心量有多大，他将来的舞台就有多大。所以我们不要做一个自私自利的人，我们不要做一个心量狭小的人，如果我们放大我们的心量，我们的生活就会无限美好，你就会发现朋友遍天下，四海之内皆兄弟，这种感觉太美好了。到任何一个城市都不会觉得陌生，都觉得有朋友在，哪怕是一面之缘，或者刚才我说的素昧平生都会觉得很幸福，不会觉得陌生。

老祖宗告诉我们女子要有"四德"：妇德、妇言、妇功、妇容。"妇德尚静正"，通过练书法、绘画、琴棋来安定我们的内心，从小能够读诵经典，能够知道什么是对的、什么是错的、什么是该做的、什么是不该做的；"妇言尚简婉"，女孩子说话尽量简洁明了，和颜悦色，柔和一点；"妇功尚周慎"，就是女子做事情要周到，要谨慎，要顾大局；"妇容尚闲雅"，女孩子的妆容尽量典雅一些，不要浓妆艳抹。《朱子治家格言》也讲童仆、妻妾都不要艳美，尽量清淡一些、典雅一些是最美好的，这都是老祖宗提点我们的。

讲这些内容是说崇实女子中学为什么要复办。当然我们无锡也有女子中学——无锡第一女子中学。北京有华夏女子中学，上海也有第三女子中学。放眼全国，也有很多女子中学。南京今年会复办汇文女子中学。郑州和石家庄也有很多中学在复办女子学校。

紫气东来：中国梦与传统儒家文化

2012 年 11 月，党和国家领导人到国家博物馆参观"复兴之路"展览时，习近平总书记提出实现中华民族伟大复兴是中华民族近代以来最伟大的梦想。把这句话浓缩起来，他提出一个概念叫"中国梦"。我就在想什么是"中国梦"，中国梦是每个人的梦想，是中华文化复兴的梦。当中国文化有了尊严、中国人真的感到中国文化的厉害的时候，这个梦想就实现了。当然我们希望国泰民安，希望国家富强，这也是我们的梦想。

美丽中国从美丽人生开始，它涉及每个人的梦想。我有梦吗？我的学生有梦吗？我在中学当老师，有个学生高一的时候我问他：孩子，你有梦想吗？学生说我的梦想是进入学校以后分到一个重点班。到了高二的时候我问他，孩子，你有梦想吗？小孩的梦想很贴切，他说老师我的梦想是小高考能拿到四个 A，就这么简单。到了高三的时候再问孩子，他就很真切了，他说老师我想考取重点大学，比如说想考南大、北大和清华，他一直有梦想。农民工有梦想吗？当然有，他在这个城市建造了那么多的高楼大厦，他特别希望在自己所建造的五星级宾馆里面睡上一晚，在他建造的那么奢华的国家大剧院看上一场演出。人人皆有梦，中国梦不是一个空旷的概念，它是很具体的。

新中国成立，寓意着中国人真正站起来，摆脱了三座大山的压迫。过了三十年，改革开放让一部分人富起来，继而带动整个新中国的富裕。又过了三十年，时任总书记的胡锦涛提出中华文化的复兴，中国人感到要真正高贵起来了，真正认识到了中国几千年文明的重要性、中华老祖宗智慧的重要性。十八大以后，习近平总书记提出文化强国，全世界孔子学院遍地开花。四百多家孔子学院在世界林立，其实是发出一张又一张文化名片，彰显中国文化的厉害。

苏格拉底、耶稣、孔子、释迦牟尼都是全世界公认的圣贤之人。把他们的思想汇集起来，全球公认中国的孔子是排在第一位的。为什么？孔夫子用八个字，就可以让全世界和睦，这八个字就是"己所不欲，勿施于人"。你自己不想要的，就不要再强加给别人，你自己不希望有恐怖袭击，你就不要去干涉别人的内政，不就是这个道理吗？人类要想在当前这个社会环境之下生存下去，就必须回到两千五百年前，向中国的孔子汲取智慧。2014 年是孔老夫子诞辰两千五百六十五年，也是新中国成立六十五周年，借这个机缘，2014 年掀起了一股又一股学习孔夫子精髓和思想的文化热潮。都说半部《论语》就可以治天下，我们有多少人真正了解《论语》的思想和内涵呢？

习近平总书记到了山东曲阜——孔老夫子的家乡，他说："我这次来曲阜，就是表明中央对传统文化的重视。"习近平总书记提出：儒家推崇的是君子人格。他举了很多对于君子的描述：君子喻于义，小人喻于利；君子坦荡荡，小人长戚戚；君子成人之美，不成人之恶；君子和而不同，小人同而不和；君子泰而不骄，小人骄而不泰。我们的国家领导人到各国大学做演讲的时候，都孔夫子的经典语录，都会从他们的描述当中很流畅地表达出来。中国文化希望得到全世界的了解，就必须通过孔子学院把儒家思想推展出去。

美丽中国是不是我们自己的梦想？至少我觉得是我的梦想。希望自己身心和谐、身体健康、事业顺利、没有烦恼，能够有快乐的人生；希望家庭和睦、子孝孙贤、没有争吵，能够幸福美满；希望社会安定、互帮互助、没有灾难、天下大同。历史上出现过很多"盛世"：康乾盛世、贞观之治等。那时候"路不拾遗，夜不闭户；刀枪入库，马放南山"，多美好多祥和。在贞观之治的时候，死刑犯只有十九个，把他们从监狱里面放出去，让他们几号返回，结果到时间一个不落全回来了。你看那时候的教育是什么状况。我们都期待，当今中国也能出现这样和谐的场面。

然而，当下社会却出现了这样那样的问题：资源浪费；生态被破坏；雾霾严重，我们渴望冷空气可以吹走雾霾；社会正义被漠视，人伦道德的堕落与危机；恐怖邪教的危胁；新生代对未来的迷茫和不安；部分学生拜金享乐，缺乏诚信，不讲道德，沉迷于游戏，不孝父母、不敬师长。

问题出现了怎么办？早在二十世纪七十年代，英国著名的哲学家汤因比就提出，要解决这些问题唯有两个办法：中国的孔孟之道和大乘佛法。

那它们的核心思想是什么？孔孟的核心是"仁爱"，以仁爱治天下，施行仁政；大乘佛法讲的是"慈悲"，要有慈悲心，方便为门，慈悲为怀。西方圣贤讲的是"博爱"，其实都是一样的概念。我们再看，在中国文化里，它的落脚点在哪里？在一个字——孝。因为中国老祖宗提出"百善孝为先"，一个不孝顺父母之人，他不可能去真正爱别人。《孝经》里面有一句话，"不爱其亲而爱他人者，谓之悖德"，不爱自己的父母而去爱别人，跟别人说我爱你，那是有悖道德的；"不敬其亲而敬他人者，谓之悖礼"，对自己的父母都不恭敬，而对别人点头哈腰，这是有悖礼法的。《弟子规》的第一句话："弟子规，圣人训；首孝悌，次谨信"，首先是孝顺父母，友爱兄弟姐妹，然后是做事严谨讲诚信。第二句话："泛爱众，而亲仁"，把爱父母的这份心扩展出去，爱天下芸芸众生，亲近有德行的人、有智慧的人。"有余力，则学文"，就是你把这些都做好了，再来发展自己的兴趣爱好。这些没有做到，那教育就出问题了。所以如果人人以孝道作为出发点，他一定会具备仁爱之心，有仁爱之心了，整个社会就能互帮互助，最后一定会实现孔夫子所提到的大同社会。

有人说，现代教育什么都教了。现在教育看重的是知识和技能，学生对于知识掌握得非常扎实。但我不能保证，他只要考上名牌大学，思想德行就不会出现问题。大家会时不时地看到，所谓的名校大学生做出了一些不可思议的事情，原因是什么？缺少道德教育，道德教育的量比较小，扎根的教育不是很多。根没有扎下去，其他层面再怎么做都可能是白费。若方向走错了，你越努力越可怕。社会提倡以人为本，而人以德为本，所有的德行当中以孝道为本。一个不孝顺父母之人，是没有资格来谈将来他会有多大发展的。

有鉴于此，国家教育部颁布了一个大纲——《完善中华优秀传统文化教育指导纲要》，这是我们的福音。今后，国家会把优秀的文化融入课程体系，增大中华传统文化在高考和中考中的比重。那么考什么？给大家看一看，分为三大块，就像我们现在提出的二十四个字的社会主义核心价值观一样，它分为国家层面、社会层面和个人层面。国家层面：以人人具备天下兴亡、匹夫有责为重点的家国情怀教育；社会层面：以仁爱共济、立己达人为重点的社会关爱教育，人跟人之间互帮互助，邻里之间相互守望，社会出现不公平、不正义的时候，要勇敢地站出来，而不是事不关己、高高挂起；最后一点个人层面：以正心笃志、崇德弘毅为重点的人格修养教育，也就是说自己要修身，要有志向，要有扎根德行培养的愿望，要树立终身学习的理念，到任何时候我们都要读书，增长智慧。

再看看社会主义核心价值观，我们熟悉一下这二十四个字，国家层面：富强、民主、文明、和谐；整个社会层面：自由、平等、公正、法治；十八届四中全会以后我们提出要实现法治，倡导爱国、敬业、诚信、友善。

"蒙以养正，圣功也。"要从娃娃抓起，在孩子童蒙时候提出。现在我们江阴很多学校都在提倡读经教育，比如江阴长山中学顾文伟校长那边做得特别好，学生一直在读诵《弟子规》，而且以这个为基础，学了很多中华经典。周末的时候家长和孩子一起去接受中华经典文化教育。在孩子童蒙时候，把正知正见扎进去，把这个根给扎好，这是最大的功德。所以提倡孩子读经，是非常好的一件事情。

现在"幸福"这个词显得比较奢侈，我觉得它比"成功"这个词还要奢侈。2012年中央电视台采访："你幸福吗？""我姓曾。"这个神一样的回答火了以后，2013年又来了，"你最缺什么？"一个女孩冲着镜头讲："我最缺男朋友。"一个老大爷说:"我最缺钱。"最搞笑的是这名记者进了一个社区,四个老太太在打麻将,他问了一个老太太,"大妈,你最缺什么?"大妈看了一下牌说:"我最缺筒子。"这个笑话说明央视是开放的,把老百姓的真实状态都播出来了,很自在。当然,这也说明现在我们中国人的心态是自由的。

2014 年中央台又采访:"你的家风是什么?"大家有没有发现把这个话题投出来,表达了对中国传统文化的重视?你不是单独的个体,你是关乎整个家族的;你不是爸爸妈妈生了你之后就是独立的,你要怎么样就怎么样。你关乎整个家族的传承,整个家风的传承。孔夫子的孔家家风是"天下第一家",已经七十几代子孙了。范仲淹也是这样,《了凡四训》中有袁了凡给他的儿子留下来的家训。《朱子治家格言》中"黎明即起,洒扫庭除,要内外整洁;既昏便息,关锁门户,必亲自检点;一粥一饭,当思来处不易;半丝半缕,恒念物力维艰"。古代圣贤的子孙,还在传承着他们的祖先遗留下来的家风。读读这些,多好啊!那个时候老祖宗告诉他们的子女,你一定要怎么做,小到穿衣打扮,大到为人处世,都教得非常仔细。我们现代人也得讲讲我们的家风,我们的祖上留给我们什么样的品质?我的爸爸妈妈希望我成为什么样的人?我都要努力地去实现这个。所以人不要自私地觉得我就是我,不关乎他人,我们关乎整个家族的兴旺发达。

提到这一些,我就想起全球都公认的大德高僧星云大师。他来到镇江做了一个法会——"看见梦想的力量"。提出来这几个词语:

第一,说好话、做好事、存好心。首先心要好,从我们嘴里要说出表扬、赞美、令人开心、有正能量的话,多做善事、多做好事。星云大师用特别口语化的语言,提点我们芸芸众生要做到这些。不要觉得我做这些是为别人,错了,其实是为自己。

第二,给人信心、给人欢喜、给人希望、给人方便。要鼓励人,要给人信心,不要说打击别人的话,不要说泄气的话。我的学生在高考前问我:"徐老师,我能考上重点大学吗?"孩子很忐忑,很不安,我立即告诉他没关系,绝对可以啊,因为离高考还有一段时间,而这一个多月的时间可以发生巨大变化,完全可以啊!他很高兴。我还记得一个女孩考南京大学,小姑娘笔试之前跟我讲:"徐老师,我想考南大自主招生。"我说:"OK,没问题,你肯定可以的。"她说:"我总觉得我们班报名的那几个同学实力都比我强。"我说:"她的实力比你强没关系啊,因为南大不仅仅录这几个学生嘛。"孩子觉得有信心了,就报一报试试看,结果通过了。笔试通过了以后跟我讲："徐老师，你能帮帮我吗？我要参加南大的面试。""没问题。"周末我陪她把整个面试环节过了一遍，考完回来看到我说："徐老师，我觉得我面试应该没有大问题。"很有信心、很高兴。又过了十几天，告诉我："徐老师，我被南大录取了。"我就觉得其实孩子在最忐忑不安的时候，他最需要的是信心、是鼓励。当孩子的信心不太足的时候，他总希望有一个比他成熟的人，比如说老师、家长、朋友给他打打气鼓励一下，他就好了。所以我们说话一定要有艺术。

第三，是五和：自心和乐、人我和敬、家庭和顺、社会和谐、世界和平。我们希望自己能自心和乐、身心和谐，身体是健康的，心灵是敞亮的。人跟人之间要有恭敬心，你对别人有一份敬意，人家也会存一份敬意对你。家庭和和顺顺、社会和谐是我们的期待，天下太平，世界和平，没有战争。

这是星云大师给我们的一些提点："三好"、"四给"、"五和"。

儒、释、道：中国文化的根

当前世界前十位的奢侈品，你觉得你有吗？有哪些？"信仰和理想"就是。人活着要有自己的信仰，要有自己的理念。中国梦就是一个梦想，就是理想。"真诚和慈悲心"是奢侈品，"质朴和童心"也是，要复归于婴儿。耶稣讲过一句话，如果我们人人都回到孩童时候，你才有资格去见上帝。老子也说过要复归于婴儿，人来到这个世界历练了几十年，其实受到了很多的沾染，心蒙了很多的灰尘，但是越到最后越要让自己活得简单，像孩子一样的单纯。今天请大家把这些奢侈品带回家，我们要有一些梦想，要有信仰，要有自己的目标，要觉得我可以成为什么样的一个人，重新思考和定义我们的人生，我觉得这应该是很美好的一件事。

怎么样才能树立自己的信仰？"至乐无如读书，至要莫若教子"。最快乐的事情是读书，增长智慧；最重要的事情是教育好孩子。这两样是最重要的。

中国文化学什么？跟经典学不会错，方向不会偏，经典是我们最好的老师。中国有几千年的历史，从孔老夫子到现在有两千五百六十五年，这么多文化要传承，这么多经典云集，我们现在读了多少？如果放眼看过去，真正影响中国人的有太多的理念，浓缩起来代表着经典和价值观的，或者一种深层理念的是：儒、释、道三家的思想，这是根本。

中国文化千姿百态，中国的武术、中国的诗词歌赋、中国的八大菜系、中国的园林建筑、中国结等都代表中国文化。那么这些千姿百态呈现出来的，就像一棵大树的枝叶一样非常得繁茂，但这棵大树的根就三条：儒、释、道。儒家思想的代表人物是孔孟，它讲的是人和社会的关系，它希望人要有仁爱思想，对己对人要有忠恕的思想，人要有人伦道德，要遵循五伦八德，这是孔老夫子提出来的儒家思想的核心。到了道家文化，以老庄为代表的道家，解决人和自然的关系，希望天人合一，"人法地，地法天，天法道，道法自然"。它希望人和大自然是融为一体的。人来自于自然，最后又回归自然，一切都是顺其自然的。第三个文化是佛家文化，它诞生于印度，昌盛于华夏，扬名于四海。释迦牟尼创造的佛家文化是在印度诞生的，但是真正把佛教文化传扬天下的是中国。所以真正的大乘佛法是在中国，它解决的是人和心灵的关系。它希望人要看破，要放下，要慈悲，不要执着。学中国文化为的是提升境界，扩大心量。人为什么要学老祖宗的文化？为什么要读经典？无非就是为了提升自己的境界，不要让自己太低俗化。

用儒家文化可以工作，可以为人处世。用道家文化来修养身心，要遵循自然二十四节气，要知道四时更替的变化，人的身体要跟大自然和谐，这样你身体就健康。用佛家文化来滋养心灵，读读佛经，听听音乐，内心很沉静、很干净。当年雍正皇帝说，拿儒家思想来治理国家，拿道家文化来修养身心，拿佛家文化来让自己长养慈悲心。

我们人生的价值在哪里？有学生问我："徐老师，你觉得我的价值有多大？我都不知道为谁学，很困惑。"当学生问我这个问题的时候，我给他讲了个故事。有一碗米被一个妈妈拿去了，她会煮饭，饭店里一碗饭值一块或两块，这是一碗米饭的价值。如果还是这一碗米，被五芳斋的老总拿去做粽子，一个粽子是七块到十块，价格已经翻倍了。如果这碗米被五粮液的老总拿去了，去酿酒了，那请问五粮液的酒一杯值多少钱？什么叫价值？都是一碗米。我就是我，我没有改变，我就是那一碗米，我能成就多大的价值，那就得看跟谁在一起。同样的道理，一根稻草，如果它跟豆腐扣在了一起放在菜市场卖，它就是豆腐的价格；如果还是这根稻草，它扣在了阳澄湖大闸蟹上，那它就是大闸蟹的价格，是这个道理吧？我们的价值取决于什么？取决于你想成为什么样的人，你想跟谁做朋友，你选择跟谁在一起。所以每个人的潜力都是无限的，我总觉得，我们不要把自己看得太低，不要妄自菲薄，不要自惭形秽，你完全可以做得很优秀，因为这一切只取决于你自己。

讲到这个，我又想起一个故事。有一位老村长，这个老村长上知天文、下知地理，非常厉害，村里所有人都很崇拜他。唯独一个年轻人不服。他觉得这没有什么了不起，要来考考他。这个年轻人很傲慢，他抓了一只小鸟，想考老村长鸟的死活问题。他把鸟放在手掌心问老村长，这个鸟是活的还是死的？如果老村长说这个鸟是活的，他会把这个鸟给捏死；如果老村长说这个鸟是死的呢，他手一放这个鸟就飞了。他想用这个来考验老村长的智慧。当他问完这个问题的时候，这个老村长很淡定地看着他，笑一笑，说了下面这句话："小伙子，生命掌握在你的手中。"大家听这一句话，好像感觉老村长在说，麻雀的生死掌握在你的手中。实际上这句话说的是：小伙子，你自己的生命掌握在你自己的手中。一个年轻人初出道，刚到社会就如此傲慢无礼，其实他将来的发展是很可怕的。年轻人的心不低下来，不养成谦德将来是很可怕的。就像一个碗永远是扣着的，任何智慧都装不进来，如果碗是打开的，它既可以盛开水，也可以盛可口可乐，还可以盛白酒。我希望我们的内心是打开的，希望能承载来自很多人的智慧，我们不可以把这个碗扣在桌上，让自己变得傲慢无礼。

我总觉得，价值在哪里取决于我们自己的价值观。一种价值观决定了一种生存方式，也决定了你的命运。同样是周末，我们可以选择坐在这里听课，也可以选择出去打牌，也可以选择出去喝茶聊天。我记得我学传统文化的时候，听过蔡礼旭老师一堂课，他说人生无处不是抉择，找对象叫择偶，吃什么东西叫择食，将来从事什么工作叫择业。如果你选择对了，那即使你天资不是那么聪明，你一样走在了成功的道路上；如果你选择错了，那你越努力就越可怕。所以说来说去无非是一个道理，我们的价值在哪里，取决于我们自己想要成为什么样的人，不要忘记你当初选择职业的时候的初心。

我还记得 2002 年我大学毕业的时候，我的梦想是成为一位人民教师，后来真的走到了三尺讲台上，面对第一届四十九个学生的时候，我欣喜若狂，我觉得自己的梦想实现了。心就觉得很满足，因为有梦想，又实现了这个梦想，没有比这个更快乐的事。一直想着我要带着学生好好地成长，陪伴他们三年，这份心一直不敢忘记。到现在十几年过去了，不忘初心，这个幸福感是大幅度提升的。

孔夫子说"吾十有五而志于学"，就是在十五岁的时候志于学习中华经典，学习文武之道，学习周礼。"三十而立"，到三十岁的时候就立下了志向，我将来会成为什么样的人，我将来可能会做什么，将来可能会达到什么成就。"四十而不惑"，到了四十岁的时候，不再迷惑了，有十年的阅历，足够让自己明白什么是该做的、什么是不该做的。到了"五十而知天命"，孔夫子是五十岁学《易经》的，他知道人是有天命、有命数的。孔夫子说："不知命，无以为君子。"人是有使命的，是有天命的，是有责任的。"六十岁而耳顺"，到了耳顺这个年龄，就会想到人是慈悲的，说好话我也高兴，说打击我的话也无所谓，这些真的不重要，所以耳顺的人是很幸福的。怎么样才能做到耳顺？首先要具备一颗慈悲的心，能够换位思考，能够替别人着想，这样的人是幸福的。到了晚年七十岁的时候能够"从心所欲不逾矩"，从心所欲的意思是什么？就是佛家讲的"得大志在"，非常得敞亮。不逾矩，就是底线不要逾越，因为是有命数的，有些东西是有规律的。我们讲大自然是有规律的，你不能逾越它，所以叫不逾矩。所以我觉得把这些话读出来之后，我们有人就想，原来到四十岁才不惑，到五十岁才知天命，到六十岁才耳顺，是这样吗？其实不是这个概念，毛主席曾经说过一句话，叫"一万年太久，只争朝夕"。我希望我们早早地就能明白老祖宗的话，早早地就能明白这个道理，然后做到三十岁就耳顺，那了不得了。三十岁就觉得我听什么都听得进去，别人表扬我很开心、很自在；而人家批评我，我也觉得是好事，人家是在提醒我，我可以做得更好。如果你有这份心量的话，你的成就就会越来越大，你进步的步伐就会越来越快。所以我觉得对中华经典、对老祖宗智慧的认知越早越好，越快越好。

读经教育从孩子做起，扎根从孩子开始，多好啊！有人说，我好遗憾，小时候没有读经典，三十岁也还没听到中华经典。没关系，现在听到了就是福分，学习永不言迟！

人生智慧：自天子以至于庶人，壹是皆以修身为本

关于境界和心量，我研究近几年江苏高考作文，发现题目越来越大了："忧与爱"、"探险者与蝴蝶"和"青春不朽"，很多人已经不怎么会写高考作文了。我问语文老师，看到"青春不朽"你觉得可以写什么？老师蒙了，不晓得怎么写。那么我们看，这些高考题其实是提点我们要多读书，要有阅历，不可以纸上谈兵。现在不像我们那时候写作文："记生活中最高兴的一件事"，或者"你最喜欢的一个人"，都是有具体的东西。还有些省份的高考作文，直接把《道德经》拿过来考，叫"上善若水论方圆"，学生当场"昏倒"在考场上，不知道怎么写。我们现在的学生，活得太自在，在学校里面，只读课本上的东西，回家以后父母什么事不让

干，你只要读书就好了。其实孩子的能力在大幅度下降，这蛮遗憾的。我们的爸爸妈妈要让孩子扩大心量，让他多有一些担当，周末的时候做点义工，深入社会去看看，这样孩子心量大了以后，他的作文入笔起点就会高。

一个境界低的人说不出高境界的话，一个心量小的人说不出大气的话，一个没有使命感的人说不出负责任的话。所以你要让孩子去历练，提升境界，扩大心量，然后要具备使命感，要知道我将来长大了可以做什么，我可以为社会做多大的贡献，我可以在这个领域里面做出多大的成绩，从而可以影响他人。

"自天子以至于庶人，壹是皆以修身为本"，这是《大学》里的一句话，帝王将相，乃至老百姓都要修身。"格物、致知、诚意、正心、修身、齐家、治国、平天下"，我们对这句话也很熟悉。修身了，那家就齐了，家齐则国治，你的家庭弄得特别好，你的工作也一定很顺利，而如果具备了这个能力，你就有当领导的能力了。"天行健，君子以自强不息。地势坤，君子以厚德载物"，这是《易经》里面的。要送给大家的是"自强不息"与"厚德载物"，它是清华大学的校训。人要向天学，自强不息。太阳东升西落，不要人帮忙，自己运转。君子以厚德载物，向大地学它的坤厚，包养万物。可是今天人类在地球上钻了多少个孔，建造了多少个高楼大厦，把所有的垃圾都堆在大地母亲的身上。如果有一天大地母亲承受不住了，人类就会遭到惩罚，所以我们要善待大地母亲。

《论语》开篇："学而时习之，不亦说乎？有朋自远方来，不亦乐乎？人不知而不愠，不亦君子乎？"学习很快乐，而且学了就能够在学习当中、在做的过程中，感受到无上的欢喜。我以前说话很冲，学了以后发现讲话柔和了，我改变了。"有朋自远方来，不亦乐乎？"有共同志向的朋友走到一块儿聊聊人生、谈谈理想是很幸福的一件事。到江阴来碰到很多认识的朋友，觉得好开心，这个城市跟我是朋友关系，很快乐。"人不知而不愠，不亦君子乎？"别人不了解我、误解我，我受了委屈，没关系，不要生气。一旦人发火了，所有的功德都没有了，叫火烧功德林。一个人说话很好，心地很善良，但如果这个人特别容易发脾气，他就算不得一个好人。所以这么想以后，我就要改变自己，从今以后我要笑对人生，我要好好把自己调整得柔和一些。人在发火的时候，说出去的话是最伤人的，也最伤自己。

记得有个小故事，有个小孩子特别容易发火，爸爸说："儿子，你容易发火，爸爸教你一个方法，你每发一次火就在这根竹子上钉上一个钉子。"孩子就天天往上钉钉子，因为他发了无数次火。但是慢慢发现，孩子钉钉子的次数越来越少了，孩子说："爸爸我现在不想发火了，现在没有那么多火要发了。"爸爸表扬他说："儿子很不错，你每天少发一次火，就把钉子拔出来一根。"过了一段时间，儿子把钉子全拔光了，告诉爸爸："爸爸你看，我把所有钉子都拔掉了。"爸爸表扬他："非常棒！"他带着儿子到这根竹子旁边看，说："儿子你看一看，尽管钉子拔出来了，但这根竹子已经千疮百孔。尽管你发了一通火，以为好像火散了，其实伤害是永久的。"这么想以后，我们要减少发火的机会，减少自己莫名生气的机会，想着我要平和一些。

跟孩子交流很重要，做父母、做老师都要有人情味。今天我非常开心地看到有很多孩子过来了，我觉得是因为老师的本性，看到孩子就特别欢喜。孩子在跟父母相处的过程当中，永远有太多的为什么，会问很多问题，爸爸妈妈就不停地给孩子解答。孩子不自信的时候，爸爸妈妈一定要给他信心，给他希望，给他方便，给他鼓励。

有父母问我，孩子老自卑怎么办？我说，可以给他讲个故事。有一个小老鼠，它蹲在墙头上，看着天上的太阳，太阳光芒四射，小老鼠弱弱地问了一句："太阳公公，你怎么这么厉害啊，能散发出万道光芒。"太阳公公很慈善，跟小老鼠说："我不厉害，一片乌云飞过来就可以挡住我的光芒。"这只小老鼠想想也对，就转过来对乌云讲："乌云，你好厉害，你居然能挡住太阳的光芒。"这片乌云说："我不厉害，一阵大风刮过来，我就无影无踪了。"小老鼠想想也对，又跟大风说："风啊，你好厉害，你居然能吹跑乌云。"大风说："我不厉害，因为一堵墙就可以挡住我的脚步。"小老鼠低下头来对这堵墙说："墙，你好厉害，你居然能挡住风的脚步。"这堵墙抬起头来对老鼠说了一句话："小老鼠，我不厉害，因为再厚的墙，你都有本事把它打穿。"大家想想是这个道理吗？人和人之间总有不同的发展方向，人都有自己的特质。我们不要老去羡慕别人，不要把孩子的短处跟别人的长处去比。中国的爸爸妈妈最擅长讲的一句话是："你看，人家的孩子怎么样……"

有一句话：你生来就是一名冠军！"天生我材必有用，千金散尽还复来。"我们要想到，孩子的出生是全世界独一无二的，他怎么样来到这个世界上的，你太明白了。爸爸妈妈要经过多少的努力，甚至我们说得再直白一点，是爸爸多少精子里面唯一能冲出来的，从生理学上来讲这是很了不起的一件事。孩子生来就是传奇，你老拿所谓的问题来压制他，说这个不行、那个不好，那孩子就开始怀疑自己，我究竟行不行？有的孩子甚至跟我讲："徐老师，我总觉得我不是我爸妈亲生的，为什么妈妈老说我不行，老批评我不好！"

我会跟很多家长谈起家庭教育的问题，我们不可以用太多别人家的例子来打击他，其实在孩子成长过程中，你只要陪伴他就好。我觉得人很幸福的是，做了父母以后，可以陪同孩子第二次实现自己的人生成长。我已经从幼儿走到青春，走到成熟，这一段时间是茫然无知的，现在我有了我的孩子，那我就会陪同我的孩子再重来这一段人生，这其实是非常美好的，可以重新走过自己的第二次人生。如果你这么想的话，你会有无上的喜悦感，你会发现很多的奇迹在发生。做爸爸妈妈和做老师的，都要争取做孩子生命中的贵人。

孩子的幸福来源于很多因素，人生有四大幸事分享给在座的各位。出生的时候有一对好父母，很幸福；上学了，碰到一个好老师，也是幸福；工作了，遇上了一个好领导，是幸福；自己寻寻觅觅当中，找到一个好伴侣，也是幸福。既然我们能把孩子带到世上，我们就做好父母，把孩子培养好以后送到学堂，希望孩子能遇到一个好老师。然后将来长大了，孩子德行很好，他如果是一匹千里马，就不愁遇不到伯乐。在寻找自己的人生伴侣时，孩子的德行很好，就不怕找不到一个好对象。这么想以后，心灵就安定了，我们就知道该怎么做。

怎么去做：诚敬国学经典、连养生命之根、回归健康生活、经营幸福人生

"诚敬国学经典"，重新认识老祖宗经典的力量，就是要用恭敬心和真诚来礼敬国学经典。"连养生命之根"，真正地做到孝养自己的父母，把这个根给连上。"回归健康生活"，就是说重新梳理一下自己内心，怎样能"经营幸福人生"。

第一句话，诚敬国学经典，从读诵《弟子规》开始："弟子规，圣人训；首孝悌，次谨信。泛爱众，而亲仁；有余力，则学文。"我在学校里做了《弟子规》的文化柱，我们学校的学生每天都能看得到。《弟子规》要求做到孝顺父母，友爱兄弟姐妹，做事小心谨慎、讲信用，亲近有德行的人，最后要好好学习"六艺"。

"身有伤，贻亲忧；德有伤，贻亲羞"，我们的身体发肤受之父母，不敢毁伤，这是最起码的孝道。如果我们的思想品德有问题，爸爸妈妈就会觉得羞愧，所以要想到家风，想到做人做事都连着我的父母，连着祖宗。教育孩子"或饮食，或坐走；长者先，幼者后"，吃饭走路，要尊敬长辈，让长辈先行，让德行高的人先

行。"朝起早，夜眠迟；老易至，惜此时"，黑发不知勤学早，我们要知道好好读书，珍惜年少时候最美的青春时光。年岁渐老是很快的，一晃自己都三十岁了，所以要珍惜当下。对孩子的穿着打扮要提醒"衣贵洁，不贵华；上循份，下称家"，孩子的穿着打扮只要干干净净，哪怕打补丁都不要紧，我们上小学穿姐姐的衣服、穿朋友家姐姐的衣服都没关系，妈妈说只要干干净净就行了，不一定要穿什么名牌。对上要遵循自己的本分，我是学生，我就穿得像个学生样，我是老师，我就像个老师样；对下要知道家庭的经济状况。

　　我突然想起一个故事，在某个偏远山区，有一个高三的学生跟他妈妈讲："妈妈，我要高考了，我有个要求，我想买一双打钩的鞋（耐克），不穿打钩的鞋，我就不参加高考。"这位妈妈听了以后说："哦，儿子，明天妈妈就出山，到镇上去买这个鞋。"结果妈妈揣了二百块钱，是这个家庭一个月的生活收入，走了几个小时山路到集镇上，见人就问："请问，你们镇上有卖打钩的鞋吗？"镇上人说没有，穷山村没有见过这个鞋，你要到大城市里面才能看得到。妈妈又出山到另外一个城市去看，终于看到打钩的鞋了，一看鞋子多少钱一双——千把块。妈妈疯了，只揣了二百块出来买打钩的鞋。就这个事情我跟我很多学生讲过，我说对于我们的穿着打扮不要让父母为难，要知道"上循份，下称家"，我们不要往自己脸上贴金，而不顾父母的辛勤劳动。现在很多大学生在外面生活，生活费高达两三千，而父母的月收入只有一两千，很多孩子是拿着父母的血汗钱在郊游、在玩乐，这是很可怕的事情。所以要教啊，价值观不对，活得全错了。所以《弟子规》是小孩子就要读的，有多少大学生明白这个道理呢！

　　"年方少，勿饮酒；饮酒醉，最为丑"，孩子不要接触这些。"步从容，立端正；揖深圆，拜恭敬"，走路要像个走路的样，很多孩子坐没坐相、站没站相。喊学生站起来回答个问题，歪七扭八，说话的声音根本听不见，你看看，这都是现在的状况。再来"缓揭帘，勿有声；宽转弯，勿触棱"，很多孩子开门都是用脚的，一踢门就打开了。按照老祖宗那种说法，我们对这些桌子凳子都要有恭敬心。讲起这些话，我就想起我奶奶跟我说的一句话，用我们家乡的土话说的，她说："宝宝，宝贝衣服就有衣服穿，宝贝米饭就有饭吃。"这句话大家一听就懂了，你珍惜米、珍惜粮食，你就有饭吃，你珍惜衣服，就有衣服穿。你对所有的家用物件都要有恭敬心，现在有多少孩子对这些桌子凳子有恭敬心的呀？走路走得匆匆忙忙，"叽叽"一撞，还要对这个桌子进行惩罚。所以《弟子规》说得很清楚，叫"宽转弯，勿触棱"。你宽一点，你不要撞着它。"执虚器，如执盈；入虚室，如有人"，你端一只茶杯，尽管里面的水不多，甚至很少，你都要有恭敬心，要慢慢地端。整个房间空无一人，但你进去之前要敲门，要感觉里面像有人一样。这都是老祖宗提醒我们做人做事、待人接物的一些礼仪。

"事勿忙，忙多错"，再急的事慢慢干。所以我想《弟子规》这一千零八十个字不是仅仅孩子要学，我们做大人的是不是也要学？我们忘记了很多，也不是很明白了。这是孔老夫子提出来的圣人训，要有恭敬心，孔夫子还提出五伦八德的关系，不做详述。我们希望家庭父子有亲，君臣有义，夫妇有别，长幼有序，朋友有信。

第二句话，连养生命之根，孝顺父母为先。温家宝说过，我们走多远也走不出父母的心，不管再怎么走，也走不出父母的思念。我们叫"儿行千里母担忧"、"慈母手中线，游子身上衣。临行密密缝，意恐迟迟归"。所以读读这些，内心都无比的温暖，我们要想念父母的惦念之情。孔夫子提醒大家："父母在，不远游，游必有方。"爸爸妈妈健在，你尽量不要出太远的门，如果你出去了，要告诉父母你要到哪里去。现在好多人曲解了老祖宗的意思，说这是腐朽思想，父母在，不远游。觉得爸妈在就不要出去工作了，怎么可能是这个意思？它是要让你知道：父母在，你要惦念父母的身体健康，如果父母的身体有不测，你要随时回来服侍父母。我们要真正体会老祖宗的用意。

下面给大家分享一段音乐，《跪羊图》。

　　天地重孝孝当先，一个孝字全家安，孝是人道第一步，孝顺子弟必明贤。

　　尽心竭力孝父母，孝亲亲责莫回言，诸事不顺因不孝，怎知孝能感动天。

　　福禄皆由孝字得，孝顺父母如敬天。处世为有孝力大，孝能感动地和天。积德行善也是孝，孝亲家风代代传。

儿女的心不论在哪里，都要给双亲说一声"感恩"，我们要孝顺父母。孝顺的层次有很多，第一个就是孝养父母之身，保爸爸妈妈衣食无忧。第二个要孝养父母之心，让爸爸妈妈觉得高兴，让他们的愿望在你身上得以实现。第三个要养父母之志，他们的志向和梦想甚至家族的希望，你都要努力实现。第四个要养父母之慧，把你所掌握的人生道理和你所掌握的技术，跟爸爸妈妈分享，让爸爸妈妈不觉得落伍，不觉得自己被社会甩开了。想想这些，听听音乐，想想自己，我的孝道做得如何呢？

刚才有一句话叫"积德行善也是孝"，我们做善事最后的受益者是谁呢？我想给大家讲个故事。曾经在美国有一个警察，这个警察没什么事正等着下班，准备收拾东西走了，电话铃响了。虽然不是他的班，但想想是自己的本职呀，就去接电话。电话里面有个妇女，哭哭啼啼地求救："请问是警察局吗？"警察说："是的，您有什么事吗？"这个妈妈哭着喊着说："我要报警，因为我们家里有个一岁的孩子生病了，孩子的爸爸不在家，我不会开车，急需要送医院，能不能请警察帮我的忙？"这个警察本来要下班了，本来也不是他的事，但是他的责任感一下子就出来了，他说："好，没问题。请告诉我你家在哪里，我立即到。"当他知道了地址之后，开车就去了，他非常急迫地要把孩子送到医院。结果，这个警察是个马大哈，把孩子抱上车就走了，把妈妈落在家里了。他往医院奔了一大段路以后，突然发现前面这一段路在修，过不去了，他就很着急。如果这个时候选择另外一条道，那孩子的生命就可能有危险。结果这个警察就把车停下来，走到工地上就问："请问你们工地的工建长在哪里？"工人说在那个小屋子里面，他走过去跟工建长说了一句话："您好！工建长，我是警察，我的车里面有个一岁的婴儿急需要送医院就诊，现在这条路不好走，我走不过去了，你能帮我的忙吗？"工建长一听是个一岁的婴儿，想都没有想，说："好，我帮你。"他就命令所有的工人跳到这个坑里面，把木板托在手心上，让汽车从头顶上开过去。警察小心翼翼地从工人头上开走了。由于时间太紧迫，没法停下来感谢。到医院之后，由于非常及时，医生进行施救，孩子得救了。做好这一切以后，警察把这孩子送回家，孩子的母亲无比地感恩，警察说："没关系，这是我的职责。"

第二天他又开始工作，结果工作了一天以后又到了下班的时候，这个警察想来想去觉得，还是要到工地上向当时的工人和工建长表示感谢，尽管孩子不是我的，但是他们的做法还是让我挺感动的。警察开着车又来到工地，找到了那间小屋，找到了工建长，警察满怀感恩地说："工建长，您好！您记得吗？我是昨天的那个警察，今天我专门开车过来，向您和您的工人们表示感谢，因为你们救了这个孩子。"大家知道接下来发生什么了吗？当他说完这些话的时候，这个工建长"扑通"一声给他跪下去了："警察谢谢您！您昨天救的是我的儿子。"

我觉得人生很多时候是不可思议的。一个念头发出的善心可了不得，想都没有想，因为想到是个一岁的孩子，人的善念就出来了。不需要太多的思考：我做这个善事别人会给我多少好处，能给我多少利益。如果想多了，可能结果就不是这样。所以老祖宗有一句话"人有善念，天必佑之"，我们多做点善事，最终得利益的人一定是自己。

"仁者不忧"也是孔老夫子的思想，真正有仁爱之心的人，是不担心自己的未来的，不用想我的未来会怎么样，会不会没饭吃，会不会没有衣服穿，会不会生活困窘无迫、没有救援。你要坚信，你做善事，最后一定自己得利益。做一个善良的人，善良比什么都重要，这是我今天最想传递的信号。"勿以善小而不为，勿以恶小而为之"，不要因为是件小事我就可以不去干。"君子坦荡荡，小人长戚戚"，其实我们做了善事以后会觉得心里无比的坦荡，很自在、很开心、很喜悦。我能帮助别人是我的福分，一个手心向上的人跟一个手心向下的人是两个概念。大家想乞丐每天手心向上等待别人的救援，如果我能成为一个手心向下的人，是不是有福分？

我听说江阴正在做传递爱、发现美的活动，叫"爱生爱，美生美"。如果我有爱心，我就把这份爱再带给别人，让爱传递下去。如果我具有美的眼睛，我会发现什么都是美的。如果我们每个人都带着玫瑰花的眼睛去看世界，世界就是美好的。

第三句话，回归健康生活，要懂得养生之道。昨天是立冬，二十四节气已经运作到冬季了，这个时候我们要进入冬季养生。春生夏长秋收冬藏，我们到"藏"的时候了。这样我们就可以具备健康的生活、健康的体魄，当然也具备健康的心灵。穿着打扮要符合节气，我们要多读读经典，看看视频，听听讲座。有学习习惯的人，命运就会转折，学习的跟不学习的肯定不一样，而且学的关键是为了做。好好学习，天天向上，行有不得，反求诸己，养成包容的心。经常说说四句话，"对不起""请原谅""谢谢你""我爱你"。要学会说对不起、我错了，勇敢地承担责任，你的心就敞亮了。不要老裹得紧紧的，好像不敢说出来，这有什么的。

最后一句，经营幸福人生。大家想想今天一堂课下来，懂得了什么，应该选择什么，选择什么样的生活方式，知道我们的人生方向在哪里，了解方向比努力更重要。我们要追求的最终正果叫"五福临门"：长寿、宝贵、康宁、好德、善终，这是我们幸福人生的追求。希望自己长命百岁，中途不夭折，而且能够福寿绵长。希望自己宝贵，不差钱。希望我们康宁，身体健康，心灵要安宁。希望自己具备宽厚的德行。希望自己最后能善终，能够寿终正寝，这是我们的追求，这是生命的正果。

请大家最后陪同徐玲读诵一段感恩词，然后我们以一段音乐结束。请大家端身正意，共同一起朗诵，我们用心来感悟：

感谢祖国培养护佑，感谢父母养育之恩，感谢老师辛勤教导，感谢同学关心帮助，感谢农夫辛勤劳作，感谢大众信任支持。我们心里面要装满感谢，感恩一切，感恩阳光，赐予我能量；感谢月亮，赐予我美好；感谢白天和黑夜，感谢四时更替，感谢我们的老师，感谢生我养我的父母，感谢生活当中遇到的所有的有缘人，感谢幸福江阴这个城市，感谢我们能有这样的机缘，感谢江阴图书馆提供给我们听课的机会。

世间有一幅美丽的画，人人脸上洋溢着幸福和乐，家家户户和睦美满，所到之处皆是谦和的笑容，民族兴旺日月清明，世界净丽而祥和。生活，何时能如同这美丽的画卷？唯有回归人类天性——爱的教育。

徐玲非常感恩有这个机会来到江阴，来到"暨阳大讲坛"，跟所有的朋友分享了两个小时的课程。时间很快，徐玲学得还不够好，只是来汇报、来分享，祝愿所有的朋友——今天来听课的或者没来听课的朋友，都能够身心愉快，工作开心，家庭幸福，永远幸福！谢谢大家！

大家好，我叫马家辉，来自香港。

我今天带了很多书送给你们。刚才大声地喊"好"的，是你吗？我送你一本。

我送书的原则非常简单，谁表扬我，就送给谁！你们还有电影可以看（手举光盘），可以看到年轻的我。你们都看到我要讲的题目了吗？写的是什么？"我生命里的八间图书馆"。

谁会用广东话来读？没人懂广东话？来，你用广东话读一下！（观众读）

你怎么会广东话？你看起来长得像梁朝伟。你那个广东话，我一听就知道是从电视里面学来的，分明就是电视里对白的腔调嘛！好，我也送你一本！我送了三本了，看看还有几本？除了光碟，还有两本，一本是《爱江湖》，你们这边看不到，台湾版的。还有一本，是你们很多人的偶像李敖的，里面有很多他的私房照片。另外，还有年轻时候，李嘉诚支持我拍的一部关于书题材的电视片，这光碟很宝贵。这部电视片播完以后，获得了丹麦的一个电视奖，做成光碟只有一百份。这个，我要送给一位从杭州特地坐了三个多小时车过来的朋友，张俊医生，谢谢你！我昨天发了好多短信阻止他们过来，他们为了来看我，来回要坐将近七个小时车。不过，看病的时候就要小心了，他是妇产科的，不要因为睡眠不足，不小心丢了什么东西留在身体里，那就不好了。（众人笑）

当然我还要谢谢陈馆长，邀请我来跟大家分享书，探讨一些经验，说有趣的事情。

我今天要以两个消息开始讲座，一个坏消息、一个好消息，请问你们想先听坏消息，还是先听好消息？（众人多说坏消息）

包括我在内，我们华人都比较喜欢先听坏消息。在美国我的学生都是喜欢听好消息。那好吧，先说坏消息：我替各位感到非常遗憾难过，你们今天本来要见的是梁文道，但今天没办法看到他，你们还要等待，当然还是有机会的。

为什么他会变成我？话说他打电话给我是 3 月 24 日 11：45，我没接，因为我在开会。当我看到的时候，原来是梁文道找我，我就短信给他："你找我？"梁文道说："是啊，江湖救急！"我和他是哥们，我就再回他短信，他说："我十分钟后联系你！"然后我又问："怎么样啊？是不是在北京被人家抓了，要我去担保你啊？"很好玩，他也回短信了："你在香港我在北京，担保也来不及啦，要被抓去啦！"后来电话联络，原来，他答应了别人今天的讲座，时间冲突了，所以说江湖救急。他又跟你们图书馆陈馆长有联络，说：可以帮忙请马某，也就是小弟马家辉来讲。馆长说也好，所以我马家辉就很荣幸今天能够来到这里！所以坏消息是：本来是梁文道来讲，你们看不到他了。

好消息是什么？好消息是：我的分享应该不会比梁文道差太远，而且我长得比他帅，只是他口才太好了。各位兄弟姐妹，我告诉你们，我非常喜欢听梁文道的演讲，讲得很棒！你们有听过吗？没有，那陈馆长真的要千方百计把他找来，你要找他来演讲，我当主持。他学问大，口才好，还有他有一个秘诀，声音音调很好听、很实在，不像我讲话叽里呱啦。而且他讲的什么话你都相信。我经常跟他说，你这个家伙讲话很有公信力，假如你跟别人说你是马家辉，别人也会相信你；如果我跟别人说我是马家辉，人家也不会相信。人家会说，马家辉长这么帅，声音怎么可能那么难听？

那我就开始跟大家分享。为什么我们现在要说"活在书堆下"？我们从表面看，当然也明白：喜欢看书的人，或者说各位对阅读感兴趣的人，其实家里是经常买书的，我在大学教书，基本上也真的是活在书堆下。今天来到江阴图书馆，我们就谈谈图书馆，这个题目是我第一次准备，假如我有讲得不好的，大家包涵一下，好吗？

那我就从大家喜欢的一部电影《泰坦尼克号》讲起。你们有看过吗？在香港，这部电影好像十八岁以前不能看，因为有"露点"。我告诉各位，这个片子香港没有剪。但是，我跟你们一样悲剧，我也看不到"露点"。我在《南方都市报》里有一篇文章，提到我看了三次都没看完这部电影。第一次是1998年秋，因为那时我家小孩还小，不方便出去看电影，在家里用了当时三万元的投影机，到深圳花四元钱买了盗版碟片，碟片是偷拍的，品质很差，屏幕前面还有人走来走去，看得我都想吐了。现在的盗版碟估计效果要好些，那个年代的盗版很惨的，二十分钟后就再没看下去。第二次是2005年，也是在家里看，买的是正版，我女儿突发哮喘，那是我第一次知道她哮喘，脸色发白，我们马上送她去医院，所以也没看完。第三次，我女儿十九岁了，三个人到电影院看的3D电影，终于看完了。可是，在途中我接了个媒体的电话，等我进去，老婆和女儿对着我笑，因为我又错过了"露点"。所以它是我三次都没看完的电影，只好等第四次了看4D电影。希望那时我还没太老吧！

说回泰坦尼克，为什么我讲图书馆会谈到它？你们都记得泰坦尼克的俊男美女，可是你们知不知道，泰坦尼克对于图书馆来说，对于爱读书的人来说是很有意义的。在那一千五百多个死在海底的人中有一对父子，儿子叫威德纳，死的时候才二十七岁。他很有钱，家族是美国南部经营运输包装业的。后来，他们要在美国开一家很有名的酒店。当时他和他母亲、父亲去法国请厨师，坐泰坦尼克号再回美国，想不到碰到冰山发生海难，父子俩不幸遇难。那威德纳的死跟图书馆有什么关系呢？有关系！假如你要去美国哈佛大学考察旅游，你就知道这个学校有个图书馆叫威德纳图书馆，它是全世界迄今为止最大的大学图书馆，因为威德纳夫人捐了一千二百万美金盖的这座图书馆。1912年盖馆，1915年开馆，藏书量超过五百万册，然后又重建。不过也有很多传说，包括无论读什么专业，一定要通过游泳考试才能让你毕业，因为是威德纳夫人要求的，为了纪念她的小孩。到了1920年，已经没有游泳考试。事实上，在海里面会游泳也没用。还有一个传说，哈佛大学的餐厅，提供很便宜的冰淇淋"雪球"，我们香港叫雪糕，也是威德纳夫人支持的，因为二十七岁的威德纳很喜欢吃雪球。为什么突出这个故事呢？除了由《泰坦尼克号》引出人和图书馆的关系，我们也看到欧美地区和图书馆的关系，纪念一个人、纪念一件事情就给他盖一个图书馆。就像第二次世界大战结束后，在法国、德国，或者在欧洲的很多城市，出现很多悼念大屠杀的图书馆。他们用这种方式来建立图书馆，作为一个实体纪念。刚才提到的《哈佛大学图书馆》，你们看到这本书了吗？这是中国畅销书，挂着哈佛大学的名字，还取名字叫丹妮佛，像美国名字！比较有价值！更重要的是那本《哈佛图书馆墙上的训言》，破烂的英文已经成为国际上的笑话，这本书诸位可以买来看看！

卡耐基曾经说，什么是送给一个城市最好的礼物？答案是在城市的最佳位置，先立一座图书馆。不仅是图书馆，它的关键字是说在最好的位置，表示每个人都方便找到图书馆。你们知道安德鲁·卡内基吗？他在英国出生，然后移民到美国。他在美国南部当学徒期间，每天六点起床忙到晚上六点，白天打工，晚上去图书馆。他发现图书馆是一个退休的人开的，并且对所有的人开放。当时他的感觉是：当坐在这个图书馆里时，白天的辛劳与从图书馆得到的东西比，都微不足道。他有钱之后，做了一件很出名的事：在美国和欧洲建图书馆。十九世纪，有一个活动叫图书馆活动。由当地的人提出申请，美国的州政府来预算，成立公共图书馆。每个城市、每个登记申请的地方，都建立一个公共图书馆，给每个公民享用。所以，从此就确定下来了这个概念、这种法律。这个运动非常重要，对整个世界的文化史有很大的作用，对卡内基图书馆帮忙很大。那时他说，去图书馆好像是天堂为我开了门。可这个卡内基是个大老板，对工人很刻薄，每年他工厂死的工人很多，拿的薪水很低，可是他却资助了许多公共事业。他每年自己掏钱资助许多艺术家、科学家做研究。在十九世纪的资本主义国家，他具有很典型的代表性，努力赚钱，用对工人刻薄的办法赚到的钱，去捐助其他的事业。诸位可能读过马克斯·韦伯的《新教伦理与资本主义精神》，其对资本主义精神很重要的解说，就是要赚更多的钱来表示我是上帝的选民，彰显上帝的荣耀。卡耐基就是这样的人，对整个欧美的图书馆，他有着令人着迷的地方。

谈谈一个神秘的图书馆，现在已经没有材料了，不知道什么样子，只知道是埃及亚历山大图书馆，是由托勒密王朝建盖，历史中很多次被烧掉。当时皇朝的南征北伐，是为了抢其他国家的图书馆，他们不抢别的东西，不抢女人，而是派军队把书抢回来。后来有人发明了羊皮卷，保持了图书馆的威望。这个图书馆的每一个书架上都写着"预留灵魂的地方——图书馆"，这是宇宙里多么美妙动人的语句。要知道香港的图书馆，是贴着"知识改变命运"、"读书找到工作"的，你看人家的语言：读书，藏书，宇宙的灵魂。不管你在哪里受到创伤，只要你来到图书馆都会帮你消除，这个才是动人的。我们看罗马每一个皇帝都盖图书馆。简单地说，所有的罗马皇帝都是用图书馆来彰显他们的建树。大家知道，罗马人很喜欢洗浴，中国也很有当年罗马的遗风，到处都是洗浴中心。外国朋友来中国一定觉得奇怪，好像中国人家里没有水一样，走到一个地方，等一下，我进去洗个澡。假如你们去罗马参观，一定要参观公共浴池。但是，你要注意，他们的浴池里面有一个公共的图书馆，洗澡的时候也不忘记看书，这是他们的文化。直至今天，每一个美国总统退休后，通常也要建一个图书馆，而我们没有。我最近在香港写的一篇文章，提到董建华退休没有要建一个图书馆，因为我们没有那个传统。其实图书代表一切进步的来源，图书不仅代表我们所有的知识，还代表我们对于理想的追求。一切文明进步的来源都来自于书籍。

说到这里，我开始讲我个人图书馆的故事。我跟图书馆之间有怎么样的联系？有什么样的天时地利人和？中间发生了怎么样的事情？很多是大家意想不到的。现在就和大家分享"我生命里的八间图书馆"，这些大大小小的图书馆跟我的那些故事。

我的一号图书馆，就在香港湾仔。你们有去过香港湾仔、铜锣湾、尖沙咀吗？去排过队吗？我们现在蛮担心，香港人可以开车去广州，广州还有周边几个城市的人也可以开车来香港。香港只有七百万人口，有钱、有时间开车去广州的人好少。可是中国崛起后，广州等内地很多城市的有钱、有时间的几万台车，杀进香港就不得了，而且那几万台车通常集中在尖沙咀。你能够想象几万辆敞篷车挤在尖沙咀那壮观的场面吗？所以各位，如果你们要去香港可以分散一下，可以去尖沙咀、铜锣湾，也可以去铜锣湾旁边的湾仔。我有一个南京朋友跟我说：家辉，你搬来南京吧。我说：不要，南京是养懒汉的地方，你来香港，香港是养吃汉的地方。我的一号图书馆就是香港的图书馆，它看上去像不像图书馆？有人说是赌博的，对，香港到处都有投注站，买赛马，还有六合彩都在那边。有一个持牌的人检查，未满十八岁的人不能进去。1997年香港回归以前，这个赛马会叫香港皇家赛马会，也叫英皇御准赛马会，是由伊丽莎白女皇批准成立的。那赛马会和图书馆有什么关系呢？因为香港的图书馆在赛马会的楼上，一楼是赛马会，二楼是图书馆。那我的一号图书馆就是在这二楼。大家假想一下，我的成长生活多么过瘾。

因为家里只有四十平方米，却有九个人，其中七个是女人，只有我和我爸两个男的。你不能够想象住在女人堆的那种生活，真的很烦。姐姐们整天吵架，在家里看书太吵了，所以每天一下课，我就去这个二楼的图书馆看书。每到星期三和星期六，这里还有赛马，我就在图书馆看半小时书，然后去下面投注，看半个小时赛马，不管是输了还是赢了，我就上去继续看书。虽然这样，但我公开考试都考得很好，每次都是全校第一。但是我妹妹是全香港考第一，相当于你们的年考，你们年考考几科？我妹妹考九科，科科都是A，全部满分。问题是我妹妹连图书馆都不去，她是天才，明天要高考，今天还去约会。但是我从小比较爱读书，其实除了图书馆，还有跟图书馆有关的故事让我印象很深。有一天，我和父亲吃完晚饭去散步，经过一家图书馆，他就指一下上面对我说："家辉，与其把时间乱花，不如把时间多花点在这上面！"这句话，当时我就听进了心里，不知道为什么，觉得好励志，好有鼓舞作用。从此我对图书馆好有感觉，就觉得好温暖，这是父亲期待我去的地方。假如你问我对父亲有什么样的概念，有什么样的印象，这就是我最深刻的印象了吧！

我的二号图书馆是我中学时的。李敖，大家很熟悉！我有一张他给我签名书的照片：家辉敖之。当时他五十多岁，现在已经七十多了，还是很英俊，头脑很好。我中学时非常喜欢他，因为图书馆，我改变了最初的梦想。我本来想当导演，后来跑去台湾读书，这都是因为李敖的关系。我去台湾读书，完成了我最后的梦想。后来我写了一本有关李敖的书，大学二年级的时候就完成了这本书。所以我的中学以及我中学的图书馆，影响了我整个生命的选择。

三号图书馆，是在台湾的辅仁大学。这是谁？我的本家马克思，为什么会跟马克思有关系呢？因为我去台湾读书的时候，我第一个大学读的是辅仁大学。有一天，我在辅仁大学的图书馆，看到一套参考书，把世界上很经典的都放在了一起。包括马克思最基本的经典、影响全世界的经典，我还记得我偷偷地拿着书去一页一页地复印，据为己有。

我的四号图书馆，是在美国芝加哥大学。我在台湾毕业之后，当了两年的记者，过了一段乱七八糟的生活之后，我觉悟了，做了一个重大决定。1988年台湾很流行港剧，我当时可以当明星，替电视台拍东西，带队偷偷来广州拍片。当时是不允许的，我是偷渡来拍片的。后来跟电视台混熟了，有一天碰到了一个制片人，三十出头风韵犹存的熟女。我还记得她摸着我的头说："家辉，不如我拍一部电视剧，请你拍片！"

我非常快乐。但我说："我国语都讲不好。"

她说："没关系啊，可以配音！"

因为当时所有的港星，像莫少聪、何家劲都是配音的，只要动动嘴巴就可以了。不像我现在来演讲，都不能配音。本来我想演一部古装片，如果我演了就没有刘德华的份儿了。我为了读书，拒绝了拍片，去了芝加哥大学。到了芝加哥，我看到了一个很好的中文图书馆，让我大开眼界。我读到了很多香港读不到的材料，特别是关于中国的材料，从二十世纪四十年代到五十年代，再到"文化大革命"。我看得如痴如醉，当时我印象很深刻，碰到了一些不错的人，像李欧帆、刘再复、许子东等，我还听了李欧帆的课。我们还组建了一个图书会。我记得刘教授，因为我是晚辈，他不认得我，我们在芝加哥图书馆碰到，当时我在找一本法国思想家罗兰·巴特的书。我看不懂英文的翻译，碰到他，我就问："刘老师，不知道有没有中文的翻译本？"

他说："我有，我家有，我明天带给你！"

我很感动，我们完全不认识，人在海外，没有互联网，你家里有中文书就是宝，写文章做研究都要用到。你有，别人没有，就是宝！当时他五十岁，一个二十多岁的晚辈跟他讲了一句，他就拿出来，完全出自于信任，我很感动。

我这个人爱学习，看到值得我学习的地方，我就尽量去学。这是好的方面。当然也有不好的方面，有点冒犯。芝加哥大学图书馆很高，结果书放得最乱的二层都是中文书，放英文书的都很整齐。去图书馆找书，有一个行规，你在书架上找书，找出来去借，或者找出来看，其实你不要放回去，因为你不是专业的，放回去就放错了，它另外有一个地方给你放，有专业的管理员来整理，这就是行规。结果，在中文图书的地方，看到的书都是乱七八糟，明明武侠小说的书出现在"文化大革命"的地方，张爱玲的书出现在汉朝历史、大地图集那边，我不晓得什么理由，可能是把图书乱放了，可能他不愿把书借出去。我非常难过，好像一个杂铺摊，乱七八糟。我当时开始想如何保护一个图书馆的整洁的问题，这是我当时的感触，这感触到现在都有。

我的五号图书馆，是我就读博士班的威斯康星大学图书馆，位于美国中西部。这里面有一件事情，让我印象很深刻。有一天，我在图书馆找到《一个女人的自传》，是杨步伟写的。不是杨威，也不是杨利伟。杨步伟是谁？她是一个作家，中国第一语言学家，改革文字注音的，她先生是作曲家，写过一首歌《教我如何不想她》。有人说，她的听力是天生的、遗传的。比方说我们听到一百万个音，她可以分辨出五百万个音，任何人和她讲一次话，她基本上就记住了，很厉害。中国有几位这样的天才，比如钱钟书。我有一个前辈，他是教授，后来去国外读书。他就说，钱钟书写信给美国或者意大利的学生："请你帮我去你们大学的图书馆大概第三号区域第五个书架右边的位置找一本书，大概第几页有一段材料我需要，请您替我油印寄给我。"他的头脑，用一个成语叫"过目不忘"，书好像印在脑子里了。

说回刚才的《一个女人的自传》。杨步伟给她的书签名，还写了抬头，送给了一个香港大学的图书馆馆长，后来不知发生了什么事情，那本书就出现在美国威斯康星大学图书馆。当然，我不会去印下来，据为己有，但我会去看看，那种感觉很温暖。一个在国外的留学生，来自香港，看到我们的文学家杨步伟签名的书给香港大学图书馆的馆长，我觉得这是我印象非常深刻的一个关于图书馆的经验。

大家看这张照片，这是他们夫妻结婚五十年，杨步伟写的诗《爱情诗》，普通话我不会读，我来用广东话读吧！这是为纪念他们结婚五十周年写的："吵吵争争五十年，人人反说好姻缘。元任欠我今生业，颠倒阴阳再团圆。"

赵元任（她老公）写："阴阳颠倒又团圆，犹似当年蜜蜜甜。男女平权新世纪，同偕造福为人间。"元任写得比较差！通常老公的文笔没有老婆好，钱钟书的文笔比杨绛差了一百倍，当然钱钟书的学问大！

我的六号图书馆在英国牛津大学，它是全世界最古老的大学图书馆，有五百多年的历史，它的前身是个修道院。诸位知道欧美的传统，中世纪的时候，学问基本上都被教会垄断。我的小孩在那边留学，读暑期课程的时候，我们就去参观旅行，五百多年的图书馆，我本来想找一个照片给你们看，可是没找到。有一些地方有几百年的书楼，还有赠书架，还可以这样开放，那感觉是非常好的。

香港城市大学图书馆，是我的七号图书馆。它的形状是长方形的，没有什么特别的地方。唯一特别的是，我在那个地方工作了十四年。有大公司、大企业找我去他们公司工作，我都不去，理由很简单，我比较喜欢在图书馆看看书。心里有什么问号，有什么不懂的地方，我可以马上去图书馆找书来理解到底是什么原因。离我办公室也很近。在香港大学，教授有六位数字的月薪，你们也可以，因为人民币要升值！月薪六位数字，再送一个香港大学的图书馆，而且向全学校开放，学生、工作人员或是工作人员的家属都可以去，比如我的太太都可以去借，多么美好。我听说有些名牌大学，在图书馆借书都要看脸色的，他高兴就让你进去拿，不高兴你绕一圈找不到，你只能出来！比方说，像我一样的大叔，要借书怎么办？我就把我要找的书抄好，然后请小美女帮我去找。如果倒过来，小美女发现门前是个大妈，她就找个叔叔去借，这样大妈就不会吃醋！

我的八号图书馆，也就是我未来的图书馆，为什么说是未来呢？因为这是三个月前，我去台北做演讲、向杂志社做访问的时候讲到的。我现在正在处理许多书，我有许多书，以前是觉得书越多越好，最好就像女人一样。我的关键词是以前，现在可不一样，诸位可知道日本有个作家叫村上春树吗？他出了两三本杂文集，他专门写杂栏，里面有一本写到什么是中年。中年时的悲哀跟体能变化有很大关系，很多方面力不从心。就是说，当你到了一个年龄，很多事情就不会大惊小怪，哪怕遇到多大的灾难、多大的悲剧。看书的态度也是这样子，我决定未来要捐一批书给图书馆，给不同的图书馆：中学的、大学的。现在我买书的数量也大大减少，就看一些经典。我从南京来的路上，有个小朋友访问我，你读什么书啊？我就从随身的包里面拿出一本九百八十五页英文版的《卡拉马佐夫兄弟》，读到第一百六十七页。那本书我读了两回，第一回是我二十岁读的英文版，读不懂所以没读完；第二回是三十岁左右读的中文版，读完了。现在我四十九岁，重新读英文版，一页一页读，以前没读懂的地方，现在我读懂了。因为现在有了一些经验，有了一些体验。

比方说，讲兄弟之间的斗争，儿子和父亲之间的斗争，人和神之间的斗争；比方说，"人可以同时爱一个人，也恨一个人"。经过一些年月，现在四十九岁了，爱过人也被人家爱过，恨过人当然也被更多的人恨过。那回头看这句对白，我觉得现在才懂。年轻时读到这句话，迷迷糊糊的，现在隔了三十年，回头读到这句话好好玩，好像是见到一个老朋友，好像是三十年前这个老朋友告诉了我一句话，我不懂，现在我懂了：什么叫同时爱一个人恨一个人。为什么我会回头读经典？有了年龄就会回头看。我还跟小朋友说，去年我重读了《三国演义》，以前我读了三遍，年轻的时候读了那些打斗的、权谋的地方，预计攻哪个城，谁赢谁输，谁为皇帝，谁为将军，以前关注这些地方。现在我感受到很凄凉、很无奈的地方，原来再怎么读也读不出这味道。再聪明的诸葛亮，都完全抵不过一场风、一场雨、一场命运。曹操、刘备完全抵不过生命里面不能掌握的无常的因素。到了我这个年龄读《三国演义》，就感觉到悲凉。读的时候，发现原来作者除了展示里面种种的计谋，种种成王败寇的事情，还不止这些。所以诸位年轻朋友，可能老师逼你读，妈妈逼你读，你就读吧，以后你年纪大一点，回头再读，你就会读出它的味道，以及和以前不一样的地方。

所以，我的第八号图书馆在未来，我要把书捐出去，慢慢捐出去。我觉得读书也有肉麻的话，你读的书、不读的书、读过的书，不看，书死在你的书架上；只有有人，不管是书店也好，图书馆也好，把那书再拿下来，再开始读的时候，才开始重生。每一本书，在每一个读者的手上，会重新有一次它的生命。很肉麻，对不对？

可是很肉麻的事情通常是很真实的事情，世界上最肉麻的话比得上说"我爱你"吗？老婆和老公说我爱你，很肉麻对不对？我希望到我老了的时候，我读不了它的时候，在年轻朋友手上再重新读一次，让它再经历一个轮回。所以这就是我未来的图书馆，我看不到的图书馆，我把书捐出去的图书馆，才是我的第八号图书馆——未来图书馆。

所以从这八个图书馆，我就想说，生命在不同的阶段里有不同的图书馆。因为某些理由跟它们发生了一些关系，对我们都有不一样的影响。我非常感恩这些图书馆，我觉得图书馆对于我来说，是生命里最美好的地方。当然不同的图书馆，它们的布置不一样，有些种类不一样，有些比较受批评，有些比较受肯定，我觉得都不重要，重要的是图书馆有一个空间来给你读，给你一个希望，你也觉得那里有希望。我刚刚想说的一个很出名的作家，他讲过这样一段话："在转变的当下，新的读者埋首在旧书堆里面，这些书，在阅读的过程里面就变成新的了。每一个读者的存在，其实在某个层面里，就确定了书的永恒不朽。从某方面的意义来说，就等于说有了重生。重生每本书原有的生命。"

最后我想说我的题目：活在书堆下。那我刚才说的八个图书馆，还有说泰坦尼克和欧美、希腊罗马的图书馆，讲到书的美好。当然，书有时候也有一些悲剧，我说"活在书堆下"，喜欢读书的人，有时候活在书堆下，有时候也死在书堆下。

这本书叫《活在书堆下》。我一个香港的朋友，前几年死掉的。本来他有一个很好的书店，叫轻文书店。我建议二十世纪七十年代出生的，可以去那个书店找书、看书、谈书，对我们的思想启蒙帮助很大。后来书店堕落了，因为欠租，生存不下去。但是他又不想关门，就租了一个小小的货仓，把剩下来的书都堆在小房间里，想着总有一天，会重新再开一个书店。结果三年前的大年初三，有人发现在小房间里面，书倒了下来，把他活活地压死了。这家伙也太倒霉，他去整理书时，书全部倒下来把他压住，当时他又突发心脏病。所以为了编这本书，我找了很多作家朋友，来悼念他。我取了一个书名叫《活在书堆下》。他不是死在书堆下，他的精神活在书堆下，他这一辈子，都活在书堆下！这本书销量很好，只有内地版，没有香港版。当时，我用我自己的话写的，里面还有脏话，有小孩在不适合读出来，也不适合解释，大家自己猜吧！红色的字是什么意思，有些字读来蛮忧伤。我用广东话来说一说："很倒霉，也是很幸运，生有时，死有命！当时你如果不去书店里面，那你今天就不会被书活埋。回头想，其实关门这件事情造就了死亡，好像书店关门是为了死亡，当初以为书店关门好惨，其实更惨的好像还在后头！人间万事是好诡异的，这种命运你都猜不到……"我经常去书店见他，书店基本上没人。他每天晚上还要练太极，每次都叫我一起去练，我说我没有时间。所以，最后一段我就写："再见了，朋友！去天堂或是地狱，你都可以练太极，请你记得留一个空当给我，到时候我找你去学，再见了！你这样令我沮丧，在这样一个寒冷的下午……"

最后讲一个美国的作家，他也是写卡内基图书馆的事情，也是在图书馆获得了开阔眼界的机会。他写的卡内基图书馆，很多时候被人家批评，受了多少冤屈。他说没有关系，不用担心，卡内基的阅读品位其实没有那么重要，会有人理解的。我当时想，给我书读，一般性的书统统可以被我读完了，你们懂我的意思吗？说明如果一个书店或者图书馆不够好，没有关系，品位也很重要，你有品位的时候，那个品位就是书。对于我们的人生来说，最重要是有书可读。我们除了去买书、去找书，最重要是在图书馆借书。

最后，让我再一次说，全世界最美好的地方是图书馆，包括江阴图书馆。谢谢大家！

听众：马先生，您好！有这个难得的机会，我感到非常荣幸。我想，能不能请马先生给我们江阴的阅读爱好者推荐一些适合我们看的，关于生活、文学方面的新书，包括一些老书，都可以推荐，我们想听听您的意见，谢谢！

马家辉：这非常难的，因为鲁迅讲过，阅读开不了书单。读书这个东西，好像看病一样，唯有了解您的病情、您的体质是怎么样的，才能开药单。我要知道你的水平、你的兴趣在哪里，才能帮你开书单。鲁迅讲过一句话，他说："年轻人，我不能开书单给您，我不知道您读什么样的书。"但是，我可以告诉你什么样的书不要去读。现在，很多乱七八糟的书、八卦杂志不要读。为什么？因为这些书是垃圾，读这些你也会变成垃圾。更可怕的是，你还不知道自己已经变成垃圾了。所以，建议不要去读乱七八糟的书。

在香港，我也曾有自己爱看的八卦周刊，你们爱看吗？这些就是乱七八糟的书。后来我觉得不对劲，读了两年，好像自己心地变得好坏，很多事情都从阴暗面来想。我觉得是受八卦周刊的影响，八卦周刊你知道吧！都是阴暗的一面！我没有办法推荐书，但是如果你要逼我去推荐，我觉得有几本你们可以去看的。随便举几个例子，你们看过祖师奶奶张爱玲的《红玫瑰与白玫瑰》吗？好看，对不对？假如你不是"张迷"，只要看看第一段，你就会喜欢。她那个故事主要是讲一男二女的故事，里面有老婆，有外遇。它第一段讲，每个男人至少有两个女人，一个红玫瑰一个白玫瑰。她打的比喻是：娶了红玫瑰，红玫瑰就会像墙壁上的一摊蚊子血，你会觉得很脏，你会不喜欢她，没娶的那个白玫瑰犹如"床前明月光"，得不到的永远想着她；假如你娶了白玫瑰，白玫瑰就会像衣领上面的白米饭，会觉得很讨厌又很丢人，一直想把她弄走，那么娶不到的红玫瑰，就像胸口的朱砂痣，很隐蔽，只有你亲近的人或是自己才能看到。这是文字上的东西，就是说对于人生的思考，我刚才的表述可以吗？你们如果愿意，读一下张爱玲吧！

听众：马博士，感谢您到江阴来给我们做精彩演讲。我的第一个问题是：实体书店的经营都是很困难的，一方面读者想买的好多书都买不到，另外好多港版书，也买不到。对于我们这些读者，要想读好书，请问有一些什么比较好的办法？第二个问题：你说在内地，你的书已经出了十二又三分之一，我今天带来了六分之一本，你能给我签一个名吗？

马家辉：我们讲座到四点钟，包括签名时间吗？我得问下馆长。不包括（馆长），谢谢，非常感谢！你是我的老板，买我书当然要给你签名！那我回答你第一个问题，我不晓得最近的情况，实体书店买不到你想看的书，痛苦的是实体书店的老板而不是你。其实你可以在网上买，上网还可以打折。我在香港买很多台湾版的书，在网上都买得到的。越来越多的实体书店，包括在广州，都是卖港台版的书，所以我觉得这不是太大的问题！我们不可能越来越封闭，因为现在出去旅行的机会也多。

听众：马博士，我有一个问题和一个要求。问题是：许子东说他的爱好是贪财、好色、读书，请问你的爱好是什么？还有一个要求：去年《锵锵三人行》讲到金鸡百花奖，说金鸡百花奖落户到一个小城市，当时他忘记了这个城市的名字，其实就是江阴。所以我希望，下一次您能够帮江阴争一下名。江阴不仅有钱，而且还有百花！

马家辉：哦，太有意思了，我都没有了解金鸡百花奖的落地。回答你的问题，我的爱好很多。据我所知，许子东的爱好也不止读书，也有一些不可告人的秘密，每个人都有隐私。我也有不可告人的秘密，上网跟小孩聊天，都是我的爱好。白天的爱好跟晚上的不一样，九点前和九点后的爱好不一样，凌晨前与凌晨后的也不一样。我的爱好太多了，读书当然是其中一个，另外一个主要的爱好就是开车。我喜欢在香港开跑车，我喜欢那速度感，孤独的速度感。我最近写了一篇文章《孤独的保时捷》，很多人讨论《孤独的保时捷》，说你开保时捷是为了泡妞，为了追女孩。我说，这个说法不对。你开那么漂亮的车，是高危的，你不能追女孩，会被人家看到的。你追女孩，要找那种最不起眼的车才安全。我的是白色敞篷车，谁上我的车，一眼就能看到，而且一路上都有人看。开保时捷最过瘾的是那种感觉，这种车真的很好开，你感觉得到它的速度感，它受你控制，它通过方向盘与你对话，所以你一定要集中精神感受它，不然你要错过。假如你旁边有一个人，不管是男人是女孩，你开得很快，还要担惊受怕，还要分神跟他聊天，还要赞美他两句，对不对？

有时还要摸她一下，我说假如你有这个需要（众人笑）。网络上是这么说的，我的意思是说有这样子的人，我没有做这样的事，那是很危险的。所以，开车时我才说是孤独的保时捷，他们坐在我旁边可能不明白，我恨不得一脚把他们踹出去，留下我一个人。觉得他们是我和车的第三者，妨碍了我，打扰了我，破坏了我和车的感情。

听众：马先生您好，我有个问题，《锵锵三人行》是我们比较喜欢的香港电视节目之一，我想问你和窦文涛的私人关系怎么样？另外你眼中的窦文涛是个怎么样的人？

马家辉：先讲第一个问题，我和窦文涛之间没有私人关系。因为，窦文涛基本上不在香港，他住深圳，我住北京。所以，我们每次录节目，我都是匆匆去匆匆回，有时去了他还在录，有时他录得比较晚，没有机会交往，偶尔会吃饭。窦文涛的性格似乎不三不四的，其实他读很多书，看画展、看书法。他会特地去北京、台北、巴黎、伦敦的博物馆看展览，在这些方面，他见识很广，也很敏锐。他的性格也蛮内向的，我对他是非常非常佩服。1998 年我开始参与《锵锵三人行》，算是"开国元老"，中间退出了。当时中国没有类似的节目，那是第一档。然后几乎每一个电视节目都模仿过它，可是没有一个节目做好。关键是什么，是有窦文涛！因为主持人非常重要，窦文涛的口才和组织能力非常好，把球丢给他，他会解，非常厉害。梁文道、窦文涛都是我非常佩服的人，衷心地佩服！

陈馆长：把最后一个机会让给我吧！尊敬的马老师，首先感谢您为我们带来这样精彩的讲座，我是图书馆的管理人员，同时我也是一个忠实的读者。我想提两个问题：第一个，今天你也看到了，听这个讲座的有很多是年轻人，今天的和以往的不一样，今天的讲座有许多的年轻人，说明您的年轻粉丝很多。能够在这样一个实体图书馆里，讲您生命里的八间图书馆，我觉得非常有缘分。我是不是能够提这样一个问题，在谈图书馆的同时，能不能把您对阅读、对人生的意义的理解，用简短的几句话和在座的年轻人做一个分享？

第二个问题，从您中午 12：10 到达江阴，到现在 15：55，您在这里待了三个小时四十五分钟。之前您对我说，您对江阴没有任何印象，请问您现在对江阴是什么印象？您昨天晚上找江阴，以为江阴是安徽省的。我透露一个小秘密，在百度上属于江苏省无锡地区的江阴市，还是比较响亮的一个名字。刚才您讲到了《教我如何不想她》是赵元任作的曲，那我想考一下您，是谁作的词？（刘半农！）您知道刘半农是哪里人吗？（贵乡人），还有刘天华，刘氏三兄弟，都是江阴人。在这短短的三个小时四十五分钟内，您知道了江阴的正确方位，您现在所看到的一切，包括您所坐的报告厅，三百多号人听您讲座的感觉，汇聚到您的心里面，您对江阴留下了一个怎样的印象？谢谢！

马家辉：稍等我一下，我做个笔记，马上删掉"安徽江阴图书馆，2012 年 4 月 19 日"，改为江苏江阴图书馆，请大家原谅。因为在香港，那个殖民年代我没读地理，没读历史，我们的历史教到百日维新后，不教也不准教，不教普通话，所以这些害死我了。

回到馆长的问题，第一个是关于阅读吧？其实我刚刚在讲图书馆的过程里面，特别讲到我读经典的感觉，我觉得应该是读书的意义。我们说到《三国演义》里面的悲凉和无奈，说到张爱玲。《红玫瑰与白玫瑰》里面，讲到男主角和女房东有暧昧。女房东风情万种，是英国的留学生华侨。张爱玲描述那个女房东，穿着拖鞋，鞋跟在半空中摇来摇去，多么暧昧！后来，那个男主角问她，你在英国玩了那么多，还不腻吗？还不够吗？那个女房东说，这不是够不够的问题，学懂一种本领你不用就可惜了。你听了这个话是什么感觉？有时候很多生命的体验不是够不够的问题，我觉得阅读的意义就在这里。总没有不用换衣服，就能跑去电影院，或者去游泳池、保龄球馆，对不对？但是，关于阅读，你可以那么容易地就坐在家里，坐在马桶上面拿一本书，甚至你也可以拿一部手机上网，就能够找到你脑海中的一个答案，或者几百个答案，找到你生命里面的真谛，将别人的故事变成你的故事。它是多么美好。

你们这里经常说性价比，为什么用"性"？很奇怪，我一时之间想不通，这跟"性"有什么关系？有人能够回答我吗？"性能"这个词在香港会让人觉得很好玩，因为毕竟有很多用词可能各自的感觉不一样。比如我在南京坐出租车，车旧得要命，我和师傅说，这车有点旧吧！那司机说再旧点的车我也不抗拒。"不抗拒"就蛮好玩的，我一辈子都不会用不抗拒这个词。我们只会用不抗拒一个女人，不会用不抗拒这台出租车，我当时没想到这意思。所以说，我一直说生命的意义，如果用你们这里的性价比来说，性价比高的话，那我觉得读书就是如此。大家都从功利的角度来看，别说读书能够帮助你找到好的事业，那个太划算了。可能我是香港人，觉得划算的人、功利的人，要么太笨，要么无知。

陈馆长刚刚说的第二个问题，我觉得答案早就给了你。刚才我进门，一个图书馆的同事给了本子让我签名，我在你们图书馆签名的感觉很棒。江阴图书馆，美丽的馆、动人的馆长、优雅的地方。

我想第二个问题的答案就在这里。我就讲到这里，谢谢大家！

长大不容易，成长有规律

卢勤

今天是母亲节，当我向大家问好的时候，我希望你大声地说："好！好！好！太好了！耶！"亲爱的朋友们，所有的母亲和母亲的孩子们，大家下午好！

我先调查一下，有孩子的请举手；孩子还没有上小学的请举手；孩子是小学生的请举手；孩子是中学生的请举手；孩子是大学生的请举手；孩子已经工作了的请举手；孩子已经有了孩子的请举手；没孩子的请举手；小朋友们请举手。好，我们把掌声送给小朋友。我再问下一个问题：望子成龙、望女成凤的家长请举手。这举得最齐了！

有一次，我去一个地方做演讲，还没进门，就看到一个大红拱门，左右各飞两条龙。我就想起这个词了：望子成龙。有一个妈妈急匆匆地跑过来问我：望子成龙的会在哪？我告诉她：就在那。中国的父母都是望子成龙的，但大家想过没有，龙生九子，子子不同。一个儿子会呼风，一个儿子爱唤雨，一个儿子爱负重，一个儿子爱玩水。龙妈妈很会教育孩子，她让喜欢负重的龙到庙里驮石碑，庙里驮石碑的石龟身上是鱼鳞，因为他是龙的儿子；让喜欢眺望的龙在房顶站着，每天风吹日晒也喜笑颜开；让喜欢玩水的龙到宫殿当水神。所有的龙都眉开眼笑的，因为他们干着最擅长的工作。其实，这就是成龙成凤的经验。我相信天下父母都热爱自己的孩子，都希望孩子成龙成凤。但是，一旦我们违背了成长的规律，我们的愿望就收不到好结果。本来，你生个龙种，后来却变成跳蚤，为什么呢？因为你设限了。

有个试验，把一堆跳蚤搁一个瓶子里，在这个玻璃杯上面放一块玻璃，跳蚤开始蹦，一蹦就碰到玻璃。于是跳蚤就想：啊，我不能蹦太高，蹦太高会碰到杯子上的玻璃。当它习惯这样的时候，再把玻璃撤下来，它再也跳不高了，因为给它设限了。谁设的呢？对一个孩子来说，就是父母。我们当了父母，首先说过的一句话是：你瞧人家。这句话是很有杀伤力的，极大地伤害了孩子的潜意识。觉得人家孩子是金子，自己孩子是沙子；人家孩子是天才，自己孩子是蠢材，老是瞧不起自己的孩子。

三年前，我升格为奶奶了，小孙子很可爱，大眼睛、双眼皮、高鼻梁、小嘴巴，一个月的时候带他去医院检查。有一个妈妈也带孩子来检查，本来挺高兴，看到我家孙子，不高兴了。冲着她家孩子说，瞧人家孩子双眼皮，你怎么单眼皮；瞧人家孩子多白净，你怎么这么黑。我当时心里好难过。人家刚一个月，何罪之有？但是厄运从此开始。

孩子上幼儿园，回家跟妈妈说，"我得了一朵小红花"，妈妈待会儿一定问，别人几朵？有得俩，有得仨的。你怎么没得仨？孩子上小学了，回家说，"我考了九十八分"。妈妈一定问有考一百分的吗？有啊。你怎么没得一百分？孩子就开始不爱学习了，他开始在比较中长大。

有一个小男孩，曾经给我打电话："知心姐姐，你知道我的朋友叫什么名字吗？"我说："我哪知道啊。"他说："我告诉你吧，叫小红。"我说："我知道了。"他又问："知心姐姐，你知道我的敌人叫什么名字？"我说："我不知道。"他说："我告诉你吧，叫小红。"我问："怎么小红又是你的朋友又是你的敌人？"他说："过去是朋友，现在是敌人。"我问："怎么变成敌人了？"他说："本来我们是朋友，在一个院里住着，小时候在一块儿玩。自从上了小学，小红每次考试都比我好。我妈每次说：你瞧人家小红。我再努力也没有办法。现在她是我的敌人，我准备把她杀了。我今天给你打电话的目的是研究怎么杀了她比较好，我妈不知道。"我说："先别商量这件事，我们商量另一件事。你把小红杀了，你妈找一个小绿跟你比。你把小绿杀了，你妈找一个小黄跟你比。那我是没治了。我有一个办法，把你妈找来，我跟你妈谈谈吧。"这样打电话的孩子是少数，而生活中却很多。

《中国日报》一个女记者在采访我时曾跟我说，她从小是别人的"旧社会"，因为她考试总比别人考得好，同学们给她起个代号叫"旧社会"。在这种激烈的竞争中，终于有人考上大学了，考上的成功了，没考上的失败了。在考上大学的孩子中，考上重点大学的成功了，没考上重点大学的失败了。在考上重点大学的孩子中，考上名牌大学的成功了，没考上名牌大学的失败了。在考上名牌大学的孩子中，考上清华北大的成功了，没考上清华北大的失败了。在考上清华北大的孩子中，考上重点系的成功了，没考上重点系的失败了。在考上重点系的孩子中，考第一、二名的成功了，后面的都失败了。第一名、第二名的孩子由于压力太大，跳楼自杀了。等你回头一看，成功的路上没人了。中国十几亿人怎么就缺少人才？人才哪去了？被我们比没了。一句"你瞧人家"，就让一个人失去了价值。

孩子永远在比较中长大，失去的是自信。一个人没有了自信再有本事也没用，分数再高也没用。你们可能听说了，一个学习非常好的高三男生，完全有能力考上清华大学。考完之后，有几道题错了，他就觉得自己肯定完了，最后承受不了，跳楼自杀了。当他自杀后不久，清华大学的录取通知书寄到了他们家。

我觉得，今天那些非常优秀的孩子，常常是心理问题很大的孩子。他一路杀来，处处领先，一旦到了他不能领先的时候，就充满了自卑。所以，在我们的家庭教育中，有一个很大的弊病，就是拿自己的孩子跟人家比较，而比较的背后是我们父母的虚荣。我们总觉得孩子考上名牌大学，自己脸上有多么光彩。但你不知道你的孩子是什么水平，你的孩子是否适合在这个学校读书。过高的期望，常常带来无望，很多悲剧的发生就在于父母过高的期望。我们多么希望孩子过上幸福的日子，但我们常常违背了成长的规律，不知道幸福是怎么得来的，总想把自己的一切都留给孩子。

我有一个朋友是个单亲妈妈，一个企业家，她很成功。她只有一个儿子，她把全部的爱都给了儿子。儿子十七岁时给他买宝马，儿子十八岁时给他买房子。儿子十九岁时问他妈："妈，你知道我哪天最高兴？"妈说："哪天？""你死那天。等你死了，那钱都是我的。"妈妈吓了一跳，才知道留给孩子的不是财富，而是祸害。后来她听完我的劝告，让儿子去培训，两年之后儿子改变了观念，重返大学读书。现在大学已经毕业，到妈妈企业去工作，工作还不错。但是有一天我看见她儿子，夏天穿着短袖，手臂上有一条黑龙盘在那儿。那文身终生难以去掉，那苦处只有妈妈自己知道。

可是，我认识一个欧洲妈妈，就跟中国妈妈完全不同。她也非常有钱，儿子上中学问妈妈："你爱我吗？"妈妈说："我爱你。""你爱我就应该知道我最喜欢什么。"妈妈说："你最喜欢什么？""我最喜欢名车保时捷。"妈妈说："我知道了。"儿子说："你应该知道什么时候把这礼物送给我最高兴。"妈妈说："什么时候？""我过生日的时候。"妈妈说："我知道了。"儿子临走时又说了一句："你可别忘了，我快过生日了。"就在儿子过生日那一天，妈妈果然送了一辆保时捷，但不是一辆真正的汽车，是个汽车玩具。妈妈在玩具汽车里写了四个字：自己挣去。数年之后，儿子果然很有志气，挣了一辆保时捷。

这些年，我一直在宣传一个观点：不要把财富留给孩子，要把孩子变成财富。把孩子变成财富，一定要遵循孩子成长的规律，在每个不同的阶段给予孩子应有的东西。一个孩子长大不容易，尤其是独生子女更不容易。人家说头一个孩子翻书养，第二个孩子当猪养。我去年写了这本书——《长大不容易》，其实根本写的是成长有规律。我们很多东西都要考证，唯独当父母不需要考证；我们很多东西都需要学习，唯独当父母没人逼你去学习。于是常常会出现问题。好在今天，我们江阴的父母都很爱学习，有了这样的大讲堂，大家常来听讲，在教育孩子问题上开始思考，如何把孩子真正变成对国家、对家庭有用的人。

孩子成长过程中，拥有一份自信心最重要

对于自信心，我把它总结为：我能行！一个孩子是"行"还是"不行"，不是长大以后培养的，而是从小培养出来的。我们今天老把孩子跟别人比较，最终失去的就是自己。怎么才能不比较？就是刚才我说的观点：龙生九子，子子不同！

有的孩子属于音乐，音乐响起翩翩起舞。比如舟舟，是先天性愚型儿，四岁不会系鞋带，话也说不清楚，人们叫他"小傻子"，可是他爸爸妈妈没有放弃。爸爸在乐团，上班都带着他。爸爸在观察，我的孩子对什么感兴趣。忽然有一天，他发

现舟舟看指挥时特别入神，手里拿根筷子，指挥得很像。爸爸心中一阵惊喜，买了指挥棒送给他，他上去就会指挥。乐团的叔叔阿姨，把指挥台让给他，没人教他，他却指挥得很逼真。最后他上了真正的舞台，上了国际舞台。一位大师说，舟舟是天才的指挥，看一幅画都能奏出曲子来。他妈妈写了一本书，出版社让我帮写个序，我当时很忙，没来得及写。后来，出版社的人又找我，说"快写吧，他妈得癌症了"。如果不赶快写序，就出不来，他妈就看不到了。我赶快看了这本书，深受感动。妈妈最担心的是，父母亲不在的时候，儿子如何生存。她终于含笑离开了世界，因为儿子通过指挥可以养活自己了。她在家门口种了一棵树，她跟舟舟说，想妈妈就看这棵树。我当时写这序的名字是：是谁激发了舟舟的潜能，是他父母。他们对这样一个"傻孩子"，不离不弃，终于挖掘了他的潜能。所以上天给了每个孩子一个礼物，这个礼物就是他的潜能。

但是，不是所有的孩子都喜欢音乐。有些孩子是属于图画，喜欢画画的好处是让人有想象能力。因为图画在孩子心中，呈现出的是变化的图像，所以孩子如果喜欢图画，你不要跟他说找个老师，说要像老师那么画，那样画出来永远跟老师差不多。爱怎么画就怎么画，把你心中的图像画出来，这培养的是人的想象能力。

我非常感谢我的幼儿园老师。我五岁上幼儿园，幼儿园第一天老师给了我六支彩色铅笔和一张白纸，我可高兴了，因为小时候没有钱买彩色铅笔。拿来以后，我就画了六根弹簧一样的东西，主要是试试看哪个颜色好看。刚画完，老师说交上来吧，我就交上去了。老师问我，你画的什么？我真的没想画什么，我瞎画的。但老师用期待的眼光看我，我就随口说，烟。老师说什么烟，我说我妈蒸馒头，烟囱里冒的烟。老师说那你回家观察一下，看妈妈的烟囱里冒的什么颜色的烟。回家一看可失望了，除了黑的就是白的。第二天，老师再问我，你画的什么？我说烟。老师说什么烟？我说明天的烟。老师拍着我的肩膀说：卢勤你太有想象力了！从那天开始，我就有想象力了。直到五十年祖国大庆的时候，我家离天安门很近，看到拖着七彩烟的飞机从我家上空经过，我才想到，这就是我小时候画的烟啊！我非常感谢我的幼儿园老师，她没有批评我："烟是这个颜色的吗？重画！"那样我可能以后就再也不想画画了。她只说我有想象力，虽然我不懂什么是想象力，可我就有想象力了。

其实幼儿园是启发孩子兴趣的，画得怎么样不重要，画的什么也不要紧，你想画什么画什么。如果孩子喜欢画画，请你一定把孩子的画留起来。我妈觉得最遗憾的事是，把我的画弄丢了，因为经过几次搬家，我小时候的画丢失了。

　　我现在讲话不用拿稿，也不需要拿稿，拿稿我就不会说了。因为我看到大家来自什么样的家庭之后，我心中就有无数的图画。如果你家的孩子爱画画，你要让他学画"脑图"，如果你会画"脑图"，将来考试就省事了。我们这批人都是知青，没有机会上大学。我是后来当了妈妈才有机会去考夜大，那时候上的是新闻学院，平常没有时间上课，但考试必须参加。于是同学告诉我办法：画"脑图"，把一本书变成一张纸。知识都是有结构的：树干、树枝、树杈，还有果实和叶子。把知识整理出来，反复看反复想，这树就印在脑子里了，一睁眼就知道是什么。每个果子后面有一个卡片，卡片上是题目；果子上有三个字，是问题的要点。记住之后，等题目出来，你就知道老师的出题思路是什么。所以如果演讲，你也不要写长篇大论，现在谁愿意看你讲稿子？只愿意听你谈谈想法。那么就写个提纲，而提纲也不用写在纸上，写在心里，所以画画的孩子有这个天分。

　　还有的孩子是擅长文字的孩子，过目不忘，看一眼就全记住了。很多领导同志就有这种才能，像胡锦涛同志就有这本事。他的家乡在安徽绩溪，那里有个祠堂叫胡家祠堂，我去参观过。他们家祖先遗传下来四个字：过目不忘。我们社长在他身边工作过，晚上给他一篇稿子，第二天去讲不看稿，一字不差。

　　还有的孩子是擅长数学的孩子。数学真正有造诣的孩子，并不是整天做数学题的孩子，而是玩数学的孩子。我大哥就是数学家，从小玩数学。我从来没看过他写作业，作业都是在学校完成的，在家玩的都是趣味数学。我还没有上小学的时候，他就出了一道题让我做。我现在把这题告诉你们：一只羊、一只狼、一棵菜要过河，小船每次只能驮一个，怎么让狼不吃羊、羊不吃菜？

　　（互动）小朋友：第一先把狼运过河。

　　卢：你要知道羊要吃菜，狼要吃羊。先运什么？重运一下。

　　小朋友：先把狼运过河，然后再把菜运过河，最后把羊运过河。

　　卢：先把狼运过去。留下了羊和菜，羊就把菜给吃了。重新运一下。

　　小朋友：先把羊运过去。再把……这个不行了，做不到了。

　　卢：他说他做不到了。做不到也请给他鼓掌，他敢上来。下面哪个同学能做到？好，下一个同学。

　　小朋友：可以先把羊运到对面，因为留下狼和白菜，狼不吃白菜，这样就保证羊和白菜的安全。然后再把狼运过去，没有足够的时间吃掉白菜，我们就把白菜运过去……先运了羊，狼不吃白菜，又运了白菜。

卢：已经把我们运糊涂了。第一步把羊运过去，留下狼不吃菜。第二步再把菜运过去，把羊运回来。第三步再把狼运过去。最后再把羊运过去。

卢：好，非常好。你是中学生吧？

小朋友：我五年级。

卢：好，长得很高大，很棒，再次给他鼓掌。他的胆子很大，气势磅礴。虽然他说得有点乱，后来还是说清楚了。

这就叫运筹学。生活中有很多是运筹，并不一定非是一加一等于二，有时候需要拐一个弯。用这些趣味数学来训练孩子的思想，往往比枯燥的题目有意思。

我哥哥从小玩数学题，所以他的运筹学学得不错。有一次妈妈买了很多山楂片，我跟我哥说，咱俩比赛看谁吃得快。我哥说可以，我俩就开始比赛。我特傻，拿一片使劲咬了几口，还就咽了下去。我哥很从容，拿一个咬一口扔一边，拿一个咬一口扔一边，咬一口等于都变成他的了。我说你要赖，他说你说的是谁吃得快，没说怎么吃。他经常在学校参加数学比赛，后来到大学是数学系高才生。他是国内第一批研究生，他的硕士论文达到博士水平。老师后来介绍他到美国，在美国他获得了博士学位，做了博士后。后来又学习计算机，成了计算机硕士。现在都七十岁了，人家还不让退休。

我觉得我妈是个教育家，虽然只有小学文化，却懂得如何因材施教。我妈从来都不把六个孩子进行比较，从来不说你看你大姐多棒，天生高才生；你看你大哥多棒啊，洋博士；你看卢勤老上电视。她总是说，三百六十行，行行出状元，干什么都有出息。我妈临终的时候八十三岁，跟我们家小保姆说，我要送几个孩子每人一个礼物。小保姆说，你送给我二姨什么礼物啊？"二姨"就是我二姐，她从小想当老师，后来考大学没考上。我妈说太好了，你可以去当老师。她当了北京双子小学大队辅导员，创办了北京雷锋小学，后来到了教育局，在教育报刊社当总编室主任，现在已经退休了。我二姐最大的特点是什么账目都记得非常仔细。谁家钥匙找不着，让她帮忙一找就能找来。小保姆又问我妈，你送我三姨一个什么礼物？"三姨"就是我。我妈说送她个喇叭，让她外面吹去吧。我从七岁爱说话，我妈送的喇叭到现在还响。如果我不爱说话，现在就不在这儿讲座了，我从内心感谢我妈。

其实孩子用不着比较，每个家庭的孩子都不一样。有喜欢这个的，有喜欢那个的，干什么都有出息。只要他爱干，就让他去做好了。我们现在很重视孩子的特长培养，但我告诉你，兴趣比特长重要。因为在发展的路上，有些兴趣能变成特长，有些兴趣能变成"特短"。

我从小有两个爱好,一个爱好变成了特长,一个爱好变成了"特短"。我小时候很爱画画。五岁时我照着我妈养的大公鸡,画了一个彩色的大公鸡,在幼儿园得了奖。我可高兴了:"妈,我画了个公鸡得奖了。"我妈听了眼睛眯成一条缝,说太好了,我早就说过你画的公鸡比我养的公鸡还漂亮。我从此爱上画画。上小学第一天,老师问谁爱画画,人家都没举手,我傻乎乎地举手了。老师高兴了,黑板报就交给我了。我从一年级画黑板报一直画到六年级,又从初一画到了高三,下乡插队给农民办报,最后就办了《中国少年报》。四年级参加北京少年儿童大赛得了一等奖,我免试参加了北京少年宫绘画组。前几天,少年宫要从皇家花园景山搬出去,把老主人都请回去,都是六十多岁的老头老太太了。一见面才发现,绝大多数同学都当了画家,中国画院、北京画院的领导都是我们少年宫的同学。我没成画家,因为我画画的目的很简单,就是画黑板报,可我现在依然喜欢画画。

我还有一个爱好变成了"特短"。我小时候爱跳舞,还去参加演出。但是小学毕业前夕,不幸的事发生了,北京市舞蹈学校到我们学校招收小学员,选了四个女孩,有我一个。老师让我们去舞蹈学院面试,把外衣脱掉,穿着小褂小背心,手背后,脚尖分开,站直。我刚站好,舞蹈学校一个老师从我身边走过,瞟了我一眼说:"腿都不直还想跳舞?你瞧人家。"我这才看到人家女孩两腿一并,一条直线,我是上面一个洞下面一个洞。晚上光着大腿照镜子,左看不是,右看更不是。耳边老响起老师的话,"腿都不直还想跳舞"。后来就不大会跳了,就不大想跳了,最后就干脆不跳了。上中学就拜拜了,不跳了,跑百米去了,跑得可快了,全校拿名次,越跑腿越粗。我插队回来,像我这个年纪的人,大部分人都学会了交际舞,我老学不会,我心里有障碍。有时候出去开会,有人请我跳舞,我说对不起我不会。其实我也会跳点,因为腿不直,不大适合跳舞。有一天,我才在舞场上发现:腿不直的人有的是,有的人还罗圈腿,跳得很疯狂。我想,这个人小时候肯定没有经过专家鉴定,如果哪个专家告诉他,你长成这样不适合跳舞,他估计早就没情绪了。

我忽然明白了一条真理:如果一个孩子从小生活在"你不行"的环境中,把"你不行"变成"我不行",他就真的不行了。如果一个孩子生活在"你能行"的环境中,把"你能行"变成"我能行",他就真的能行了。说实在的,童年的阴影是很难去掉的。有一次,我去俄罗斯的皇家芭蕾剧院看《天鹅湖》,非常精彩。全场都关注剧情,就我一个人盯着人家大腿,怎么那么直!当我想到这儿,自个儿都笑了，我想我心中的阴影依然没去掉。我从来不穿裙子，因为我腿不直，后来我发现比我腿不直的人多的是，人家就没这感觉，该穿什么穿什么。

我发现，孩子有一种细胞叫镜像神经元，这东西就好像图像，把你说的做的，全部印在脑子里，去掉是不容易的。所以，一个孩子在小的时候不要去伤害他，不要轻易把孩子带到所谓的专家面前去考什么智商，让专家说：你的孩子有问题。你别这么干，当一个人知道自己有问题之后，这问题就会严重，其实人和人是不一样的。

孩子成长需要一个人生底片，这个底片应该充满阳光。长大了怎么打击都没事儿，但是小时候可不一样，那时候没有自我认识，爸爸妈妈的一句话，就会影响他一辈子。即使天下所有的人都瞧不起你的孩子，你也要相信，他是上天给你的伟大的、珍贵的礼物，用心去爱他，去发现他，相信他一定行，一定会给你满意的答卷。从今天开始，不要跟孩子说，"你瞧人家"。只要孩子今天比昨天有点进步，你都要为他鼓掌喝彩，大家赞成我这个观点吗？

孩子变成财富最重要的是自信心。今天是母亲节，当你的孩子向你祝贺的时候，你就要告诉他，在妈妈的眼睛里，你是最棒的，不管他有什么样的缺点，你都要表达你作为母亲对他的信任，这比任何东西都重要。

孩子成长过程中，最需要有梦想去支撑

梦想能让人变得了不起。人和人之间的差异不在于智商，在于梦想和目标。有目标的人走得远，有梦想的人飞得高。有的人是为父母活着，为父母学习；有的人是为自己活着，为自己学习。这两种情况可就完全不同了。所以，我的第二个忠告就是：不要逼孩子去实现你的梦想，而要去发现孩子自己的梦想。

我看了很多名人传记，发现有成就的人常常都是在少年时就有梦想。真正的梦想，在孩子十一岁时最容易形成。有个国家做了个调查，找了一万个十一岁左右的孩子，让他们每人写一篇《长大我想做什么》，密封起来，搁在博物馆。等那些孩子长到二十六岁，进行了跟踪调查，后来又等长到四十多岁，再进行跟踪调查，发现百分之六十的人实现了十一岁的梦想。赖斯在十一岁的时候，跟着爸爸去白宫参观，被拒之门外，"黑人不得入内"。赖斯当时非常生气，指着白宫对爸爸说，总有一天我要走进白宫工作。爸爸告诉她，如果你付出跟白人一样的努力，就远远落在了白人后面；如果你付出比白人多四倍的努力，你将跟白人并驾齐驱；你只有付出

八倍的努力，才能超过白人。于是赖斯做任何事情，都付出八倍的努力。人家学一门技能，她学会了八门，唱歌、跳舞、弹钢琴样样都会，芭蕾舞在全国获大奖，花样滑冰在全国获奖。后来，她在斯坦福大学获得了博士学位，当上了博士生导师，最后终于走进了白宫，成为美国历史上第一位黑人国务卿。

一个女孩子，一个黑人孩子，一个穷孩子，为什么能够成功？因为有梦想。你的孩子有梦想吗？你的孩子有目标吗？昨天我在合肥，讲完后，两个即将高考的女学生找我，告诉我压力很大。我说你们将来想考哪所大学？不知道。你们将来想从事什么职业？不知道。我说不知道就有压力了。她说，就想考最好的。我说，没有最好，只有合适。你不知道将来想干什么，你也不知道你应该去什么样的大学、考什么样的专业，你将来就会迷茫。

目标越明确的人，走得越快，负担越小。你不要想世界上最好的都归你，那没必要，你选一个合适的就行了。现在国外的孩子是先选职业、后选大学的。先想我将来做什么，这个工作需要什么样的学历、什么样的专业，然后看哪所大学有，就上哪所大学。

人的梦想和三个因素有关！

首先与成人的暗示有关。父母的一句话，老师的一句话，能成就一个孩子，也能打击孩子一生。有个叫罗杰的男孩，他是个黑人孩子，不好好读书。在外面疯够了，就从窗户外面蹦进教室，闭着眼睛，学僵尸一样蹦到讲台，一睁眼，吓一跳，老师站在那儿。可是老师没有批评他，老师看看他伸过来的手，惊讶地说："哇，你的手好修长，将来一定是纽约州长。"那孩子看自己的手，果然与众不同。咱们手掌长、手指短，他的手指长、手掌短，这就是州长的手。然后又去照镜子，看看长得像不像州长，一看模样不错，就是太脏了，然后就去洗脸，又去照镜子，看身材像不像州长，一看身材也不错，衣服太脏了，又去换衣服。以后他走路像州长，说话的姿势像州长，吃饭的姿势都像州长。五十一岁就当了纽约州第一任黑人州长，他在自传中写道：四十年来，州长像一面旗帜，在心中高高飘扬。

北京有一名特级教师，年过九旬，他有个学生特别淘气，成绩不好，但是老师每次提问他都举手，但老师每次叫他，他都不会。老师跟他谈话："你不会，干吗举手？"那小孩说："我特想表现我会，可我真的不会。"老师说："那以后就注意了，不会的时候用右手举，会的时候用左手举，千万别举错了。"以后那孩子用右手举得再高，老师不理他，左手一举就叫他。同学们都对他刮目相看，这才是老师。他能看到孩子举手的积极性，他不看他们捣乱的行为，而是看他们表现好的一面。所以我们每个人面对你的孩子的时候，都不要以为你的话是没有用的，而是可能不经意的一句话，就会影响孩子一辈子。

话是我们说出来的，事是孩子自己做的，因为你给了他一个环境。我们所有人，都是孩子的环境，无论这孩子是你的不是你的，你说的每一句话都要注意。街头流浪的孩子也是孩子，打工子弟也是孩子，你不要因为他穿得很脏，不要因为他做的事你看不上，就骂他，他会仇恨这个社会的。所以我们每个人都要把自己变得高尚一点，善待所有的孩子，给他一个积极的、努力的方向。淘气小子是好的，不要以为孩子很淘气，让老师很烦心，就天天骂他。你要去爱他，用你自己特有的方式，孩子一辈子都会记着你的。

第二个因素就是成功。一个小小的成功，能让一个人产生大大的梦想。我从小是看着《中国少年报》长大的，我十一岁的时候，《中国少年报》出版了一个栏目——《知心姐姐》，我看到很多小朋友给知心姐姐写信，我就悄悄地给知心姐姐写了一封信，没想到居然收到了回信。哇，我很有成就感，一个小屁孩，写了一封信，还有人理她，她忽然就产生梦想了，我也想当知心姐姐。知心姐姐梳小辫，为了追星，我开始留小辫，留两个小辫，到照相馆照了张标准像，姿势都跟知心姐姐一样。取照片一看，哪像知心姐姐，像小和尚。我当时很不满意，就问照相馆怎么照得这么难看，照相馆的人说了句名言：长什么样，照什么样。

第一次照相就受到了打击，回家照镜子比了看，越比才越明白，知心姐姐头发多，我头发太少。为了让自己头发多一点，我就把上面的小碎头发梳两小辫，然后再梳下来，就有点像了。后来发现知心姐姐喜欢微笑，我那时候当干部，必须要严肃，不会笑。为了当知心姐姐学会笑，见人就笑，笑多了就有了亲和力。我上初二第一个入了团，当了团支部书记，谁要入团我就跟他谈话，忽然觉得我说你听，你说我听，知心的感觉真好。于是我又拍了张照片，这张照片是初二照的，有点儿像知心姐姐。到了初三就有梦想了，想考人大新闻系，毕业以后到《中国少年报》当记者，当知心姐姐。

梦想的路，绝对不会那么平顺。我上高一的时候，"文化大革命"开始了，到高三毕业的时候，所有大学都关闭了。那时的人没有梦想了，只有一颗红心，到农村去接受贫下中农再教育。我就上山下乡，从北京去了吉林省最偏僻的地方——吉林省白城地区镇赉县东屏公社乌木大队巨丰山生产队，一个很小的村庄，很穷的地方。当时我二十岁，我们村像我这么大的女青年早就结婚了，只有两个男青年没结婚。由于我们知青的到来，当地青年的婚期推迟了三年，女青年都不着急结婚，那两个男青年更不着急结婚，他们等着跟我们结婚。四年以后，我调到了白城地区知青办，工作了六年，后来当了知青办的副主任，我成了知青的知心姐姐，他们有什么问题都来找我，找了对象也让我看。

当我干得正高兴，入了党、提了干、结了婚、有了孩子的时候，1978年11月，停刊十二年的《中国少年报》复刊了，当我在广播里听到这个消息时心情非常激动，连夜给《中国少年报》写信，把我童年的梦想告诉他们。真没想到，复刊的那些老同志，就是当年创办这份报纸的老同志，很在意这份感情，后来通过团中央组织部和中组部把我调回了北京。

1979年6月，我正式地跨入了《中国少年报》的大门，那天我流下了热泪，没有想到一个知青童年的梦想能实现，我下决心在这里工作一辈子。当年我三十岁，转眼我就工作了三十多年，现在已经六十多岁退休了。后来我真的当上《知心姐姐》栏目的主持人，当上了《中国少年报》的副总编辑，2000年中国少年报社跟中国少年儿童出版社强强联合，组建了中国少年儿童新闻出版总社，我当了副总编，后来当了总编辑。

我一生获得了很多的奖项，我最在乎的是中国新闻工作最高奖——韬奋新闻奖、全国少年儿童工作最高奖——宋庆龄樟树奖、中宣部颁发的未成年人思想道德建设先进个人奖。每当获奖的时候，我就特别高兴，忽然觉得人生追求的不是成功，是幸福和快乐。当你获得了，你感到幸福快乐了，你就成功了。所以我对幸福的理解是八个字：干我所爱，爱我所干。有热爱就有激情，有激情就会有创造，有创造就会有辉煌。所以不要逼孩子去实现我们的梦想，他有自己的梦想，我相信你的孩子一旦找到他的梦想，他比你更有激情，他比你更有创造力，比你更加辉煌，大家相信不相信啊？

所以，我们有责任让孩子获得成功的感受和体验。我时刻都没有忘记，曾经是知心姐姐点燃了我的梦想。今天我做了知心姐姐，也会去点燃无数孩子的梦想。有一天，一个女孩给我打电话："是知心姐姐吗？"我说是啊。她说："我是北京二中初二的一个女生，我叫李萌，我想请你到我们班来跟同学谈谈心可以吗？"我说可以啊。她说："那就好了，下个礼拜三下午三点半，我在门口等你，我穿一条牛仔裤，手里会拿一张《中国少年报》。"我感到非常神秘，谁都没带，我自个儿去的。到二中门口，两个女孩站在那儿，都穿着牛仔裤，一人拿一张《中国少年报》。我说："谁是李萌？"一个女生说："我就是，跟我走。"我就跟她走了。到门口她说："站一会儿。"我就跟她站住了。一会儿跟我说："把老师请出去。"我就把老师请出去了。跟他们谈的是怎么处理好跟老师的关系，怎么处理好跟父母的关系，谈得很开心。

过了几天，一个小男孩给我打电话："是知心姐姐吗？我是某小学四年级一个男生，我叫李子科，我想请你到我们班来讲讲人际关系。"我说："怪了，我去中学讲人际关系，你怎么知道了。"他说："不瞒你说，上次请你的是我姐，说你讲得很好，所以我来请你。"我当时非常为难，因为我担任领导工作，非常繁忙。但是我就想，如果我不去，弟弟和姐姐的竞争就失败了。我不想让男孩失败，男孩在小学就已经够失败的了。于是我鼓鼓勇气说，好。他高兴了："下个礼拜三下午三点半，我在门口等你，我穿一个牛仔裤，头上戴一个鸭舌帽，跟我姐一样。"可是那天我开会，晚去了一小时，跟他们同学谈得不错，谈话内容还登在了《中国少年报》上。那孩子第二天就给我写了一封信，信中说："我在门口等你一小时，急得像热锅上的蚂蚁，真怕你不来，你不来，同学都会说我吹牛，我跟姐姐的竞争就失败了，本来我妈瞧得起姐姐，瞧不起我，这回你来了，我真的牛起来了。"

过了一段时间，北京二中开家长会，我正好给初二的家长去讲课。讲完之后，一个妈妈满脸都是泪水，走到我跟前说：我就是李萌和李子科的妈妈，女儿请你我很赞成，女儿回来说你讲得很好，我也为她高兴。我儿子请你，我坚决反对，知心姐姐不是咱家的，咱们家孩子老请你去，你就去，不可能。我怕你拒绝他，所以我就不让他请，可是他还是请了，没想到你那么理解他。你知道我儿子发生多大的变化吗？本来成绩不怎么样，从那之后成绩名列前茅，最重要的是他考上了重点中学，因为老师给他写了很好的评语，说他组织能力很强，能把知心姐姐请到他们班里去。

几年后，我去清华园看我儿子，迎面走来一个女孩。

女孩说："知心姐姐，你还认识我吗？"

我说："你叫什么呀。"

女孩说："我叫李萌啊！"

我说："你考上清华大学啦！"

女孩说："对啊。"

我说："弟弟呢？"

女孩说："他考上海洋学院了，可帅了。"

就这么一刹那，我流下了热泪。我真的觉得，小时候一个小小的成功，就让这样一个男孩变得那样的优秀。我忽然觉得知心姐姐的工作，是多么的伟大，多么的有意义！

所以我退休了还在从事这项工作，就是因为它太有魅力了。一个人的事业，自己觉得既有意思、又有意义，就会无限地奉献自己的一切。所以，我觉得成功的魅力，不在于给予什么样的奖杯，而在于感受到一种成功的体验。人家说失败是成功之母，我始终认为成功是成功之母，少年的时候一定要有成功的体验，他才有可能去追求。如果他总在阴影里长大，怎么可能找到自己存在的价值？

第三个因素是眼光。眼光决定未来，阅读改变人生。有两个字大家都认识：一个是仙人的仙，单人旁，一个大山的山；一个是俗人的俗，单人旁，一个山谷的谷。站在山顶的人就是仙人，站在谷底的人就是俗人，说的就是眼光。现在很多家长关注的是孩子能考多少分，而你孩子的眼光有多高、有多远，你关注过吗？

如果想让你孩子有眼光，有四句话。第一，读万卷书，书可以让人明智，书可以激发人的梦想。我今天来了江阴图书馆，深受感动，我看到很多爸爸妈妈和老人带着孩子在图书馆里看书，妈妈看妈妈的，孩子看孩子的，安安静静，这就是把孩子培养成财富的方法，孩子觉得好玩的东西在书里，对书感兴趣，这样的孩子长大之后，就能获得无数的财富。书是人类智慧的结晶，我们要善于站在巨人的肩膀上，才能成为巨人。

有一个老人，七岁的时候读了一本书《爱的教育》，其中有这样一个故事：一个十一岁的意大利少年，从小被卖到了戏班，受尽了折磨，受尽了虐待。有一次到西班牙演出，他忍受不了打骂，逃了出来，跑到领事馆，领事馆给他买了回意大利的船票。船上三个外国人了解孩子的身世之后，非常同情他，送他很多铜币、银币。但这三个外国人一边喝酒，一边骂的都是意大利，说了很多意大利的坏话。突然，那些铜币和银币砸在他们头上和肩上。"拿回去！"这位少年大喊着，"我才不要说我祖国坏话的人的东西。"

读这个故事的孩子，当时才七岁，但这个故事深深激发了这个少年的爱国情怀，那个时代正是抗日战争的高潮，后来他投入了抗日战争，不久当了地下党。新中国成立后，他走上了我们国家新闻宣传工作的领导岗位，后来担任了中宣部常务副部长，他的名字叫徐惟诚，笔名叫余心言。他最近给孩子们出了一本书——《少年修养 100 篇》，我是在他书中看到这个故事的，他一生爱读书，一生爱孩子，他写了很多的书。

一个人成长，不是没有原因的，一个平凡人变成一个伟大的人，不是没有理由的。他从小接触了这些爱国的读物，他就变得非常爱国，从而走上革命的道路。所有这些有成就的人，都有过阅读的经历。所以我们图书馆，给了孩子一个激发梦想的好场所，我们这个大讲堂，也给了很多爱读书的人一个明智的地方。我觉得这些培养，对江阴来说是最大的幸福。如果你爱你的孩子，就培养他爱读书的习惯吧！第二句话，走万里路。我们不能把孩子圈在我们的水泥房里，孩子不走进大自然，身心就非常单薄，像温室里的花朵一样。只有在风雨中长大的孩子，才有可能禁得起风雨。我们这代人，我们的老一辈，像刚才说的徐爷爷，经历了多少苦难。但我告诉你，你的孩子未来遇到的问题比我们还要严重，遇到的挫折要更多，他们能承受得了吗？你能管得了今天，你管得了明天吗？ 所以，你要让他今天就走进大自然。如果要让他有气势，就去登山，登到山顶才能理解什么叫一览众山小。如果你要让孩子有胸怀，就去海边，大海最能够陶冶人的情操。如果你想让孩子有眼光，就要去草原，草原一望无际，才能心旷神怡。

知心姐姐每年夏天和冬天，都带孩子去高山、去大海、去草原，走进大自然，开展各种夏令营和冬令营的活动。我几次带孩子去锡林郭勒草原，一去草原就听说，日本的孩子年年去草原，背着行囊一走十五天，晚上住在自己搭的帐篷里，我们跟他们没法比，因为他们的孩子从小有训练。我们很多孩子从来没训练过，如果一下苦怕了，将来他们就怕苦了。我们就让孩子先住宾馆里，两个孩子一个房间，住了两天，没人告诉我宾馆好。

第二天晚上，有个小男孩跟我说，知心姐姐我昨晚没找着被子。被子在柜子里，他没发现，平常都是妈妈搁在床上的。我说："那你怎么办了？"他说："晚上挺冷的，我只有把衣服拿来把肚子盖上。"我说："你着凉了吗？"他说："没有。"我问："拉肚子了吗？"他说："没有。"我说："你很会保护自己。"我在全营会议上表扬他，我说这个小男孩第一次离开家晚上没找着被子，但他很聪明，他把身上最重要的肚皮盖住了。别看肚皮不起眼，肚皮一着凉，肚子里的东西就变成稀。我没有批评他没有找着被子为什么不去问别人，我原谅他了。我也发现今天的孩子"问"的功能退化了。在家里根本不用问，一个眼神，他妈就知道要什么了，所以小孩根本不会问。

　　第三天晚上，我们住蒙古包，八个孩子一个包，他们可兴奋了。隔天早上，他们在训练，我去看他们，几个小男孩看我来了，凑过来跟我说："哎哟，知心姐姐，我告诉你，昨晚我们的蒙古包里可冷了，我们冻得都没睡着觉。"因为有些小蒙古包窗户在底下，晚上凉风就进来了。我说："那你们怎么办了？"他们说："我们只好把被子都献出来，把窟窿都堵上了。"我说："那你们盖什么呀？"他们说："我们八个人挤成一团。"我说："感觉怎么样？""好玩。"两个小男孩悄悄跟我说："我告诉你吧，还是宾馆好啊。"

　　我把全体营员集合起来，跟他们说，度过严寒的人才知道太阳的温暖，走过沙漠的人才知道水的甘甜，住过蒙古包的人才知道宾馆有多好。住了两天宾馆，没人告诉我宾馆好，你心里想，还是我们家好。为什么今天有人说好了？因为昨晚有人挨冻了。你挨了冻，就懂得什么叫温暖了。你挨了饿，就懂得什么叫温饱了。你从来没挨过饿、挨过冻，你永远不懂得什么叫幸福。我敢保证，蒙古包的夜晚，让你终生难忘。果然，他们收获最大的就是蒙古包的夜晚。一个富人的孩子，曾经跟着爸爸妈妈住过豪华蒙古包，那天发言说，豪华蒙古包不好玩，还是八个人挤一块儿好玩。

　　当一个孩子对大自然没有恐惧，只有热爱的时候，他就解放了。一个孩子跟大自然的这种亲密的关系，会使他成为一个真正的儿童。我们现在很多家长想开了，愿意让孩子夏天和冬天参加各种活动了，舍得把孩子放出去了。如果你愿意的话，如果你的孩子有很强的自主能力，一般二三年级就可以了。今年，我们知心姐姐的夏令营在鸡公山，鸡公山是我们的手拉手营地，是和农村孩子一起的夏令营生活。今年的主题是："手拉手，点燃我的中国梦"。教孩子怎么去实现梦想，你们愿意去吗？

　　第三句话，和万人接触。为什么出现那么多宅男宅女，不敢见人，不敢与人接触。因为他是独生子女。独生子女从小跟父母长大，他对走进同龄人群中有一种惧怕心理，我们应该让孩子多走出去，多见人，和其他一些孩子进行交流。

　　前不久我看了一篇文章，题目是"美国孩子给我的六大诧异"。作者是一个记者，她用母亲的心态讲了这样一件事情。美国来了十一位十六岁的女孩，分别住在十一个中国女孩家庭。他们家也有一个美国女孩，住了没几天给了她六大诧异。头一天早上吃早饭，她做的是扬州小笼包，美国女孩吃得很香，吃了以后很感动地说："阿姨，这是我吃的最好的早餐，谢谢你了。"这位妈妈很感动，我给我女儿做了十几年的饭，从来没听过谢谢。晚上吃完以后妈妈照常去刷碗，美国女孩站起来说："阿姨，我能做什么？"阿姨说你玩去吧，说每次我女儿吃完饭就去玩了，写作业去了。第二天早晨，美国女孩收拾书包掉出来一本护照，很破旧了。这位妈妈问："你去过几个国家？"女孩说："三十一个国家，这是第三个护照了。"中国女孩很诧异："你什么时候去的呀？""寒暑假呀。""那你作业呢？""平常就完成了。"而这个中国女孩一个国家也没去过。第四天的时候，他们全家请她去吃捞鱼翅，但她盯着那碗鱼翅坚决不吃，说怎么敢吃鱼翅呢？鲨鱼怎么活呀？最后一个诧异是走的那天去游戏厅玩，还带了另外两个中国女孩，那两个中国女孩进了游戏厅飞快跑到一个喜欢玩的地方，而这个美国女孩领着这个中国女孩先走了一圈，找到一个最容易得游戏币的机器玩，玩了以后得到许多游戏币，分给中国女孩一半才去玩她喜欢的东西。中国女孩很诧异，回头跟妈妈说美国女孩太牛了，看来我们长大以后要给他们打工了。

这种文化的差异，接触之后会给我们中国孩子一个全新的视野，知道人家是怎么活的。所以你不要把自己的孩子圈在家里，让他走到社会中去看一看，我们的孩子接触的人越多，他自己的眼光越高远，他的梦想被激发得越快。

最后一句话，名家指路。孩子要有人生的导师，或许这个人是你，或许是你的朋友，或许是他的老师。选名校不如选名师，一个人一生中会受到谁影响？是谁能影响你的孩子？你要心里明白，当他出现问题的时候，就请他们出来帮助。

梦想和目标重要，但行动更重要。我在这本书里写了两篇文章，一篇是写给小学生的——《梦想让你了不起》；另一篇是写给中学生的——《理想给力》。《理想给力》讲的是俞敏洪的故事，俞敏洪是新东方总裁，一个贫苦家庭出生的孩子，受他父亲的影响而成功。父亲是个农民，一天从地里拿了两块砖头，第二天又拿两块砖头，后来家里有了砖头小山。有天放学回来，俞敏洪发现这座砖头山不见了，变成了一座房子，他们家的猪、鸡、狗都搬进了房子里。他明白了爸爸为什么捡砖头，因为他心中有房子，但光有房子还不够，还必须要有砖头。

他明白了成功的经验：首先要有蓝图，还要付出努力。他自己画了一座房子，上面写了四个大字：北京大学。他考了两年没考上，因为他英语很差。于是，他发扬捡砖头精神，突击了三个月，英语上去了，考上了北大。上学以后成绩依然很差，他又发扬捡砖头的精神，又突击三个月，终于上去了，最后留校当了老师。由于他结婚早，家里缺钱，去外面给人家代课，违反了校规，学校要处分他。这时候他想考托福，考托福时发现有无数的青年在那考试，他觉得自己有很好的经验，就贴出布告：我可以免费给一千人进修。结果，来了三千人，新东方从此起步，变成了新东方大厦，他是第一个在美国上课的人。俞敏洪现在变成了教育家，他也经常在讲他人生的经历，告诉青年怎么去实现梦想。实现梦想有四句话：想象是，假装是，当作是，就是！把梦想贴在墙上天天想，心中有了强烈的目标就可能实现。

孩子成长的规律中，最不能缺少的就是爱心

爱心能让人有价值。一个孩子的爱心不是长大才养成的，而是从小培养出来的。我们在给予孩子丰厚的营养的时候，千万不要不把爱心给他。培养孩子的爱心，最重要的是让孩子懂得付出和分享，从小知道分享快乐的人就是一个有爱心的人。

我教孙子的第一句话就是"给奶奶"，见面就说"给奶奶"，跟他说以后无论拿什么礼物都给我。现在三岁了，只要看到我一定会讲奶奶你吃，我一定大口很香地吃下去。因为我妈妈的教育就是"给妈咬一口"。我妈买冰棍，家里七个人买六根，我妈要求我们每人给她咬一口。我哥姐都很主动，我每次都躲在后面想最好咬小一点，最好一口也别咬。可我妈每次都咬一大口，我可心疼了。但慢慢就习惯了，有好吃的，妈妈没咬一口我们都没法吃。我们家有个习惯，拿到东西就是"我妈呢，我妈呢"，到处找妈。

我妈临终前最喜欢吃两样东西，一个是北京的豆汁，一个是柿子。我跑遍了京城终于买到了豆汁给我妈喝，我妈喝得很高兴，我也很高兴。可是买不到柿子，柿子还没上市，我姐姐买了俩橙子，我妈尝尝说这年头柿子都变味了。后来我到李彬家去做客，他爱人刚从早市上回来，买了好多小柿子，我拿了六个，跑到医院："妈，这是柿子。"我妈一尝说："这味道还差不多。"没有什么遗憾了，我妈吃到了她想吃的东西。当孩子给你的时候要吃得很高兴，不要说"奶奶不吃宝宝吃"、"妈妈不吃宝宝吃"。上次我问一年级小朋友你爸爱吃什么饭，小朋友说我爸爱吃剩饭，我爸说了最爱吃我的剩饭，这个爸爸以后就等着吃剩饭吧。

这种分享是很实际的事情，它并不是说要怎样去教育他，没有必要。只要有东西，单单是分享，每个人感到快乐就够了。孩子上小学之后，重要的是助人，同情

人，帮助人。在小的时候首先是同情人，然后是帮助人，能帮助人就能感到快乐，助人为乐。其实学雷锋最重要的就是学助人为乐，帮助别人感到了快乐，那是真的无比快乐。

我这书里讲到了一个故事，一个叫凯瑟琳的美国小女孩，才六岁，看电视看到非洲人受毒蚊子叮咬，几分钟就死一个孩子，小女孩看了以后特别痛苦。然后跟妈妈说我怎么能帮到他。妈妈说我帮你查字典，你看，有种蚊帐，晚上孩子在防蚊子的蚊帐里睡觉就不会受毒蚊子的骚扰，一个蚊帐十美元。女孩说："我要捐一个蚊帐。"于是，她就省吃俭用，真的捐了一个蚊帐。结果捐帐篷委员会给她发了封信说，她是捐蚊帐中年纪最小的女孩。她很高兴，说一个蚊帐不够，那么多的小朋友呢，后来她就捐了十个蚊帐，她没有那么多钱，于是她就拿东西到街上去卖，当然还有很多小朋友来帮她卖，大家费了很大劲又捐了十个帐篷。后来，她收到了捐帐篷委员会给她发的证书。于是她就更有成就感了，到教堂去宣讲，到社会上去讲，自己还做了很多证书发给那些捐钱的人。最后她准备捐更多的帐篷，但她真的没有那么多钱，她就给比尔·盖茨写了封信说非洲孩子受到毒蚊子的骚扰，他们需要帐篷，帐篷需要钱，可钱都在你那。比尔·盖茨捐了四百万，后来这个孩子荣获了一个很大的荣誉，被请到非洲跟非洲孩子在帐篷里拍照片。

一个小孩从小到大知道帮助别人，等他到了中学以后就有了志愿精神，全世界都在培养这种志愿精神，我们在中学才开始培养志愿者，其实人家从小学就培养志愿精神。如果我们的孩子有了志愿精神，走到全世界都会受到关注。出过国的人都知道，会有很多的志愿者自愿来帮你，因为他们从小就在做志愿者。做志愿者，既有利于社会，又有利于个人。

孩子成长的过程中，还需要一点探索精神

探索能让孩子爱学习。好学的孩子不是逼出来的，是自己愿意学。自己愿意学，会不停地提出问题，去寻找答案。于哲老先生有句名言：求学问，先学问，只学答，非学问。可是今天我们的教育有个很大的问题，只让孩子回答问题，很少让孩子提出问题，

几年前《中国少年报》和改革出版社共同搞了个活动："提个好问题"。本来以为孩子提不出什么好问题，后来发现他们提得真不错。有的孩子问："蚂蚁睡觉闭

眼睛吗？"有的孩子问："鱼为什么不眨眼？"我曾经问我的孙子鱼为什么不眨眼，他告诉我一会儿就眨了。其实标准答案是鱼没有眼皮。有的孩子问："黄瓜明明是绿的怎么叫黄瓜呀？"标准答案是黄瓜年轻时是绿的，老了就黄了，所以歇后语是老黄瓜刷绿漆——装嫩。有的孩子问："小金鱼是不是只拉屎不撒尿啊？"上次家长会上一个小男孩说因为金鱼没有小鸡鸡。当孩子向你提出为什么，你千万别回答，不要给他句号，要给他问号和叹号。当他向你提出问题，你要很感兴趣地说："欸，这个问题提得很好，为什么是这样而不是那样呢？你去找答案，找完了告诉我一声。"知心姐姐走遍天下都不怕，用的就是这一招。

上次我去上海接听知心电话，有个小孩问我羊为什么吃纸？我从来没看到过羊吃纸，没看到过不一定不存在啊，我说："是啊，羊干吗要吃纸，纸那么难吃，你去找找答案，找着了别忘了告诉我一声。""行嘞。"十五分钟以后电话就响了。我说："是为什么？"

"羊是吃草的，纸是草做的，羊没草吃就吃纸了。"

我说："非常感谢你。"

答案不重要，重要的是学会找答案。孩子找到答案多么高兴，所以家里要有找答案的书。有些书是必备的，要买正版的。比如说给没上学的孩子买《婴儿画报》、《幼儿画报》；给上小学的孩子买中国大百科出版社的《好问题百科全书》、《中国儿童百科全书》，还有我们的《中国少年报》、《中国儿童报》都很好；上中学的孩子可以读《中学生百科全书》，还有就是我们江阴图书馆，这里有无数的好书可以找到各种答案，跟爸爸妈妈一起去找答案那是更好的事情。但我这里也提醒父母，有些问题你找不到答案，那是孩子的专利。

有一次我去一个地方的妇联讲课，妇联主席亲自驾车送我去机场，她四岁的儿子坐在旁边，不停地向他妈妈提问。妇联主席说我儿子可讨厌了，老是向我提问。儿子却也不嫌他妈讨厌，继续很正经提问："妈，大象的左耳朵像什么？"他妈说像芭蕉，不对；像扇子，也不对。我在旁边问到底像什么？孩子说像右耳朵。我一看他手里拿的是脑筋急转弯。他妈说你看讨厌不讨厌。我说人家说得很准确，大象的左耳朵不像别的耳朵，就像右耳朵。

有一次，北京西安大厦请我和著名的学者严仲民先生，与读者面对面，我们俩每人讲了半小时之后，主持人说："读者可以提问了。"

一位六年级小男生站起来说："我向知心姐姐提个问题。"

我立即站起来说："请问。"

他问："一个豆从身上滚落下来变成什么？"

"一个豆滚下来变成什么？"

他看我很为难："我向你提示下两个字，最后一个字也是豆。"

"一个豆滚下来变成什么豆？"

我说我实在想不出，请求帮助。一个小姑娘站起来说："这还不容易，蚕豆呗，一个豆滚下来受伤了变'残豆'了。"

我看那小男孩得意地站在那儿，我说我也向你提个问题，他学着我的样子说："请问。"我说我问你大象的左耳朵像什么？他也不知道，因为那是四岁孩子提的问题。

有一次我去深圳搞活动，一个小姑娘蹦到台上说："我向大家提个问题。"

"一个绿豆想不开，从高楼上跳下来变成了什么？"

我第一个举手："蚕豆。"

她说："变成红豆了，跳下来摔破了、流血了，变红豆了。"

所有的孩子都哄堂大笑，我知道他们都知道答案，就我一人不知道。

当孩子把我问倒的时候可高兴了，全场的孩子又跺脚又拍桌子，兴奋无比，我才知道孩子最大的快乐是把大人问倒。我问过北京四中的学生，最大的快乐是什么？他们说把老师问倒。有一天他们给数学老师出了道难题，第二天数学老师来上课眼睛都睁不开了，说你们把我害苦了，一晚上没做出来。同学们热烈鼓掌，老师说别高兴，这道题我做出来了，他们感到很沮丧。后来我才知道，把答案告诉别人是一件让别人很痛苦的事情。瓦特小时候问奶奶："为什么水一开，壶盖就开始蹦？"奶奶说："我也不知道为什么，你自个儿研究去吧。"瓦特研究来研究去终于明白了，原来水变成汽就有力量，最后发明了蒸汽机。我儿子小的时候问我问题，我找个中学课本读给他听，他一点兴趣都没有，我现在可后悔了，我如果也像瓦特奶奶那样说"自个儿研究去吧"，我儿子早就变成瓦特了。

过早地把答案告诉孩子，就会让他拒绝接受。今天更让人苦恼的事是，我们有些老师不愿意让孩子提问，因为那些跟标准答案无关。有一次开家长会，一个妈妈提问："卢老师，我想问你个问题。我儿子上小学四年级，老师留的作文题目是"给杨利伟叔叔写封信"，我儿子却给杨利伟叔叔提了个问题。我儿子问：杨利伟叔叔，如果你去了太空没燃料怎么回来？老师给他不及格，说他没有写怎么向杨利伟叔叔学习。"我说你儿子提的问题提得对，提得太好了，如果杨利伟叔叔知道了一定很高兴！也怪！多么有价值的问题却被打击了。所以我告诉你，国家最需要什么人？是创新人才。而创新靠创意，创意靠提问。你要想让你的孩子明天是个创新的人才，请你今天就激发他提问，让他自己寻找答案，一个在提问中找答案的孩子一定是求知欲很强的孩子。所以在学习的路上，并不是像我们这样逼着孩子去念就能念出好孩子的，一定要让孩子喜欢念，喜欢念的根本就是让他提出问题去念。

孩子成长的过程中，还需要相互的理解

理解能够让人学会沟通，沟通是多么得重要！哈佛大学早就做出这样的结论：人走向社会，百分之二十靠智商，百分之八十靠情商，而情商就是人际关系。为什么很多孩子上大学会退学？走到半路不能适应，因为他害怕与人沟通，所以沟通成为了大事。两口子一起过了那么多年，要想什么都一致、都一样，不可能！你们来自不同的家庭、不同的成长环境，不可能样样都一致，理解就够了；你跟家里老人一起相处，你们相差几十岁，老人说什么你都不爱听，你说什么老人也听不惯，能说到一块不容易，理解就够了；你跟你的孩子相差几十岁，你说什么话他都很反感，他说什么你都听得不顺耳，要想一致不可能，理解就够了。所以今天"理解"就显得非常重要，父母要理解孩子，孩子要理解父母。

有个男孩，做了一件自己永远不能原谅自己的事情，他写了一篇文章给我们，我们登在了《中国中学生报》上，文章的标题是"我的独眼母亲"。文章中说：我的母亲是个独眼，很丑陋，我跟她说不要到学校去丢人现眼，她就从来没去过。有一天下雨了，我希望我妈千万别给我送伞，结果一出校门我看到妈妈站在马路对面撑着一把伞嘴里喊着我的名字，同学们的眼光唰地集中过去，哇！你妈原来是个独眼。我又气又恨哭喊着跑回家，指着我妈的鼻子说你不如给我死了算了，我妈流着眼泪什么都没说。那个暑假我没有回家，不想看到那丑陋的眼睛，一天姑姑来到学校："快回家吧，你家出事了。"回家一看，家里变成了灵堂，妈妈的遗像挂在了墙头，姑姑拿了一封信说："这是你妈留给你的。"

信中说："亲爱的儿子，当你看到这封信的时候，妈妈已经不在这个世界上了。你是妈妈的最爱，从你上学起每天都跟着你，从来没让你发现过，那天给你送伞让同学们看到了，妈妈给你丢脸了，但是今天妈妈不能不告诉你，你三岁那年，

一场车祸夺去了你爸爸年轻的生命，就在那场车祸中你也失去了一个眼球，妈妈不希望你成为一个独眼儿子，就把我的眼球给了你。"儿子跪倒在妈妈遗像前大哭，但是已经来不及了。妈妈为什么不早一点把这一切告诉孩子，如果早一点告诉孩子，相信孩子会像保护神一样保护他的母亲，绝不会允许任何人欺负她。她没有，什么事都自己扛着，她以为她消失了儿子就幸福了，她错了，她儿子永远失去了幸福，因为他没有了母亲。

多少孩子带着父母的误解远走高飞，多少父母带着对孩子的误解离开人世。今天我们的生活是多么需要人与人之间的相互理解。有个影片感动了大家——《唐山大地震》，二十三秒的地震，三十二年的母女误会。唐山地震仅仅二十三秒家破人亡，丈夫为了保护妻子自己死去了，妻子看着石板下压着两个孩子，一个姐姐、一个弟弟，妈妈好不容易找来了几个人："救救我的孩子吧。"来的人看了说："只能救一个，你救哪一个呀？""两个我都要。"人家说："不可能，只能救一个，快做决定，要不然两个都救不起来。"妻子想到刚刚死去的丈夫，轻轻说了句"那就救弟弟吧"。女儿听到了流下了伤心的泪，弟弟被救出来后失去了一只胳膊，妈妈抱着女儿的尸体放声大哭："妈妈对不起你，妈妈实在是没有办法。"妈妈把女儿放在了尸体堆里，一场大雨过后女儿奇迹般地活了下来，被两个军人收养，养大成人送进了医学院。女儿入学后成绩优秀，但和一个研究生要好不幸怀了孩子，那个研究生很不负责任，女儿毅然退学，悄悄生下这个孩子，靠给别人当家教养活孩子，后来远嫁到加拿大。

汶川地震发生后，她毅然回国参加救灾，就在救灾现场巧遇了她的弟弟，弟弟已是旅游公司的老总，俩人一起回到了家。妈妈在厨房做饭没出来，只说了声"先进屋"，女儿进屋看到墙上挂着自己和爸爸的遗像，桌上有一盆西红柿。女儿忘不了，就在地震的那天晚上，家里只有一个西红柿，女儿想吃，妈妈说留给弟弟吧。女儿从此怀恨在心，没想到这成了妈妈心中最大的痛，就用一盆西红柿迎接远来的女儿。一会儿妈妈进来了扑通跪下了，"我给你跪下好不好？我实在是没有办法呀。但是我问你，既然你活着为什么不回家？我等了你整整三十二年呐。"女儿来到墓地惊呆了，骨灰盒里都是课本。弟弟说："每次开学都买两份课本，给你留一份。我给妈买了新房她都不去，说要守在老房子里怕你和爸爸的灵魂回来找不着家。"女儿听了放声大哭："妈妈对不起，实在是对不起呀。"

很多人流下了伤心的泪，为她们母女三十二年的误会、痛苦而流泪，也为误会的解除而感到欣慰，但是人生有多少个三十二年？其实理解一个人是很不容易的。

前不久看了一篇小文章深受触动，一个女教授六十岁退休了，不幸患了脑癌，她的儿女从国外跑回来，跟医生说救救我妈妈。医生说"没有办法了，手术没有意义"。一天女教授敲响了医生的门说，我要求手术。医生说那会很痛苦。"我不怕，如果我现在死去，我的孩子会很绝望，如果能够治疗，他们还会有一线希望，我不希望我的孩子现在绝望。"医生被这位母亲深深感动了，给她做了手术，手术是成功的，但是没有任何意义。她的两个儿女尽心尽力地照顾着，这位从来没有麻烦过儿女的妈妈，却千方百计地去麻烦她的孩子，一会儿要求喝水，一会儿要求翻身，一会儿要求讲故事，一会儿要小孩子脾气。老人对医生说："我就要麻烦他们，让他们有机会为我尽力，等我死了以后他们心里会好受一些。"老人与世长辞，两个儿女非常痛苦，但他们内心有一种安慰，因为他们最终有机会尽力了。

我读了之后想起了我自己，我三十岁回到北京，到《中国少年报》工作。一直到现在，我多想去陪陪妈妈，可没时间。妈妈住的房子是一个拆迁房，阳光很不足。有一次拍电视把我妈接到我家，我家里有一间瓦房，房子里阳光灿烂的，妈妈睡了个午觉说了一句好暖和呀。当时我就在想一定要挣钱买个大房子把我妈接进来。可当我买到房子的时候，妈妈已不在了。我才理解了那句话：树欲静而风不止，子欲孝而亲不待。妈妈临终前住在医院里，我们轮流去护理，我终于有机会陪我妈了。我听人家说，老褥疮拿鸡蛋里头薄薄的膜贴上，就不容易发炎。每当我值班的时候，就买很多出窝的鸡蛋，一张张地揭下来，贴在妈妈的疮上。医生护士都说，瞧你女儿多孝顺。我妈永远都是笑笑，什么都不说，任凭我的摆布。妈妈过世我很痛苦，但我内心有一种安慰。因为我终于有机会尽力了。我忽然明白一条道理，如果你真爱你的孩子，就让她早点为你尽力。不要等你与世长辞的时候，让孩子后悔。

理解一个人就像读一本书一样，看到最后才能理解它的全部意义。

作为一个母亲，我觉得被儿子理解，也是一件很幸福的事情。我这本《长大不容易》是2011年4月份在北京首发的。以前我儿子不怎么参加我的活动，这次他主动要求参加，还带了他的妻子和一岁的儿子。敬一丹是我请来的嘉宾，发表了很好的演讲。最后记者提问，敬一丹说："我也是记者，我能提个问题吗？"主持人说："欢迎您提问。""我想问问这本书的主人公之———卢勤的儿子，对妈妈的教育怎么看？"在这突然的问话之下，儿子慢悠悠地说："我妈写的这本书的名字叫《长大不容易》，我觉得我长大挺容易的。直到我当了爸爸，我才知道我妈不容易。我妈给了我很多成长的空间，我做错了事，我妈从来不叫我。有一天我把一个女孩儿带回家，跟我妈说，妈，我要跟她结婚。我妈都没问多大啦？什么血型？什么星座的？什么学历的？妈看了看说'挺漂亮的，同意'，这就是我妈，感谢妈妈给我空间。"当时很多年轻的记者都流下了热泪，我当时也非常感动，我觉得儿子能理解我真是太好了。其实在他成长的路上，也发生过很多的事情。上中学就喜欢他们班一个女生，班主任跟我说，你儿子够有眼力的，看上他们班一个女生，个儿高，学习又好又漂亮，可是女生没看上他，你儿子挺苦恼。我当时就想，我儿子这么好，怎么就没看上？于是，我就写个纸条放在桌上，我写了三句话：一个国家强大，别的国家就会和你建交；一个人强大了，别的人就会跟你友好；一个男人强大了，好多女人自然会来找你！

　　我没有跟他做任何沟通，只是亮出了一个女人的观点。后来有一次我跟中央电视台的王志做《面对面》节目的时候，无意中讲到这个事，被中央电视台做公益广告的阳阳知道了，非要让我做这个广告。我说我不能做，这个是我儿子的隐私，他说你把你儿子电话告诉我，我跟他沟通。我儿子同意了，五一就回来跟我做了这个广告，我说你怎么就同意了？他说我以为你同意了，为了支持你工作。我当时好感动，其实我告诉你们，孩子是我们的朋友，我们应该把他们当作一个知心的朋友。爸爸成为知心的爸爸，妈妈成为知心的妈妈，老师成为知心的老师，校长成为知心的校长。这样孩子成长的环境就宽松了，将来他长大以后，就会像你一样成为知心的父母、知心的师长。所以我写了另一套教育文纪实"给知心父母，给知心家庭，给知心妈妈"，因为和谐的社会，是多么需要知心。

孩子成长的规律中，还需要一份责任

　　责任能让人成为贵人，我们希望孩子成龙成凤，实际上也是让孩子成为一个贵人。而贵人是靠什么？靠责任。过去我们靠脚走路，那是农业；后来靠手走路，那是工业；如果人们用机器走路，那是技术；后来人们用脑走路，那是网络；从今天开始，人们将用心走路，那就是服务。一个服务的时代，已经悄悄来到了，这个时代最需要的是——有责任心的人。有个大学生去南方打工，穷困潦倒，最后为了生

计去捡垃圾。有个老人发现了他，跟他三天，最后老人写了张纸条说，明天这个企业招聘，你可以去试试。年轻人去了吓一跳，人们都衣冠楚楚，他比较寒酸。但经过面试，他却被留下了。原来老人是这个单位的总裁，总裁在全体员工大会上说，不要以为我认识他，我只是看他捡垃圾跟人家不一样，别人把有用的拿走，没用的扔在一边。他把有用的拿走，没用的整理得整整齐齐。捡垃圾都这样负责任，工作当然没问题！不久，年轻人当了中层干部，后来当了总裁助理。

所以一个人走向社会，人们考察他的标准是看他能否尽职尽责，敢不敢担当！

一个风雨交加的夜晚，一对美国老人走进了一家旅馆。服务生是个男生，微笑着迎接了他们，抱歉地说："实在抱歉，今天客满。按照过去的习惯，会把你们介绍到附近的旅馆。但是今天不能，外面风雨交加，我不忍心再让你们经受风雨，这样吧，我的宿舍挺干净的，今天晚上我值班。如果不介意的话，可以到我的宿舍休息。"两位老人欣然同意。第二天雨过天晴，两个老人来辞行的时候，拿了一沓钱，说是昨晚上的住宿费。年轻人说："我说过，这是我的宿舍，不是客房，不能收费。如果你们感到满意，我就很高兴了。"老人感动地说："你是酒店业老板梦寐以求的员工，也许有一天，我会为你盖一个酒店。"很多年后，年轻人收到一封来自纽约的信，信中夹了一张飞往纽约的机票。年轻人去了，两个老人接他到一个繁华的街道，指着一个辉煌的大楼说："这，就是我们给你盖的酒店，你将成为酒店第一任总经理。"年轻人吓了一跳，不可能吧，我什么都没给你们做呀。老人说，我早就说过你是我们酒店业梦寐以求的员工。于是这个年轻人就做了这个酒店第一任总经理，这个酒店是美国历史上著名的马尔道夫酒店。他到处跟人家说，我遇到贵人了。别人也说，你真的遇到贵人了，而老人告诉他，真正的贵人就是自己。

孩子能不能成为贵人，就看我们如何培养他们。我告诉大家一个诀窍，培养孩子的责任感，就是一个字——"用"。爱孩子还要"用"孩子。怎么"用"？告诉你两句话。

第一句话，享受你的儿子！

对儿子说，有儿子没儿子就是不一样。儿子是什么人？男人！男字怎么写？一个力量的力加一个田地的田，顶天立地的男人。男人应该有阳刚之气，但是现在的男孩子变得唯唯诺诺。你看男孩名字就变化了，过去叫钢啊铁啊山啊，现在变成阳阳啊贝贝啊，变成宠物的名字。你看我们国家领袖的名字"毛泽东"、"江泽民"、"胡锦涛"、"习近平"，这名儿多有阳刚之气！再过几十年听听，国家主席"王贝贝"、军委主席"李萌萌"，国家快成幼儿园了，阳刚之气没了，都是被我们溺爱的。所以如果你家有男孩，我告诉你就要把他当成男人培养。

我从小就培养我儿子的男人意识，儿子三岁半，他爬上去坐我腿上，我把他拽下来。儿子就说："妈妈你怎么了？""妈妈差点把腿摔坏。"他立刻跳下来给我捶腿，我摸着他脑袋欣慰地说："有儿子没儿子就是不一样。"以后儿子就再也不让我抱，有工夫就帮我捶腿，走累了都找他爸，不找我。有一年天很热，我一进门，"妈你喝茶，我给你倒的"，茶已经凉了，我也不爱喝凉茶。可我一饮而尽，"太好了，正渴着呢，有儿子没儿子就是不一样。如果热乎点儿就更好了"。第二天不用我说，就喝了儿子倒的热茶。他不给他爸倒，他爸不说这话。

四年级的时候，他爸爸要出差，他高兴了。我说你高兴了，我可惨了，我不能按时回家给你做饭。儿子拍着胸脯说，还有我呢！他一般很早放学，炒好两个菜。我一进门，他说："妈洗手去，给你盛饭。"我可听话了，洗好手，坐等着，盛上就开吃。他问我："味道怎么样？""味道好极了！""比我爸怎样？""比你爸强多了！"其实比他爸炒得可差远了，都没炒熟。我全给吃了，一边吃一边说："好吃，好吃，真好吃！"后来儿子什么都会做了。他自己去上海工作的时候，租的房子，我去他们家，给我做的四菜一汤都是我爱吃的。

有男孩干吗不用？你要做高山，孩子做小草，那孩子永远是小草！你要做大伞，孩子是小鸡，那孩子永远是小鸡。换个位置，你做小草，让孩子做高山，孩子就能长成高山。你做小鸡，让孩子做大伞，孩子就能顶天立地！这就是培养男孩的方法。

男孩只能放养，不能圈养；只能使用，不能伺候。很可惜，很多父母不会使用孩子。有一个男孩跟我说，爸爸妈妈晚上在那看电视，我在那写作业。我想他俩多渴呀，完了给倒两杯茶，"爸！妈！喝茶！"我以为他俩会多高兴呢，没想到他俩同时把脸一沉说："别借茬子，倒茶的工夫出来看电视！知道你是黄鼠狼给鸡拜年——没安好心！我自个儿不会倒啊？赶紧念书去，考上一百分比什么都强！"男孩悄悄跟我说："再给他们倒茶，我就不是人！"一杯茶重要？一百分重要？我告诉你们，对于父母来说，一杯茶比一百分重要，因为那是你的孩子！你老了跟孩子说："给我倒杯茶来！"你孩子说："你自个儿不会倒啊？"你说："你这个没良心的！"你给人家良心了吗？你从来没要过良心，你要的是一百分！

第二句话，欣赏你的女儿，对女儿说"有个女儿真好"！

女儿需要爱心，爱心需要欣赏！在赏识中长大的女孩子，爱人爱己；在指责中长大的女孩子，钩心斗角。女孩子今天最缺少父爱，一个从小缺少父爱的女孩子，将来找对象会找一个父亲般的男人。父亲爱女儿怎么爱？一句话就够了"有个女儿真好"！

有个爸爸老是跟女儿说万一有一天他病了，躺在床上，女儿一定要照顾我哟。一天女儿从幼儿园回来一看爸爸真躺着，很着急："爸爸，你发烧了别哭啊，我给你拿药去！"回到房间里，拿了两片她吃的复合 VC，哄她爸说："吃药，不苦，好吃，乖！"爸爸乖乖地把两片药咽下去，自言自语地说："有个女儿真好！"爸爸跟女儿说这句话，要轻轻的、柔柔的。我相信，所有的女人都爱听这句话。我因为经常出差，没有很多时间陪伴父母，所以到哪都买好吃的给我妈、我爸吃。妈逢人就说："有个女儿真好！坐在家里，全国各地的东西都能吃到。"就为这句话，我到哪都买很多好吃的。

我跟很多老人说，会夸孩子的老人有孩子，老挑剔孩子的老人没孩子。其实在所有的关系中，我写了四大家庭关系：夫妻关系、亲子关系、婆媳关系、岳婿关系。大家可能觉得最难处理的是婆媳关系，其实我觉得挺好处理的。就是两个字"赞美"！你赞美我，我赞美你，关系就越来越好；我说你坏话，你说我坏话，这怨恨就越来越深。我婆婆是一个很会赞美的人。她很不容易，一个东北老人，生了九个孩子，每年给每个孩子做四套衣服，春夏秋冬，你说多不容易啊。后来家庭条件好点的时候，我每年给她一万块钱，平常还给几千块，她就特知足，到处跟人家说："我怎么摊上这么好的儿媳妇啊！"全县找不到这么好的儿媳妇，后来说全省找不到这么好的儿媳妇！上回回家给她一万五，她告诉别人全世界找不到这么好的儿媳妇！我今年回家给了两万。老公的妹妹说："你又给妈涨工资了。"我说从全省蹦到全世界，还不涨点？有钱难买愿意嘛！我愿意！

"老吾老以及人之老，幼吾幼以及人之幼"，爱自己的老人，也爱人家的老人，爱自己的孩子，也爱别人的孩子，这叫大爱！你家里充满了爱，我想就没什么过不去的事情。你跟他过不去，他也会跟你过不去。很多事情就是这样的，互相体谅比什么都好！所以在家庭生活中，我们真的需要责任。每个人承担自己的一份责任，把孩子培养成有责任感的孩子，比什么都强！

人生最重要的是快乐，快乐是幸福的根源。没有快乐的童年，就没有幸福的人生。怎么样让孩子一生快乐呢？最后我想送给大家一份礼物——知心姐姐快乐人生三句话：

第一句话是"太好了"，改变心情，就改变了世界。

人有两种心态：一种叫"太好了"，一种叫"太糟了"。有的人老是说"太糟了"，无论遇到什么事都说"太糟了"、"糟透了"、"烦死了"，这种人永远不快乐。有的人无论遇到什么事，都能微笑地说声"太好了"，这种人永远也不会败。所以你给孩子留下金山银山不如留一个好心态。

首先要对自己说"太好了"。

喜欢自己的什么？长相！有一次我到一个小学座谈，有个男生站起来说，我长得又黑又瘦，他们叫我"非洲难民"！我怎么洗也洗不白，我很苦恼。我看他确实长得又黑又瘦。就问大家："他黑不黑啊？"一半小孩扯着脖子喊"黑"！我说："他美不美啊？"他们不吭气。一个小姑娘很聪明，说："我看他很美，他爱劳动，喜欢帮助别人。"我说："你很了不起，能够透过现象看本质！"黑有什么不好？太阳有七种颜色，人的肤色有四种。告诉你个秘密，天底下那么多人，没有一个长得跟你一模一样。你是独一无二的，是最美的！

如果你眼睛长得大，太好了！眼睛大看得广泛。如果你眼睛长得很小，太好了！眼睛小看得集中。如果你个子长得高，太好了！你不上台就可以看得很远。如果你个子长得矮，太好了！每次排队都排第一，看什么都清楚。如果你长得有点胖，太好了！饿几天没问题。汶川地震出那么多英雄，其中有个英雄叫"猪坚强"。它不是人，是三百多斤的大母猪。地震的时候被埋在猪圈里，房子一塌，埋在地底下。三十六天后人们清扫战场，忽然发现地下有生命迹象，刨出来一看，是头猪！这猪还活着呢，剩一百多斤。人们给它个光荣称号"猪坚强"！后来"猪坚强"被送到了博物馆，还请作家给它写了本书，书名叫《我叫猪坚强》。他们让我帮着写个序，我写着：猪坚强，你真棒！我想它幸亏有三百多斤，如果只有一百多斤，挖出来就只剩骨头了。

人类因为不同而美丽，世界因为不同而精彩！世界上最好的化妆品，不是法国的，而是说"太好了"的心态。如果你每天都说"太好了"，就越长越美，不仅你长得美，跟你一块生活的老公或老婆也长得美；你们家的孩子，也越长越美；你们家的小狗，越长越美；你们家的花儿，越开越美。如果你每天都说"太糟了"，你就会越长越丑，不仅你长得丑，你们家老婆或老公也越长越丑，你们家孩子也越长越丑；你们家的小狗丑得没法看；你们家的鱼也快死了；花儿也开不了几天。世界因为你的"太糟了",变得黯淡无光。

其次要对别人说声"太好了"。

男人要善待女人,女人也要善待男人。男人怎么善待女人?女人最喜欢什么?微笑和赞美。现在很多男人很奇怪,对别的女人眉开眼笑,对自己的女人老是笑不起来,满脸都是阶级斗争。有位女士曾经对我说,丈夫只要对我说两句好话,我就能撅着屁股干一个礼拜的活,可是一句都听不到,全是抱怨的话。还有位女士跟我说,给我丈夫买件衣服,丈夫跟我说:"别给我买衣服,这么难看穿不出去。"第二次又给丈夫买件衣服,丈夫又说"跟你说别给我买衣服,退了去"。第三次看着衣服说太好了终于买下了,没敢送给我丈夫,送给别的男人了。而这个男人穿着新衣服说"太好了,我就爱穿你买的衣服"。我跟很多先生说,不要以为媳妇娶到你们家就永远属于你,爱情需要浇灌,如果没有微笑和赞美,爱情容易自个儿蔫没了。所以提醒各位先生,当你劳累一天回到家的时候,先别忙着敲门,先把面部肌肉放松一下,当妻子、孩子来给你开门的时候,你先微笑着说:"太好了!我活着回来了。"千万不要把垃圾带回家,家不是垃圾场,孩子更不是你的出气筒。

女人要善待男人,男人看重事业。一个成功的男人,需要从妻子那儿得到鼓励。一个失败的男人,希望从妻子那儿得到同情。男人最不爱听的就是抱怨,女人好抱怨:"你怎么那么笨呢?别人能当上大官,你怎么当不上呢?别人挣大钱,你怎么挣不来呢?"男人听了这话就没自信。出来一小蜜:"总经理你太棒了,我太佩服你了!"他感觉好极了,你说他缺德吗?不,他是缺少自信。所以有智慧的女人,永远都对自己的丈夫说:"你是最棒的!"男人喜欢美丽,所以女人都爱美。但女人总是在出门前打扮得最美,给谁看呢?给别的男人。回到家里第一件事,先把最美丽的衣服挂起来,把最难看的套上,到厨房炒菜去,给谁看呢?给你们家丈夫看。你们家老公到外面看,满大街都是靓女,回家就是一个老娘们。男人喜欢柔媚的声音,现在的女人都变成大嗓门,变成噪音了。有个女警察屡次立大功,但是她跟丈夫说话特横,训她丈夫就跟训犯人似的,她丈夫没太在乎,很有涵养。有一次这位女士来北京,领取全国"三八红旗手"的奖章。见到全国妇联第一书记黄晴宜同志,看她说话温文尔雅,很受刺激,觉得自己不太像女人。当天晚上给她丈夫打电话:"亲爱的!"丈夫吓一跳:"你是谁啊?""我是你的玉容啊!"丈夫警惕地说:"玉容从来没有这么跟我说话。""实在对不起,过去对你太厉害了,从今以后我要改变自己。"丈夫一激动,第二天来北京了。来北京是下午四点,这位女士看他进来，可殷勤了，一脸笑，你刷牙，你洗脸，我给你泡茶。这位先生当时受宠若惊，第二天跟妇联的领导说，昨天晚上我总的感觉是"从奴隶到将军"。所以两口子打架没大事，别老是想改变别人，首先改变自己。改变心情就改变了世界。

最后要让孩子在面对困难和挫折时，说声"太好了"。

没有困难就没有胜利，没有失败就没有成功，不见风雨就见不到彩虹。所以孩子需要培训，才能把好心情、好心态培养出来。我们每次开始"知心姐姐夏令营"，都给孩子们讲第一课："太好了"。上次带三十一个孩子，到扎龙丹顶鹤的故乡搞夏令营，来了一百多个家长送。我跟孩子们说："把行李放下，闭上眼睛听我说。我们即将去的地方是丹顶鹤故乡，那里天很蓝、云很白、草很绿、丹顶鹤很漂亮，但是那里蚊子小虫很多，咬人很疼，你受不了，你可以不去。待会儿爸爸妈妈就要回家了，你要自己扛着行李走到北京车站。你也可以不去，想好不去的举手。"没人举手，"是不是都要去啊？""去！""如果都要去，我给你们提一个要求。现在开始，无论遇到任何事，只能说'太好了'！不能说'太糟了'。爸妈听完我的话，如果你舍不得，现在把孩子带回家，不晚。"他们都说"舍得的"，"如果你们舍得的，我也给你们提个要求，等你孩子从夏令营回来，无论什么样，只能说'太好了'！不许说'太糟了'。出发！"同学们自己扛行李，没有一个家长上来帮忙的。一个女孩的行李太大了，妈妈以为自己能亲自把女儿送上火车。我跟着女孩，看她汗水流下来，泪水流下来，嘴里一直恶狠狠地喊着："太好了！太好了！太好了！"直到上了火车才露出微笑。

到了扎龙，风光真的很美，丹顶鹤真的很漂亮，蚊子小虫真的很多，一群小虫跟着孩子，孩子一边扑蚊子，一边跟着喊："太好了！太好了！太好了！"没人敢说不好的，闭营式上他们争相发言。一个女孩站起来说："我被咬了一百零八个包，我要说声太好了！"我说："为什么？""以后谁咬我，我都不怕了！"一个男生幽默地说："我来到扎龙，首先迎接我的就是蚊子兵团，于是我就喂了蚊子，蚊子就喂了丹顶鹤，我为丹顶鹤做出牺牲，我要说声太好了！"我当时眼泪都流出来了，这些是孩子们战胜自己的声音。回到北京，看到父母，孩子们高兴地说："太好了！下次夏令营我还去！"爸妈们看孩子们脸上、胳膊上咬的大包小包的，心疼地说："太好了！下次还让你去！"

第二句话是"我能行"，改变态度，就改变了命运。"我能行"是成功者的话，"我不行"是失败者的话。我们所有的教育，都是为了让孩子喊出"我能行"！

第三句话是"我帮你"，改变情感，就改变了生活。爱是一个口袋，往里装是满足感，往外拿是成就感、幸福感，你想让孩子一生幸福快乐，一定要让他学会关爱别人。

这三句话，我这本书里头都有介绍，如果这三句话孩子记得住、忘不了、用得上的话，这孩子就能一生快乐！

还有幸福人生九个字。第一"你真棒"，改变角度，就改变了关系。与人相处，多说"你真棒"，你就有朋友！我们对孩子要多鼓励，但是鼓励孩子要言之有物。有个妈妈老打孩子，听完我的报告热血沸腾，回到家儿子正吃饭，跟儿子说："儿子你真棒！"儿子说："妈，你有病吧？我看你病得不轻，说胡话。"她就找我："你说得不灵，我儿子不信。"我说："你假惺惺的，谁信呢？吃饭有什么好棒的？吃多棒，还是吃少棒呢？你是没话找话说呀，谁还看不出来呀？"所以夸孩子，要夸到点子上，发自内心的，才能感动别人。第二"我要学"，改变内存，就改变了未来。电脑被淘汰，内存不够！人被淘汰，学习力不够！所以不是要我学，是我要学。第三"我思考"，改变头脑，就改变了人生。人生的司机是自己，车往哪开自己说了算。要把选择的权利还给孩子，人生四大选择：择友、择校、择业、择偶。这些重大的事情请孩子自我选择。

请大家站起来，把手伸开，和我做一个小小的互动。

第一句："好！好！好！太好了！耶！"

第二句："我能行！"把手分开，五指分开，越高越好。借着点宇宙的能量："行！行！行！我能行！耶！"

第三句："我帮你！"帮助别人就是帮助自己，有爱心，首先还得有爱力。请大家把自己抱起来，增长点爱力。"帮！帮！帮！我帮你！耶！"

最后一句："你真棒！"你的声音大，你的孩子就棒！你的声音小，孩子就棒不起来了。"棒！棒！棒！你真棒！"

谢谢大家了！

诗圣杜甫

莫砺锋

今天的讲座题目是"诗圣杜甫"。按照我的惯例，先讲九十分钟，最后半个小时留给大家交流。有关杜甫的话题想跟我讨论的，我们可以有一个互动。

刚才主持人已经提到了，2012 年 4 月，社会上发生了一个"杜甫很忙"的涂鸦事件。这个事件发生的时候，《扬子晚报》记者第一时间给我打电话，说莫老师你是研究杜甫的，请你对"杜甫很忙"事件发表一些看法。因为我不太爱上网，也不用手机，所以消息不是很灵通。我就问什么叫"杜甫很忙"？然后记者就跟我解释：现在中学的语文课本上，有一幅杜甫的肖像画，有的同学就在肖像画上进行涂鸦，加了好多其他的内容。我后来上网查了一下，看了一下那些涂鸦的像。对教科书上的人物肖像进行涂鸦，我本人年轻时候也干过。我们当年比较简单，看到物理课本上的牛顿像、爱因斯坦像，没有眼镜添一副眼镜，没有胡子添两撇胡子。现在的小朋友与时俱进了，远远超过我们那个时候。因为这幅画的线条比较简单，留下的空白比较多，他们有的画了杜甫拿了话筒在唱卡拉 OK，有的画了杜甫骑着摩托车在那里飙车。我看了以后觉得有一点点不严肃，所以有点不高兴，我觉得我们对这位诗人要有一种特别的敬畏，要有一种崇敬才对。所以，我不愿意接受采访，就说："对不起，我没有什么意见要发表。"

刚才主持人也提到了，2012 年正是杜甫诞生一千三百周年。2012 年底，国家图书馆请我去做一个讲座，也是今天这个题目。我在那个讲座上就对所谓的"杜甫很忙"事件，回应了一下，说了一下我的看法。

我今天讲的主要内容是，为什么要对杜甫表示最高的敬意，为什么不太同意中学生小朋友对杜甫肖像画进行涂鸦。我参观过纽约的美国现代艺术博物馆，里面有一幅对名画进行涂鸦的作品，他涂鸦的对象就是大家都熟悉的达·芬奇的《蒙娜丽莎》。他把蒙娜丽莎改画成了一个男子，加了两撇胡子，画得有点变形。这幅画堂而皇之地挂在博物馆里，西方人认可，并不反感。但是，你随便到哪个地方，绝对不会看到一幅被涂鸦的《圣母马利亚》。西方有基督教文化背景，他们认为圣母像是非常神圣的，你涂鸦别人可以，涂鸦圣母不行，这是不被公众所接受的。我对杜甫画像也有类似的感觉。下面我们可以看一看为什么。

"诗圣"由来：千百年来，人民大众对他一生的光辉评价

杜甫被称为"诗圣"，不是哪一个人认定的，也不是古代封建社会哪一个皇帝赏赐的，而是千百年来的读者和人民大众对他的一个光辉评价。

一般来说，凡是在各行各业里干得特别出色、成就超凡入圣的，我们就把他称为 × 圣。聂卫平围棋下得好，我们称之为"棋圣"；王羲之书法好，我们称之为"书圣"；而杜甫被称为"诗圣"。"诗圣"当然包含一种含义，他的诗写得特别好。杜甫的诗歌，千锤百炼；杜甫写诗的态度，语不惊人死不休，他一生的心血都花在诗歌写作上面。所以，民间流传着一句话：熟读唐诗三百首，不会作诗也会吟。就是你要想学习一些古诗，那么读唐诗三百首是一个最基础的工作。但是你要想写得好一点，特别是如果想要写律诗，写五言律诗、七言律诗，那么你就读杜甫。他的艺术可以说是登峰造极，这是一个方面的意义。但是古人称杜甫为"诗圣"，更重

要的意义不在艺术上面，而在他作为一个诗人，作为一位伟大的文学家所展现出来的胸怀和人格，在这方面古人认为他超凡入圣，达到了圣贤的境界，所以称他为"诗圣"。

"诗圣"这个名称，我们简单地查一下文献，大概从明朝开始，就明确地说杜甫是"诗圣"了。但这种观念、这种思想、这种意识，应该说从北宋就开始了。北宋离唐代最近，北宋的诗人从唐诗中寻找古典诗歌典范的时候，他们不约而同地选择了杜甫，他们觉得杜甫具有最高的典范意义。我们可以具体来看一看，北宋人说杜甫是诗歌中的圣贤，他的境界最高。这是从什么地方着眼的呢？首先，从他的人格境界，从他的道德修养。古人评价一个人的道德修养，评价他的人品，首先看他是否忠君爱国。"忠君爱国"在我们今天来看，可能有点陈旧了，但在古代，它绝对是一个道德的最高标准。

北宋人高度评价杜甫忠君。苏东坡有一句有名的话，他说杜甫忠君到什么程度："一饭未尝忘君"，就是每吃一顿饭都没有忘记君主。当然杜甫傻了，皇帝哪用你担心，皇帝肯定有饭吃，然而他就是有这种情感寄托。那么苏东坡说"一饭未尝忘君"是不是无中生有？是不是夸张？一点都不夸张，这是有根据的。我们研究杜甫常用的手段叫"以杜证杜"，用杜甫的诗、用杜甫的作品来证明他的看法。那么杜诗中就有这样的例子，杜甫有一首诗，这首诗不太会出现在选本中间，可能在座的朋友不是很熟悉，这首诗的标题叫做《槐叶冷淘》。什么叫槐叶冷淘？原来它是唐代在长江中游地区，也就是现在的三峡、当时的夔州白帝城流行的一种凉面。它是用新鲜的槐树叶榨出汁水来，和在面粉里面做出来的一种小吃。杜甫是北方人，他原来是中原人士，晚年漂流到夔州，第一次品尝到这个槐叶冷淘，觉得滋味不错，北方是没有的。他就写了这首诗，共二十句。前面十八句都是描写这个面食怎么做的，最后两句他就联想到皇帝了。他说：君王纳凉晚，此味亦时须。这就是我们说的"一饭未尝忘君"。

当然，我们说任何道德判断都是一个历史的范畴，古人认同的，今天不一定认同，因为有的东西随着时代变化也许过时了。比如说杜甫忠君，忠到"一饭未尝忘君"，忠到吃到个凉面就想到皇帝，这种品质我们今天已经没有意义了，我们不必要继承它。我相信今天在座的朋友，不管男女老少，都敬爱习近平同志，但是没有必要出差到一个地方，吃到一种特殊的小吃，就想：习近平同志有没有吃过啊？这是封建意识，习大大有没有吃过，这个问题可以不用管。但是在封建时代，在杜甫那个时代，他有这个意识是天然的、合理的。封建时代，人民的全部希望实际上是寄托在皇帝身上，他们希望有一个好的君主能够施行仁政，能够使百姓过得更好一点。而且杜甫身逢的是一个安史之乱的时代，那个时代大唐帝国在安史叛军的打击下，摇摇欲坠，需要团结全国的力量来平叛，维护国家的统一。这个时候，皇帝是唯一的号召。所以他忠君，无可非议，宋元明清都高度评价杜甫的忠君。

但是，在我们现代人看来，杜甫更重要的价值是他的忧国忧民。他爱国家，关心社会，热爱人民，这才是真正具有现代意义的、他思想道德中最闪光的部分。

忧国忧民：全部的人格品质，来源于原始的儒家思想

我们着重来看一看杜甫在这方面的表现。杜甫的整个思想，他的人生观、价值观，都来源于以孔孟之道为代表的原始的儒家思想。这不是汉代董仲舒以后经过改造的儒家思想，而是原始的儒家思想。儒家的思想体系千条万绪，归根到底，它的核心精神就是仁政爱民。儒家认为一个政权有没有合法性，不是看这个政权是不是用枪杆子打来的，也不是看这个政权是不是用选票选出来的，而是看这个政权是不是推行了仁政，你的施政纲领是不是对老百姓有利，是不是能够让老百姓生活得更好。如果有，就是合法的，就是应该存在的；如果没有，就是不合法的，不对的。那么儒家的仁政思想的出发点是什么？孔子说得很清楚：仁者爱人。什么是"仁"，"仁"就是爱别人，关心别人，爱护别人。儒家不是宗教，中国古人没有太强的宗教意识。儒家不认为他们所主张的仁爱精神是神灵对我们的要求，不像西方人。西方人为什么要有博爱精神？那是耶和华教导他们要这样，神要求他们这样，或者有的宗教认为是安拉要求他们这样，或是释迦牟尼要他们这样。而儒家不是，儒家认为人的这种精神、这种想法是内心自然而然产生出来的。孟子把这个精神说得非常清楚。孟子说：老吾老以及人之老，幼吾幼以及人之幼。

我们来讲一讲这句话什么意思。第一个"老"是动词，所谓"老吾老"就是把家里的老人当老人看待，只要你把老人当老人看待，你就必然会敬爱他。因为老人年纪大了，年老体弱需要我们照顾。老人曾经抚养过子孙，为社会做出过贡献，现在老了，我们应该关爱他。所以"老吾老"就是要善待家里的老人，再把这种精神推广出去，延伸到邻居家的老人、亲戚家的老人，最后到全社会的老人，这就是"老吾老以及人之老"。"幼吾幼以及人之幼"也是一样的道理。谁不爱孩子呢？哪

怕有的道德品质不太好的人，他对孩子还是爱护的。我们每个人都爱自己的小孩，关心自己的孩子，正因为这样，把这种感情延伸出去、推广出去，我也就爱邻居家的孩子、亲戚家的孩子，爱我孩子念的幼儿园里的小朋友，最后爱全社会的孩子。所以孟子、儒家所主张的这种仁爱精神，它是一种自然的、从内心生发出来的精神，本来就有一种善良倾向把它逐渐推广、延伸出去。它没有外在的强迫性，不是某种力量威逼你，不是某种功利诱惑你，而是人内心本来就有的一种自然的、善良的本性，把它养护好、发挥好，就做到这一点了。我们阅读杜甫的全部诗歌发现，杜甫在弘扬儒家的这个根本精神上做得非常出色。

向朋友们推荐杜甫的一组诗，不是一首，是一组。

因为安史之乱，杜甫四十九岁那年带领全家逃难。他先离开关中地区逃到甘肃天水，待了三个月，又待不下去了，最后逃到成都。途中经过一个地方，当时叫同谷县，现在叫成县，是宝成铁路上的一个小站，路过那里的所有快速列车都不停。我有一次专门挑了一列慢车到那里，下去看了一下。杜甫曾在那里住了一个月，那一年杜甫生活濒临绝境，没法过下去了，最明显的标志就是家里断粮，没粮食吃了。但他在同谷县写了一组诗叫作《乾元中寓居同谷县作歌七首》。写了七首歌行，"歌"就是白居易《长恨歌》的"歌"，他一共写了七首，一个标题七首诗。我们没有时间讲全部的七首诗，我们可以看一看这七首诗的主题。

第一首写他自己，从自己开始说。他说：有客有客字子美，白头乱发垂过耳。杜甫名甫，字子美。有一个远道而来的客人叫杜子美，漂流到这里来。"白头乱发垂过耳"，头发苍白，稀疏地披在耳朵旁边。特别说明一下，这是指古人特别潦倒的一种现象，因为古代的男子都要留长发，在头中间盘起来梳成一个发髻。但是，杜甫这个时候年将半百，他的头发是又稀疏又短，已经盘不起来了，用簪子也插不住了，只能让它随便地垂在两边。完全就是一副穷苦潦倒的样子：年将半百，一事无成。这是第一首，写他自己。

第二首写他家人。他带着全家老少一起逃难，这一天家里断顿。同谷县有一种野生植物叫黄独，我至今不知道黄独啥模样，但从注解上面知道是一种野生植物，长一种块茎，像野山芋或野芋头。块茎里面有淀粉，是灾荒年月老百姓挖来充饥的。杜甫听说以后，就亲自带了一把铁锹到野外去挖黄独，想挖一点给家人充饥。没想到天寒地冻，黄独的苗已经枯萎了，加上大雪覆盖，他挖了半天也没挖到，空着两手回来了。回家一看，全家都饿得没有力气说话了，靠在墙壁上呻吟着。"男呻女吟四壁静"，这就是第二首，写的家人。

第三首开始想念远方的弟弟："有弟有弟在远方，三人各瘦何人强。"就是我有弟弟，但是他们都漂流在远方，三个人都面黄肌瘦的，谁好一点呢？杜甫一共有四个弟弟，四个弟弟的名字分别是丰、观、颖、占。有四个弟弟，这里为什么说三人呢？原来他最小的弟弟还没有成年，一直跟在他的身边。其他三个弟弟都漂流在外，因为安史之乱，兵荒马乱、兄弟离散，他就想念远方的弟弟。

第四首想念远方的妹妹："有妹有妹在钟离，良人早殁诸孤痴。"就是说我有妹妹，但妹妹在钟离，就是在安徽的凤阳。这个妹妹守寡了，"良人早殁"就是丈夫死了，"诸孤痴"就是几个孤儿还都不懂事。杜甫诗里说到小孩"痴"就是小孩不懂事，不是说他傻。兵荒马乱的年代一个寡妇还带着几个年幼的孤儿，日子过得非常艰难。

然后五、六、七三首写国家、写社会，全国兵荒马乱，百姓流离失所。读这一组诗，我们感觉到诗人的思绪，他思考的方向很明显就是"老吾老以及人之老，幼吾幼以及人之幼"。所以杜甫关心社会不是一开始就唱高调，他是根据儒家的那种内心生发的善良情感，慢慢延伸、慢慢扩展出去的。所以，杜甫的过人之处在于：在遭受饥寒交迫的时候，在乱世有志不能酬的时候，在个人生计难以维持的时候，他却还经常关心别人、想到别人。杜甫笔下有很多联想旁人的诗篇，展示了他伟大的仁爱胸怀。就在前一年杜甫回家探亲，当时他本人在长安，他家寄居在奉先县，回到家里一看，他最小的儿子由于营养不良夭折了。那么作为一个父亲，他的亲生儿子等于是饿死了，他心里非常悲痛，在这种情况下，悲痛以后还马上联想到百姓。我毕竟还是个官宦子弟（杜甫的父亲做过县令），那些普通的农民子弟现在过得如何？他们当兵在前线，他们失去田地无以为生，他们过得更不堪，他马上对他们表示关切。

我一直觉得一千四百多首杜诗当然会在艺术上面打动我们，但它更大的作用是在感情上感动着我们。我跟大家分享一下我本人读杜诗的一个经历。

我不是到了南京大学念古代文学研究生才开始读杜诗的，我最早比较集中地读杜诗是在农村当知青的时候。我们这一代人，都是当知青出身，如果以后你们看到像莫老师或跟莫老师年龄相仿的学者，觉得他的学问不够好，千万要原谅他，因为他们青春时期都是在农村种地。我1968年下乡，1977年冬天参加高考，1978年离开农村进大学，从十九岁到二十九岁十年都在学种地。如果哪个图书馆现在请我去讲长江下游地区水稻栽培，我倒是蛮内行的，我可以讲得很好，比我的古代文学讲得还要好。大概在 1973 年，我下放的第五年，我插队在太仓县，离江阴不远，但跟江阴不一样。太仓是大平原，那里一座山包都没有，我插队的地方离长江江岸两里都不到。那里的长江跟江阴的长江不一样，那里的长江非常宽，有十公里，因为快到入海口了。站在江边都看不见对岸江北，茫茫一片像大海，这种地理环境会产生一种气候现象，就是刮大风，刮起大风来无遮无挡。所以有一年秋冬之际，我正在地里割水稻，大晴天突然刮一阵大风，就有社员说你们两个知青赶快回去，你们的茅屋被刮坏了，我回去一看，家里的茅屋比杜甫的还要悲惨十倍。

　　大家读过杜甫的诗，诗中写："八月秋高风怒号，卷我屋上三重茅。"回到家一看不得了：卷我屋上全部茅！我屋上的稻草全部被掀翻掉了，跑到室内一看，蓝天白云看得清清楚楚。当时生产队长也来了，说这两个知青的房子怎么刮成这样。仔细一看说问题不大，梁还在，梁上的椽子也没刮走，刮走稻草问题不大，生产队有的是稻草，等过两天帮你们修。但是这两天不行，因为天气好，要抢收水稻，等到割完水稻就帮你们修，你们先坚持一下。当天晚上我就在那一根茅草没有的茅屋里过夜。虽然是江南，但立冬前后也快零摄氏度了，还好没下雨。杜甫那还下着雨，把他的床铺都淋湿了。那时候生产队不通电，乌黑一片，我躺在床上看满天星斗，有点像古人说的夜观天文。这个说起来是有点浪漫，但是真正去经历，却很痛苦。因为很冷，只有一条棉被，睡来睡去睡不着。就在这个时候，在黑暗的没有顶的草房里，我睡不着，却听见杜甫的声音，我一点都不夸张。我仿佛听到有一个老者，一个老诗人，用一种温和而苍凉的声音在屋角吟诗，他在那里说："安得广厦千万间，大庇天下寒士俱欢颜，风雨不动安如山……"我当时真的很感动，我感到一种温暖，觉得有人关心我。虽然我知道他是一千四百年以前的人，但是这种关怀、这种伟大的胸怀可以穿透时空，来到我们身边。

　　这就是杜甫的胸怀，这就是杜甫人格的高尚。

　　有人批评杜甫说，他是唱高调，他只是说说而已，他没做什么。当然他是没做什么，他能做什么？他自己家的茅屋刮破都没办法，只能在那里写诗，在那里叹息。但能不能做是一回事，你有没有这份胸怀是另一回事。"安得广厦千万间"，这可以说是中国历史上最早提出来的安居房的概念。什么是安居房？安居房就是在风雪之夜，穷人能够有地方栖身，不要在露天露宿。所以，杜甫第一个提出来这种社会理想，非常的了不起。

人皆尧舜：一种教育意义，为普通人超凡入圣提供可能性

我们说，杜甫是从儒家思想里得来的营养，我们再往深层看一下杜甫对自我的期许。就是我们将来踏上人生道路，对自己的一份人生设计，这辈子想干什么？希望自己成为什么样的人？当然，客观条件有时候很残酷，有时候会阻止你，你规划的人生设计不一定都能实现。1966 年我在苏州中学读高三，我自己的人生设计是当工程师，我喜欢理工科，一心想考清华。但是现在我变成了一个钻故事堆的文科教授，离工程师远了去了，这不是自己能做主的。但是，每个人想达到什么样的人生境界，做一个好人，还是做一个不够好的人，这是你自己能够做主的。

我们看一看杜甫是怎样的。杜甫自诩甚高，他怀有一种崇高的、远大的人生志向。他在很年轻的时候，还没进入政界，就写诗说：许身一何愚。自己的期许是不是有点愚蠢，因为我期许得太高了！杜甫把自己比作：窃比稷与契。把自己比作历史上两个人物：稷和契。他要做稷，要做契。稷是谁？契又是谁？稷是古代周朝人的祖先，是尧时代的人，相传他最早发明了农业与技术，发明了怎么耕种庄稼，所以被认为是农业的祖先，当时他是舜身边的一个主管农业的大臣。契，是大禹时代的人，是主管水利的大臣，协助大禹进行治水的。那么杜甫把自己比作稷、比作契，有的人就说，你不过是一介布衣，你最多做过几任小官，你把自己比作一个负有重要责任的大臣，你是不是把自己比得太高了？有点狂妄？

明末清初，有一本书叫《杜臆》，解释杜甫的诗解释得很好。"臆"就是臆断的意思，这是谦虚，这本书在我看来是分析杜诗思想水平最好的。《杜臆》对这个问题回答得就非常好，他说有的人怀疑，杜甫把自己比得太高了，其实一点都不高。这实质上就是一种念头，一种想法，一种观念，这是一种什么样的观念呢？他说这就是孟子所说的"己饥己溺"的观念。"己"就是自己的己，"饥"就是饥饿的饥，"溺"就是淹死在水里，孟子这句话是什么意思？原来这是孟子评价稷、契这些人的，孟子说：后稷主管天下农业的时候，只要发现还有一个人没吃饱饭，还有一个人在挨饿，就是我的责任，因为自己是管农业的，工作没做好；契现协助大禹治水管水务，他只要看到一个人溺在洪水里，被洪水淹死，就是我的责任，因为自己是主管水利的，我没把洪水治好，让老百姓淹在洪水里。所以这是一种责任感，对天下的一种责任感。

现在，我们的部分官员一点责任感都没有，对老百姓很不好，这是古人不允许的。

杜甫的伟大之处在哪里？在于一般人身在其位，就谋其职；不在其位，不谋其政。杜甫是不在其位，还要谋其政。他不在其位，他没有做主管农业的大臣，也没有做主管水利的大臣，朝廷没有任命他，他是一介布衣、一个老百姓，最多做过几任小官，但是他却认为关心全社会、关注国家的命运是自己的责任。匹夫也有责任，他的这种人格境界就更加高尚了。所以，杜甫在这种思想境界上达到的高度不是一般性的，完全达到了超凡入圣的高度，到了圣贤的境界。

正因为如此，即使南宋评价历史人物最苛刻的思想家朱熹，对杜甫都有极高的评价，我刚才看到在你们图书馆外面的墙上，贴着朱熹的诗《观书有感》。朱熹是南宋了不起的理学宗师，是个大家，朱熹对历史人物几乎都是批评：这个人有这个毛病，那个人有那个毛病，但他对杜甫给予极高的评价。朱熹在一篇文章里提出来，说我们历史上有五个伟大人物，他称之为五君子，五君子是哪五个人？首先是三国时期的诸葛亮，第二个就是杜甫，第三是颜真卿，第四是韩愈，第五是北宋的范仲淹。我们稍微审视一下这份名单，诸葛亮和范仲淹都是大政治家：诸葛亮大家都知道，都读过《三国演义》，他是为了复兴汉室鞠躬尽瘁、死而后已的人物，树立了一个很高的人格标准；最后一个范仲淹，我们北宋的大政治家，"先天下之忧而忧，后天下之乐而乐"，官至副宰相，一生风节凛然，这两个人肯定没有问题。

我们再检查中间三个人，先检查第三个人颜真卿，大家都知道他是大书法家，小朋友练书法有的是先从颜体开始的，颜体是间架结构最好的。颜真卿是大书法家，与此同时，他也是著名的忠臣烈士。他不是一般的义士，他是烈士，在安史之乱时，颜家是满门忠烈，他们家好多人牺牲在战场上。颜真卿留下来的最珍贵的一份书法作品，就是《祭侄文稿》，祭他的侄儿的，侄儿在战场上牺牲了，家里去收尸，只有一个身体，头也砍掉了，不知道去哪里了，回来做了一个木头。然后颜真卿写了一篇文章祭他，一气呵成，那个书法绝对一流！颜真卿本人是坚决反对军阀割据的，最后被军阀伤害。韩愈也了不起，首先是古文家，我们中学生读课文，读到很多篇他的古文。同时他也是政治家，韩愈的贡献是每当国家出现了什么事，他总是奋不顾身第一个站出来说话，为此两次被贬到广东岭南去，他都不改。

这四个人要么地位非常高，为国家统一做出贡献；要么是在事业上有贡献，风节凛然。这份名单中只有杜甫是一个例外，他一生没有什么功业和贡献。你问我杜甫为百姓做过什么事，建功立业过吗？我只能说没有！他不在其位，他没有机会，没有资源，他没有做过什么。但恰恰是这么一个人，被朱熹认为是五君子之一，可以和诸葛亮、范仲淹这些人平起平坐。朱熹的理由很简单，他是看他们的人格。这五位的人格都一样，光明正大、磊磊落落。一个人是为他人着想、为国家着想的，忘掉了自己的处境，这样的人人格高尚、人格伟大。所以，杜甫能够成为一个圣贤人，在道德上成为一个圣贤人，这是通过他的表现、他的诗歌，一步一步做出来的。儒家学说本来就强调实践，孔子、孟子年轻的时候都不著书，都是奔走列国，去推行自己的一套政治理想。到了年纪大了，走不动了再反过来写书，把他们的思想传给后代，他们力行的实践，都是要付诸实施。杜甫是一个深刻领会儒家学说精髓的人物，他对儒家的贡献也是用实践做出来的。他没有注释《孟子》《论语》，没有写过一篇文章论述儒家思想怎么样，他用他的整个行为、用他的表现，把儒家的理想、儒家的人格要求表现出来。所以，杜甫被称为圣贤，是一个历史的选择。

　　他还有一个什么特别的意义呢？我们还从朱熹这份名单说起。名单里的其他四个人都是有一定机会的，比如诸葛亮、范仲淹，他们做到宰相，做到副宰相，身居高位，但是对于普通人来说也许没有机会去实现那么高的目标。在座的年轻人，我相信很多朋友都有志于为国家做重大贡献，也许将来你考了公务员，进入仕途了，但你就一定能保证做到政治局常委吗？不一定的，因为还有其他很多条件限制你，你不一定能做到。所以说，号召我们学诸葛亮、范仲淹，也许普通人会说我没有那个机会，没那个条件。但是杜甫是可以学的，他一生穷困潦倒，就跟我们普通人过得一样，但是他照样在道德和人品上，达到了超凡入圣的境地，所以他是可以仿效的。

　　孟子说过一句话，人皆可以为尧舜。就是每个人都可以成为尧，可以成为舜。

　　儒家认为圣人没有什么奇特的地方，圣人就是一个普通人，好好地做，好好修身养性，逐步提高自己，慢慢地就成了圣贤人。这些道理到了明代王阳明那里，就汇聚成一句话"满街都是圣人"。王阳明的一个学生到街上去，回来对老师说，我今天看到一件奇特的事情，街上好多人都很善良，好像都是圣人。王阳明说，是这样的，普通人都有善良的本性，只要你去维护它，朝着圣贤一步步地靠近，就一定能达到。但是，圣贤毕竟是一个非常高的标准，虽然孟子说过人皆可以成为尧舜，王阳明认同满街都是圣人，但是一个普通人真要成为圣人，那谈何容易！假如在座的朋友听完，到江阴大街小巷指认哪个人是圣人，恐怕很难。这个人有这个缺点，那个人有那个缺点，很难成为圣人。但是，你也可以说能的，你可以举这个例子：

杜甫！他是普通人，他是一介布衣，他终生穷困潦倒，他没有功业，什么事也没做出来，历史没有给他机会，但是他是圣人，他达到了圣贤的境界。

所以，杜甫给后人一种普遍启发、一种教育意义，他提供了普通人超凡入圣的可能性。

儒家体系的拓展：民吾同胞，物吾与也，仁爱应施之于一切生命

刚才我们讲的，是杜甫在落实儒家精神、实践儒家精神上的一些表现。我们还必须指出，杜甫对于儒家学说，对于儒家体系和价值体系还有新的贡献。当儒家主张仁政爱民的时候，当儒家提倡仁爱精神的时候，他们唯一的思考目的是人。这个孔子、孟子说得很清楚，他们全部的关注对象都是人，儒家学说从根本上是世俗的学问，不是一种玄妙高超的学问，它关注的是社会，是人的现实生活。所以孔子从来不谈人死后要怎么样，精神状态会怎么样，他不谈天命、不谈信，他只谈人。孔子有名言：未知生，焉知死。你生前的事情没搞清楚，你怎么去思考死后的事情？不要去考虑，你先考虑生前的东西。他又说：未能事人，焉能事鬼。人都没有服务好，你去服务什么鬼神啊？离远一点，你先服务好人。所以，他的全部关注点是人。杜甫当然继承了这种学说，所以他的诗中表现出了对天下人的关怀。不但如此，他甚至还把这种仁爱精神扩充到其他民族。杜甫认为即使我们对外有战争，也不要多杀伤对方，对方也是人，也要关爱他们的生命。在这个基础上，杜甫又把儒家仁爱精神扩展到新领域：接受一切生命、动物和植物。

我们读杜诗，经常可以看到他好多作品在用一些动物、一些植物。他用过骏马，用过雄鹰，你可以说骏马和雄鹰寄托着一种刚强、雄壮和伟岸，杜甫也产生了一些共鸣。但是，他也用过一些细小的、柔弱的东西，他看到江里张着一张大网，一条很小的鱼被网在里面，他就觉得不忍心。因为，古人在周朝时候，渔网的网眼格子是有规定的，不能织得太小，要让小鱼漏掉，这是一种环保精神，不能把小鱼都抓起来。杜甫也说网不能织得太密，他看到小动物和植物遭受不幸命运，都表示关怀。他在成都写过一组诗，一共四首，专门咏树木的。这四首诗是《枯棕》、《枯楠》、《病柏》、《病橘》，就是枯萎的棕树、枯萎的楠树、生病的柏树、生病的橘树。后人关注他为什么经常写枯萎生病的树，当然在用这个树的时候，他有一种喻义和寄托在里面。他说老百姓在苛捐杂税压榨下，过得奄奄一息，就像这些树木

一样了无生气。但更多的情况下，杜甫就是对自然界的一切生命，对那些细小、柔弱的生命表示关爱之心。

杜甫非常关爱植物，他在成都草堂种了四棵小松树，这中间他有一阵逃难，逃到汉州，在那里专门写了首诗，想念这四棵小松树：这些小松树还没长高，旁边荒草连绵，有没有人照顾它们？他想念它们。他在汉州的一条江上，坐在船上。船在水面上走，他看到迎面一群小鹅，"鹅儿黄似酒，对酒爱新鹅"，小鹅不是白色的，是乳黄色的，一群乳黄色的小鹅从水面上游来，他就写一首诗咏它们，说这个鹅太可爱了，又说黄昏来临你们要小心，狐狸要出来了，别把你们抓去。他把对人的关切之心扩展到一切动物，就是说我们的仁爱之心不但要施之于人，还要延伸到其他生命，这一种精神在孔孟那里还是欠缺的。到了北宋，理学家张载把它扩展叫做"民胞物与"，这是很有名的理学史上的观点。他的原话是："民，吾同胞，物，吾与也。"老百姓都是我的同胞兄弟，四海之内皆兄弟。"与"就是交朋友的意思，所有的生物和他相交，所有有生命的东西都是和我们相交的，都是我们的好朋友。理论上这一点是北宋的思想家提出来的，而杜甫在他的诗歌中间已经表现出来了，对自然万物，对所有的生命都要关爱、善待，应该说这是非常好的思想之源。

我们现在开始讲环保了，讲尊重自然了，开始讲必须要维护人与自然的和谐统一了。其实这些东西，在杜诗里面都有一个最好的阐发，所以杜甫不是一个简单的诗人。

当然，我们现在读一千四百六十二首杜诗，这是可靠的，还有不可靠的，大家也都可以去读。大家读的时候可以发现，杜诗在艺术上是精益求精、千锤百炼的，以至于到了宋朝，大诗人王安石都说天下好语言已被老杜淘尽。王安石写诗是非常用心的，他说天下好句子都被杜甫写完了，每想写一首诗，一想杜甫已经写过了，而且已经写得那么好，就难以下笔。我们举一个简单的例子，北宋初年有一个诗人叫王禹偁，有一年被贬官到陕西商州。他在那里写了一首诗，那首诗的内容是这样子的：一个春天的早晨，他起来一看，他院子里面的一棵杏树、一棵桃树，上面都开了花，他非常喜欢。突然刮了一夜大风，这两棵树的大的树枝被刮断，树枝上是繁花盛开，但是断了撑在那。他就写了一首诗，因为这种景色比较难得，他写了一首诗很高兴，"两株桃杏映篱斜"，桃树和杏树在旁边斜长着；"妆点商山副使家"，本来我小官贬到这里，家里很寒碜，有了这两棵树装点一番，确是春风恰时得；"和莺吹折数枝花"，好像刮了一夜风来欺负我，垂在那里，很大的树枝被刮断，上面还有花开在那里。应该说这种景象还是很难得的。

我们生产队有的是桃树、杏树，我这个当了十年农民的人都没见过。王禹偁这首诗写得不错，也写得很生动，他自己也很高兴。但是他写完以后，过了几天，他十几岁的儿子，跑来和他说：父亲大人，我发现你几天前写的诗像是从杜甫那里抄来的。王禹偁说，我是自己独立构思想出来的，怎么会是抄来的？他儿子就去拿杜诗，翻给他看，一看果然有一首杜甫在成都草堂写的诗，构思是一模一样，特别是最后一句"夜来吹折数枝花"，七个字里有五个字一样，也是写刮了一夜大风，把树枝折断了。当然，王禹偁看到儿子翻出这本杜诗，并没有生气。我们大家看《红楼梦》，那是封建时代，儿子说父亲有缺点是不允许的。《红楼梦》里贾宝玉要这么说，贾政肯定要骂"小畜生，你怎么乱说"。但是王禹偁不但没有生气，而且大喜。他高兴什么？"我的诗写得这么好，和杜甫差不多了，我又没抄他，自己想出来的，居然和他差不多了。"这就是说，杜诗在艺术上绝对是精益求精。

我在南京大学给我的研究生讲杜诗，讲一学期，一学期不讲别的，就讲杜诗。课堂上的记录稿，被广西师范大学出版社出版，叫《杜甫诗歌讲演录》，如果有哪位朋友特别想知道细讲杜诗怎么讲，比如《秋兴八首》怎么读，你可以去读我那本书，我一个学期的记录都在那本书里。

我们现在读杜诗，真的是如同畅游在艺术的海洋里。那里面有种种成功经验和典范，但更重要的是里面那个诗人。中国古代在考察文学作品的时候，绝对是人文并重的，既重视这个作品，更重视这个作家。我们跟西方人不一样，西方二十世纪有一个理论很盛行："新批评"。"新批评"认为文学作品出来以后，它就和作家没关系了，你读这个作品不要知道作家是谁，不要研究作家生平。这在我们古代文学上是绝对不行的，我们一定是在读这个作品的时候兼顾其人，读诗就是读人，读诗的最高境界就是你和诗人对话，读到最后就仿佛诗人在你眼前，和你交谈，你感觉得到他在想什么，你感受到他的存在，这样你就读到家了。

润物细无声：传递着中华民族的正能量

所以我们强调说杜甫是诗圣，最重要的是我刚刚讲的人格意义，以及他给后人和民族社会的贡献。现在大家比较喜欢用一个词：正能量。我觉得，杜诗绝对是传递了中华民族文化的正能量，它把传统文化中那些优秀的部分发扬出来，然后慢慢地传下来，这种东西对我们后人有非常重要的启迪作用。我下面举一个例子，一个后世读者读杜诗得到很大收益的例子，这个读者非常有名，他就是南宋末年的文天祥。

文天祥大家都熟悉。公元 1279 年，南宋灭亡了。南宋灭亡的一个标志是，南宋最后一个宰相，江苏盐城人陆秀夫，在广东的崖山，也就是珠江口，背着七岁的小皇帝赵昺，从船上跳下大海。就是在崖山最后沦陷的时候，文天祥被元军俘虏了，他正是在元军的战船上面写下了他那首《过零丁洋》，里面有那两句："人生自古谁无死，留取丹心照汗青。"写了以后他就被押送到北方，关在元大都，就是现在的北京，一直关到 1283 年。然后忽必烈下令处死他，他英勇就义殉国了，南宋的政权就此画上句号。南宋的亡国，我一直觉得是一个光荣的亡国。它虽然灭亡了，是被蒙古打下来了，而且一寸土地也没有了，但是陆秀夫在崖山背着小皇帝跳海，文天祥四年后在北京就义，画上两个光辉的句号：把我们这个民族的气节保留下来了。当年蒙古铁骑横扫欧亚大陆，在冷兵器时代，几乎是势不可当，一直打到现在欧洲的多瑙河流域，匈牙利一带。围一个城市几天就打下来了，由于他们的屠城政策，城市如果要抵抗，打下来以后全部杀光，所以很多城市都不敢抵抗。唯独南宋抵抗了四十五年，从 1234 年一直抵抗到 1279 年，所以非常了不起，虽然亡国，但是是英勇亡国，民族气节保留了下来。

说到这里，我必须向江阴表示敬意。我们江阴是一座英雄的城市，明末清初，江阴人民抵抗清军，抵抗了整整八十一天，最后一天全城没有一个人投降，最后才沦陷的。我一直想，假如当年明朝境内，有三分之一或四分之一的城市能像江阴这样抵抗，清朝人就不可能统一天下，就不可能打过来。当然，别的地方没有这么做，江阴这样做了。那么，请江阴的父老乡亲接受我由衷的敬意（起身，向全场鞠躬）。

我们把问题再回到杜甫身上来，为什么要选文天祥作为受杜诗影响的一个读者？我们看一看文天祥就义的经历。文天祥被关到燕京的监狱以后，一方面生活过得非常苦，因为他们有意折磨他，让他住在一个漏风漏雨的牢房里，待遇很差；另一方面诱惑他，忽必烈亲自来劝降，只要你答应投降，元朝的宰相就让给你做。但是文天祥坚决拒绝，最后蒙古人看招降不了，只好杀了他。文天祥在监狱期间，写过一首有名的诗叫《正气歌》，他就说我有浩然正气，就是我们现在说的民族气节和民族精神，我有这点精神在，我就能抵御这一切。他的《正气歌》最后两句说："风檐展书读，古道照颜色。"就是我在一个漏雨刮风的屋檐底下，打开书本来读，古人的道德光辉照亮了我，我的精神力量就是从古人那里来的。那么我们来检查一下文天祥说的"古道照颜色"，这个古道精神力量到底指的什么？

一是孔孟之道，儒家思想。文天祥就义以后，人们在他身上的腰带上发现了一行四文的赞文，是就义前写在上面的。因为古人的腰带是布做的，很宽，上面写着："孔曰成仁，孟曰取义。"孔子说过要杀身成仁，孟子说过要舍生取义，杀身成仁和舍生取义是一个意思，都是说为了一个崇高的道德目标，可以牺牲生命。生命是宝贵的，但崇高的道德目标更宝贵。接下来是回顾孔子、孟子说过的话："惟其义尽，所以仁至。"人做到什么程度，可以达到最高境界？生命都献出来了，所以惟其义尽，以此仁至。下面又说："读圣贤书，所学何事。"我读孔子的书、孟子的书，我学什么？追求什么？就是学这个东西，所以最后两句说："而今而后，庶几无愧。"从此以后，我牺牲了，我做到了，一点也不惭愧，我和古人一样，达到了古人的要求。我把这首诗从头到尾念一下："孔曰成仁，孟曰取义，惟其义尽，所以仁至，读圣贤书，所学何事，而今而后，庶几无愧。"

除此以外，文天祥还有第二个思想来源，这就是杜甫，或者说杜诗。文天祥在燕京监狱写了两百首诗，都是五言绝句。读过五言绝句的朋友们都清楚，就是一句五个字，每首诗四句话，一首是二十个字。他写了两百首五言绝句，这两百首五言绝句的总标题叫做"集杜诗"，"集"就是集中的集，"杜"就是杜甫。什么叫"集杜诗"，先来解释下"集句诗"，它是一种写作的方式，就是把原有古诗中的句子，这里抽一句那里抽一句，拼在一起重新组装，成为新的诗。比如你从唐诗中间选四句话出来，从不同的篇章中间选出来又重新组成一首诗，当然还要押韵，要平仄，技术上还是有难度的，但是很多人都这样做，这叫作"集唐诗"。那么文天祥写的是"集杜诗"，就是他写的每句话，都是从杜诗里抽出来的。我刚才说他写了两百首"集杜诗"，每一首都是五言绝句，都是四句话，两百乘以四，一共八百句，这八百句都是杜甫的，都是从杜甫的一千四百多首诗里抽出来的。这两百首写的是文天祥在蒙古南侵，自己起兵勤王，两次被俘虏，一次逃走，第二次又被俘虏，然后如何坚贞不屈的整个过程。当然也包括怎样家破人亡，如何想念故国，想念汉族人民等都写在里面。那么为什么他写自己的生活遭遇，抒发自己内心的情感，要从杜甫的诗句中抽一些句子来组装、来表达？文天祥在"集杜诗"的序言里写得很清楚：自国家动乱以来，我的所有遭遇、所有的情感，杜甫都帮我说过了，在杜诗里都能找到非常贴切的句子，他已经帮我表达了这种爱国思想。这种对祖国的感情、对敌人的愤恨都写在里面了，甚至描写社会现象的，兵荒马乱、流离失散都有，所以他能够用杜甫的句子来表达自己内心的全部情感。文天祥在燕京监狱写两百首集杜诗和他在衣带上说他读孔孟的书，意义是一样的，这就是他在《正气歌》中说的："风檐展书读，古道照颜色"，讲的是我的祖国一寸土地都没有了，南宋的倒数第三个皇帝的太后都写了降表了，国家已经灭亡了，在这种情况之下，敌人对我威逼利诱，我怎么还能坚持下去，怎么还能把民族气节坚持到最后。

所以我们说，文天祥的精神来源：一是孔孟之道，二是杜诗。

我觉得文天祥的例子，说明杜甫对我们后代，对中华民族的后人有着正面的激励作用，他是一种伟大人格、伟大胸怀的正面教育的范本。对于国民的教育，我不知道江阴的情况怎么样，现在我不怎么下来走。我在大学里面做工作，不敢说其他大学，我觉得我们南京大学在这方面做得不是很好。开了很多教思想政治的课，这些课的效果往往很差，虽然用了很多手段，点名、考试等，还强迫同学去听，有的同学不愿意听也被弄去了。老师往往也上得信心不足，我认识好几个老师，都是教这种思想政治课的，我就跟他们说，你们一直用这种灌输的方式来教育我们青年这一代要爱国，效果往往不好，还不如让我来讲杜诗。为什么说讲杜诗好一点？倒不是说我会上课、我讲课风格很好，而是在于杜甫所产生的教育作用。他有一种特殊性，他不是对你说教，杜甫没有一首诗是从正面说你们要爱国，他是用他的行为和美丽的诗篇把这种思想、这种感情生动地阐述出来、讲出来、表达出来。他对我们后代的读者起到的作用是潜移默化的。

我们打开杜诗，会惊讶它艺术的精美。我们在读它优美的诗句、得到审美愉悦的同时，教化作用不知不觉地就浸入你的心扉，就好像杜甫所描写的成都的那一场春雨，"随风潜入夜，润物细无声"。润物细无声的教育，才是最能发挥作用的，生硬的、灌输式的教育是没有作用的。所以我觉得杜甫永远是对我们中华民族后人起教育作用的一个诗人。

最后我们回到最初说的那个内容。

我虽然能理解在中学语文课本上对杜甫画像进行涂鸦的那些小朋友，我也能想象他们这些孩子，可能是对现在我们的应试教育有点反感、有点烦躁，在课堂上发泄一下。看到一个杜甫的画像，涂鸦一下，给他画上骑摩托车飙车等，情有可原。我们不需要对他们进行深深地责备，但是我觉得如果这些小朋友是我家里的孩子，是我的孙子辈或者是侄儿辈，他们在中学做了这个事，我一定要劝告他们：你涂鸦谁都可以，你不能涂鸦杜甫。唐代有很多好的诗人，如果有人问我你最喜欢哪个，我第一个就是选择杜甫。我喜欢的那些唐代诗人是两位数，有的唐代诗人尽管我也很喜欢，比如说李商隐，他的诗写得真美，写爱情诗写得荡气回肠，但是如果哪位中学生朋友涂鸦一下李商隐唱卡拉 OK，那你去涂鸦去吧，也未尝不可。但你可不要涂鸦杜甫，他是诗圣，是一个民族的圣贤，是对一个民族有激励作用的、传递正能量的一个人物，我们对他应该有的态度是：保持一份敬畏，我们要尊重他。

与其诅咒黑暗，不如点亮蜡烛

许纪霖

各位朋友们，下午好。你们的掌声很整齐，这是给我的第一个印象。

我是第一次来到江阴，马上就被这座城市的气势镇住了。虽然我来自上海，我很少看到一个县级城市有这样的气魄，拥有大剧院、文化馆、图书馆、美术馆……这是一座世界级都市的气魄。今天，我给大家来做的这场讲座，谈的不是文化领域，也不是学术范畴。我要谈的是当代中国的一个问题：关于如何重建中国的伦理道德。

江阴其实就是中国的一个缩影。大概老外到中国来看江阴，也会和我一样被镇住，这代表着江阴的变化，也说明中国正在崛起。中国的崛起是二十一世纪的一件大事，改变了世界的格局。过去，西方老是怀疑中国的崛起，总觉得中国会崩溃。结果，中国的"崩溃"讲了几十年，最后崩溃的不是中国，而是"中国崩溃论"。2008 年北京奥运会的成功举行，以及在美国次贷危机引发的全球金融危机中中国的表现，象征着中国真正崛起了。

但是，我们在中国这块土地上生活，除了有一种自豪感以外，有时候会伴随着另外一种复杂的感觉：崛起付出了很多代价。其中一种代价，就和我今天要谈的伦理道德秩序有关系。网上流传着一句话，讲的是今天的中国：形势大好、秩序大乱、人心大坏。中国经济社会形势是很好，但是另一方面，中国当下在某些方面处于一种无序状态。比方说：好好一个国庆长假，中央也很体贴老百姓，让高速免费，结果出了好多事：华山游客爆满，最后没法下山，乱得整个山上都是一片相互冲突的状况；挺好的一个保钓游行，西安却发生了流血事件，长沙也是打砸抢。还有，我刚刚说的人心大坏。这年头，大家都有一种不安全的感觉。吃什么东西都不太放心，瘟鸡、瘦肉精，还有毒牛奶、毒奶粉、毒胶囊。过去，这些都是伤天害理的事情，你是不能做的。现在，为了一些小小的利益，似乎变得无法无天，什么都能做，什么都敢做。我们在外面看到一个老太太跌倒，你敢扶她起来吗？你不敢扶，你就怕被讹诈了。

实际上，今天中国就是一个世界工厂，整个中国工业承担着全世界的衣食住行。所以，我一直觉得中国今天有点像十九世纪的英国。因为十九世纪是英国最辉煌的时代，大英帝国，世界上的 No.1，工业革命之后，整个英国也是一个世界工厂。那时也出现过今天中国现在出现的问题，但是没有中国这么严重。工业革命后的英国，人的欲望在膨胀，人人都想发财、赚钱。但是，英国那个时候，是维多利亚女王长期统治，那个时代也叫做维多利亚时代。维多利亚时代是一个很有趣的时代：一方面人们充满着冒险主义精神，拼命想赚钱；另一方面那个时代又很保守。很多人想赚钱，但在宗教上又很虔诚。他们觉得自己赚来的钱要为世界、为上帝做点好事。所以说，十九世纪的英国和今天的中国很相近，除了崇拜金钱以外，他们还崇拜另外一个东西，就是崇拜上帝，崇拜道德。

英国有个大经济学家亚当·斯密，写过一本书《国富论》，这是一本影响很大的书，今天市场经济的一套基本规则就是这本书定下来的。我们经常说的"市场是一只看不见的手"就是亚当·斯密讲的，意思是：市场不需要政府来管得太细，它自己会调节。所以，今天中国拥护市场经济的人，都把亚当·斯密的话奉为真理。但是，亚当·斯密还写过另外一本书，今天很多中国人都忘记了，或者很少有人知道，这本书叫《道德情操论》。亚当·斯密除了讲市场是个好东西，市场有只看不见的手在调节社会秩序以外，他说这还不够，还需要道德情操来约束。除了那只看不见的手之外，还要有一双旁观者的眼睛，这旁观者的眼睛就是伦理道德的眼睛。用这样一双眼睛看世界，人们才不仅仅是一个经济动物。

但是，我们回过头来相比较，就会发现：今天中国经济是崛起了，综合国力是增强了，另外一方面却在塌陷，伦理道德在塌陷。

心灵秩序：实用主义下道德和价值的多重标准

今天你会发现，从中央到地方都在很着急地做一件事情：重建社会主义核心价值。在我们大学里面，我有好几个同事都去参加了这个课题，研究怎么重建中国的核心价值。

什么叫核心价值？它意味着什么？我所在的华东师范大学，有一个教育部的重点研究基地：中国现代思想文化研究所，我现在也在这个所里担任行政工作。2005年我们承担了一个重大攻关项目，这个项目很大，叫作"当代中国人的精神生活"。这两年，中国有很多白皮书、蓝皮书，譬如经济发展白皮书、社会发展蓝皮书等，但是缺了一块东西：中国人的精神生活是什么样的？担任这个项目的一些同志，设计了一份调查问卷，涉及精神生活的方方面面：包括读书，也包括价值观，然后在全国二十三个省市，发了三千份。关于价值观的问题，里面有一道题目是这样说的：你是否同意这样的观点：人们的价值观不一样，但没有好坏对错之分。意思是说，今天这个社会，人们的价值观、是非善恶好坏，没什么区别，也说不清楚。猜一猜三千份问卷调查的结果是什么样子：回馈过来，将近百分之六十的人同意这种看法。也就是说，今天很多人，很多中国人，觉得在中国，是非善恶好坏很难说得清楚。这个现象意味着什么？意味着中国今天出了一个问题，我们称为：核心价值观失落了。

核心价值观有什么作用？大到一个国家，小到一个单位，靠什么把大家聚在一起？靠经济利益聚在一起，那么聚不了多久就作鸟兽散。靠法律，当然严刑峻法也能形成秩序，但这个秩序是外在的秩序。比如说没有警察，红灯时人就窜过去了。如果法律仅仅是一套外在的法律，不能化为你内心的那套价值，你就不相信这个法律是好的、是善的、是对的，那你就总会想办法去违背它。回过头来说，一个单位、一个城市，其凝聚力主要是要靠什么？靠一套价值观。也就是说，在最基本的是非善恶问题上，大家是有共识的。这样的一个社会，才是一个比较有秩序的社会。我举一个例子：公民的财产能不能得到法律的保护而不受侵犯？如果这套是价值观的话，是否能达成共识？一般情况下，大家都会同意，但是发生了突发事件：比如我们要保钓反日游行，有人砸车，砸中国公民开的中国生产的日系车，怎么办？这次 9 月 15 日，在西安、在青岛、在长沙，特别是在长沙被砸了三百多辆日系车。不仅砸车，把人都打伤了。但他却说：我是因为爱国。他提出了另外一种价值观：爱国。与"爱国"价值观相比，公民的合法财产不受侵犯就显得不重要了。你就看到，这里面会产生很大的分歧。也就是说，一个秩序是需要大部分人来遵守的。上海 9 月份也有保钓大游行，也有个别人手痒，一看到日系车也想去砸，结果旁边有很多老头老太太围观，说这个不能砸，这是人家的私有财产。

所以，你们看这些事件的背后，不仅是一个法律，更是一套价值观。这套价值观，有时候比法律更有效，因为有时候，法律是要靠警察、靠政府来维持的。但是，在有些特殊情况下，行政暂时会失灵，就是说它暂时起不了作用。那个时候，秩序就要依靠价值观。

我们把这个东西称为"心灵秩序"。社会有社会秩序，但社会这套秩序的维持，有时候要靠大家心灵共同遵从的价值来保证，这个东西是最有保障的。但是在当今中国，这个心灵秩序却发生了问题——"大乱"，甚至在一些极端的情况下，天地不容的事情似乎都能做了：牛奶里可以添三聚氰胺；做毒馒头；吃的胶囊是用皮鞋做的。这些过去觉得做了要断子绝孙、下辈子要下地狱的事情，今天都能去做。这就说明，我们现在的这套核心价值出现了问题。

核心价值出现了问题，它表现在哪里？从学术观点来看，主要表现在两个方面：第一个我们称之为——伦理的规范；第二个我们称之为——价值的信仰。今天我们谈伦理道德，实际上严格说起来，伦理和道德是两个既有联系又有区别的事。伦理指的是什么？伦理指的是人与人的关系，所以我们叫"伦理规范"，也就是说：人与人之间的关系都是靠一套规范来维持的。道德这个东西，有时候讲得通俗一点也叫伦理，但道德更确切地说，指的是个人道德，就是你个人要做一个什么样的人，你要过一个什么样的生活，你生活的意义在哪里，这和你个人的德行有关，和你信奉什么样的价值、有没有信仰是有关系的。

但是，这两个层面也有密切的联系。这几年，我们兴起了一股读经典的潮流。从于丹讲《论语》、讲《庄子》开始，大家都注重读经典。其实《论语》里面，讲来讲去就两个东西，一个讲"仁"，仁义道德的"仁"；第二个讲"礼"，克己复礼的"礼"。这个礼就是讲人与人之间的关系，就是我刚才说的"伦理规范"，而这个"仁"，讲的就是道德，讲怎么样才能成为一个有道德的人。所以"仁"与"礼"的关系，实际上也是一个道德和伦理的关系。

我讲这个只是想告诉大家，今天中国的伦理和道德这两个方面统统出了问题。第一个层面就是伦理规范，人怎么共同相处，那是需要有一套规则的。这个我刚才说，今天最基本的一套伦理是用法律来奠定的，但我说法律是一个外在的东西，是具有强制性的。这个东西我们能不能自觉地遵守，很重要的一条就是我们能不能去相信这个法律不是恶法，相信法律是符合我们的一套伦理规范。如果我们觉得这个东西不符合伦理规范，我们通常会不服气，只要不受惩罚，我们就会想尽一切办法去违反它。

所以一个国家，它要有秩序，不能仅仅靠法律，它要有一套大家共同的规范。

前两年，党中央提出来"八荣八耻"，试图建立一套伦理，但现在是不讲了。从这我们也可以看到，人不能没有伦理规范，一旦没有了这套东西，就会像苏州大思想家说的"亡国亡天下"。亡国似乎不重要，经常改朝换代，这个问题不大；但可怕的是"亡天下"，什么叫亡天下？他说："人帅相识，无仁无义"，这个世间不再相信道德伦理，而只去相信强者生存，谁有权力谁有金钱，谁就是统治者，大家都崇拜他。这样的世界我们称之为"丛林世界"，而这个天下就是"亡天下"，就是一个没有伦理道德的世界。

孟子也讲过，人与禽兽的区别其实就一点点。但恰恰就是这一点点，人才和禽兽不一样，这一点点是什么？就是人有伦理道德之心，人有恻隐之心。有了这一点，我们才与禽兽区别开来。动物是没有这个东西的，当然动物有本能，但是这个本能很有限。

那么这个东西从哪里来？按照儒家的说法，人天生是有德行的，有善恶观念的。现在的人一讲到"天"，就是一个自然的天。古代人讲"天"，那是令人敬畏的"天"，天是主宰着自己命运的，而且还相信"天"是有意志的。如果发生了地震，就是老天对我们有了不满，"天"代表着一种超越的力量。所以，是非善恶大部分都是从"天"而来的。过去我们老讲"天地良心"，良心和天地是相通的。儒家讲天的本质是什么："天"是有德行的。因为"天"有德行，天地和良心相通，所以人内在也具有德行，人必须要有道德地生活，才能生活得有意义，你才能有尊严并被人看得起，所以古代中国非常重视这个"德"，小人是不能太猖狂的。

但这个东西，到了二十世纪八十年代，特别是二十世纪九十年代市场经济以后，我们普遍地发现，它变得说不清楚了。不是说今天的中国人没有是非道德观念，大部分人内心还是有是非善恶的，在看到小悦悦倒在血泊里面，实际上也是有一些恻隐之心的，就是有些惧怕。而恰恰是这些惧怕，使得我们今天虽然内心有道德是非，但是这些道德是非变得不再是绝对的，而变成相对的。用一句话说就是"道德相对主义"，道德也要"灵活运用"、"看具体的场景"。在座的各位，大部分都是家长，我觉得家长在这个问题上最容易碰到困境。一方面我们要给小孩讲大道理，你要怎么样，不要怎么样，一些是非道德总要告诉他，但讲这些大道理是不针对具体情况讲的。一旦碰到具体情况，又要给他讲"小道理"了：你不要太傻，看到老太太就随便把她扶起来，你不要太轻易相信陌生人。中国老话叫作："害人之心不可有，防人之心不可无。"

所以，你们有没有发现，很多大道理和小道理是冲突的。一般情况下，我们都是在讲大道理，但到了具体的场景里面，支配我们行动的通常是"小道理"。这就是今天让我们感到非常矛盾和分裂的地方。我们不是没有是非观念，也知道老人跌倒应该要扶，知道有些造假的事情不能做，但很多"小道理"让我们原谅了自己，觉得有更重要的东西，似乎可以原谅自己。比如说，我在大学工作，大学前几年有一个教育部布置的任务，让从最一流的清华、北大到最一般的大学都觉得很犯难的事情：教学评估。评估这个学校好不好，教育部会派专门的评估团来考评你。怎么评估？它有一个非常"死"的标准，比如抽查学校学生的考卷。怎么抽查？看考卷里面有多少个钩子，里面有没有批语等。天地良心，过去大学里没管得这么严，一份考卷一定要有多少个钩子，写多少字的评语。现在评估团来了，怎么办？各个学校马上把档案里面的上万份考卷重新翻出来，动员学生一起"做假"，每人发一支红笔，按照要求重新加上去。老师、学生一边做这个事情，一边都在骂。我们称之为：制度性的造假。学校也觉得不好，但是觉得好像是为了更高的利益，为了我们这个学校评估能够得个优，能够通过考评，似乎什么都可以原谅了。这些事情又让学生觉得，只要你有合理的理由，什么造假的事情都可以原谅。所以我们可以看到，不是说大家没有一套基本的是非观，也不是良心都让狗吃去了，实际上今天我们是在用一套实用主义的方式来经营我们的道德观念。

这个根源来自于哪里？我认为其中一个根源是：有一个东西被搞乱了。1978

年以后，有一场真理标准的大讨论，提出"实践是检验真理的唯一标准"。这场大讨论当时意义很大，因为这场大讨论是针对当时有人提出的"两个凡是"，批判了教条主义，所以讲"实践是检验真理的唯一标准"。传达的思想是：没有什么是绝对正确的，最后都要由实践来检验是不是真理。这也和小平同志说的"猫论"有关，"不管白猫黑猫，抓住老鼠就是好猫"。"实践检验真理"这样一个原则，的确极大地推动了中国的思想解放、经济的发展，这个要充分肯定。但是，它也带来了一个负效应，它被庸俗化了。自此以后，中国人民相信这个世界没有绝对的东西，哪怕是伦理道德、天地良心，最后都要靠实践去检验，看灵不灵，对我有没有利。如果是对我有利的，什么都能干。所以你们今天看，从政府的思路到老百姓的思想，实际上都是活学活用这套道德伦理标准，所以这就是一个非常大的问题。

今天，我们反思这些问题，不是重新提出一套伦理道德。这个东西我们不是没有，虽然很多事情现在说不清楚，但最重要的是我们要反思到这个层面：今天有没有绝对的东西存在？今天这个世界有没有一套我们可以通用的价值和伦理呢？而且，在任何情况下，它都是第一位重要的，任何东西都不能违背它。如果这个东西没有的话，社会就很难建立一套核心价值。只有我们有敬畏，对一些善恶是非有敬畏，知道有些事情是不能做的，我们才能把这个东西坚持下来，我们的这套核心价值观才能真正建立起来。所以，今天我们来讨论核心价值这个问题，恐怕我们要讨论这些东西是不是绝对的，是不是要靠实践去检验。

制度建立：正派社会是我们可以追求的目标

在我看来，好的伦理需要一个好的制度。也就是说，要建立一套好的伦理，不能简单地靠说教，我在这里每天给你讲课都不行。与其说教，不如首先建立好的制度。所以，这里我重点要谈好的制度的问题。

2011 年"小悦悦事件"震惊了全国，因为这个事情太触目惊心了，似乎在拷问着每个人的良心。假如那个时刻，你经过小悦悦身边，你会不会去扶她一把，把她从血泊中扶起来？说实话，我相信，很多人恐怕不一定有把握说：我一定会像那个拾荒老太太那样去做，因为这里面有太多的因素需要衡量。比如有一个分析，分析拾荒老太太为什么会去救而前面那些人却绕道而行，说有两个原因：一个是拾荒老太太受的教育不多，知识不多，反而良心未泯，也不知道会带来什么后果，她就凭着本能把小悦悦抱起来；另外一个分析说，拾荒老太太一无所有，她也不怕被敲诈，所以她也没有什么顾忌。但是，对于一般人来说，想的就很多。所以这个事件出来以后，知识界有很多讨论，分为两派。其中一派认为：出现"小悦悦事件"，反映出来的是道德沦丧，主要是中国人最基本的，如孟子所说的"恻隐之心"没有了。孟子说人都有恻隐之心，你看到小孩掉到井里，你会本能地伸出手把他拉起来，这是不用去考虑的，这是人的本能，这是人和动物相区别的地方。这种观点主要认为中国的道德出了问题。

但是还有一种看法：虽然道德有问题，但最重要的是我们的制度设计有问题。

我的一个好朋友，上海交通大学法学院院长季卫东教授，他是放弃日本的教授身份，回来担任法学院院长的。他就提出一种看法：要把"小悦悦事件"和"彭宇案"联系起来看。"小悦悦事件"出现在广东，"彭宇案"出现在江苏南京——中国最早关于老太太跌倒的事件。我们一起回顾一下彭宇事件：彭宇这个年轻人下车的时候，看到一个老太太倒在地上，就把她扶起来，扶起来之后，又打电话给她的家人，然后还把她送到医院，给她垫了医药费。但之后，老太太却说，就是这个年轻人撞的，把彭宇告到了法院。被告、原告两边都没有强有力的证据来证明自己。最后法院做了一审判决：如果被告没有撞原告，在一般情理下，就不会把她送到医院，垫付医药费。所以，既然说不清楚，各打五十大板，彭宇承担一半的医药费。

这个事件出来以后，在全国引起了轩然大波。为什么会引起轩然大波？因为以后再也没有人敢做雷锋了。按照法理，谁告谁举证原则，原告这位老太太既然觉得自己是被这位年轻人撞的，那你要拿出证据来，你要有足够的证据证明是被告撞的；如果你举不出证，你有再多的推理怀疑是被告撞的，法院也会按照现行法律不支持原告的。但是，这个判决却是一个和稀泥的判决。按照它的说法，今天中国社会不可能有雷锋了，因为按照今天的社会常理，你不撞她，你怎么可能会去扶她？这个法理出来就不得了，意味着法律是不支持好人的、不支持雷锋的。你做好人、做雷锋，随时都有风险。所以季教授就说，这是一个非常坏的判例。彭宇事件出现之后，香港媒体就警告香港同胞到内地来时，不要滥用善心，否则就容易给自己带来麻烦。

所以你看，制度上如果出现问题，会带来截然不同的结果，会给伦理道德带来很大的变化。所以我想说：制度很重要。一个好的制度，会激发人内心的善，抑制人内心的恶。但是一个坏的制度，一个坏的法律、坏的判例却将是倒过来的。人心到底是善是恶？这个问题争了几千年，从先秦时代就开始争。孟子认为人性本善；但是荀子认为人性本恶。争了几千年，到今天都说不清楚。但是，现在大家一般公认，人性很难绝对的善或是绝对的恶。在人性当中，可以说既有善又有恶，一半是天使，一半是魔鬼，就看你处于一个什么样的制度环境里面。如果是一个好的制度环境，那么会使更多的人成为好人。但是在一个恶的、不好的制度环境里面，会让很多人成为恶人。

这样的例子实在太多了，"文化大革命"的时候，在一个极端恶的环境里面，很多好人就被迫成了坏人，或者自觉不自觉地成了坏人。有一件事情很多人一直想不通，1966年"文化大革命"刚刚爆发的时候，红卫兵打人，打的不是一般的人，打自己的老师，打自己的校长。比如1966年夏天，北京师大女附中的校长，一位女校长，就被自己的学生用皮带活活地抽死了。北师大女附中都是北京最优秀的女学生，这些女学生平时都是温文尔雅的，都是淑女，怎么突然到那个时候就像野兽一样，把自己的老师活活打死了？就像现在砸车是为了爱国一样，那个时候女学生也是中了魔，她相信校长就是恶魔、敌人，因为校长"反对"伟大领袖毛主席。所以她们是怀着对阶级敌人的仇恨、保卫伟大领袖的心态下了毒手。所以你们看，在一个坏的制度里面，它可以把人变成魔鬼，当然这是一个极端的例子。再比如说现在，社会制度松懈，某些政府部门执法不够严格。在这样的情况下，每个人都带着侥幸心理，觉得违背一下法律没有什么关系，甚至觉得可以通过某种方式搞定。在这样一个制度环境里面，会让很多人去冒险，去做常人不敢去做的事情。

所以，制度这个东西非常重要。只有好的制度才能把人性当中好的东西激发出来，而制度有问题的话，伦理道德也会出现问题。前两年重庆打黑，抓了五万人，近三万人最后没有查出问题，判了两万人，杀了十几个，大部分都是冤假错案。"打黑"时期的重庆，可以说是"人人自危"、"人人自保"、"相互揭发"。这种制度环境，使得人心为了自身利益变得很坏，什么伦理道德，都不再重要，自我生存最重要。

但是，如果整个社会比较良善、制度比较好，就使得大部分人能扬善避恶。如果你做坏事，你得到惩罚就很多，而且你还会被看不起。你如果做点好事，你会得到大家的肯定。所以，在这样的社会里面，好人就会比较多。

那么，中国为什么这些年经济是发展了，伦理道德问题却越发严重？我不想说，这是市场经济发展带来的。中国伦理道德的真正丧失，就像我举的"文化大革命"的例子，很大一部分原因来源于政治运动。1949 年到"文化大革命"，几乎每年都在搞阶级运动。这个运动搞到最后，人们相互之间不信任，互相提防，风气就是从那时候开始坏的，而不是改革开放以后才开始的。改革开放带来另外一个东西：人开始"向钱看"。之前政治运动带来的恶果又没有完全清除，这两个东西被叠加在了一起，就出现今天的现状，我们只是在还债，给历史还债。

相比较而言，同样是中国人，较少经历过政治运动的台湾和香港，人心和风气就显得比较纯朴和善良。我们举台湾的例子，今天很多人去台湾旅游，无论是自由行还是跟团，最大的收获绝对不是这个宝岛多么美丽。如果你纯粹去观光的话，我想说台湾绝对不如大陆。日月潭、阿里山等，如果是看自然风景，你最好不要去，这些真的是很一般。但是，台湾迷人的地方是什么？一是它依然保持它的草根性，它的乡村具有草根性。最重要的是，无论是城市人还是乡村人，都普遍比较和善。传统的东西没有断，保存下来了，人很纯朴、很热心。你在台湾问路，他会非常热情自然地告诉你，不像我们这里，很多人都是打发性地"往那边"就完了。我2011 年在台湾高雄开会，我要去看《海角七号》拍摄地，完了之后再回高雄，就在公车站等车。有一个人走过来招呼我，说可以坐他们的车走，又快又便宜。我知道在我们这里，那叫黑车。我说不用了，谢谢！就依旧站在那里等公车。他也不来纠缠我，不仅不纠缠，等公车来了，那个拉车的还主动对我说：你要坐的就是这辆车，不要错过哟。我听了就非常感动，因为一般来说，你不做我的生意，我也不会主动去帮你的忙。但是，那位"黑车"司机还主动告诉我应该坐几路，到哪里下车，我就觉得那个纯朴真的了不起。在我们这里，你不坐我的车，我也不提醒你车来了，让你错过，然后，你要再等一个小时才能等到下一班。

我举这个例子，是说一个良善的社会里面，它还保持着一种传统。所以你们现在去台湾，建议不要去跟团环岛游，说实话风景真的没有好到那个程度。你去办个自由旅行，慢慢走，也不会存在安全问题，你可以自由体会他们是怎么生活的。你会觉得那里是有人情味的地方。西方世界再好，但是它不是我们的国度，文化不一样；香港有法制，但香港人缺少人情味。

有一个分析说，台湾有了"民主社会"以后，人情关系就变得更紧密。不要以为民主给我们带来的只是一个"投票"，民主更重要的是，让你学会和别人相处。

这个城市是你的，这个社区是你的，你要成为其中的一分子。当发生利益冲突的时候，不是说一定要压倒谁，而是要学会和他人妥协，和他谈，最后找到共同点；如果碰到和你价值观完全不一样的，价值观没法谈，但你可以和他"求同存异"，寻找一些共同点，不同的地方就算了。学会和自己意见不同的人、有利益冲突的人、价值观不同的人共同相处，这就是民主。

我最早大概是十五年前去的台湾，那个时候跑到台北，那个乱，乱成一团。感觉这个台湾还没有上海好。现在每年去，台北就变得越来越有秩序，越来越文明，上海就没有办法和台北比。什么原因？台北的朋友告诉我，喜欢热闹折腾的，都来上海了，剩下不想折腾、喜欢安宁的留在台北了，所以台北变得越来越安静。这是一个原因，另外就是他们学会了民主。那个时候去，高速路上也乱糟糟的，和我们现在一样，也抢道。现在就非常有秩序，到了一个岔路口，两个道变一个道，自觉地一辆车一辆车汇合，没有警察，自发形成一种秩序。他们告诉我说，这是民主社会带来的。民主社会使得我们慢慢习惯不要靠政府，自己学会怎么和不同的人相处，遵守秩序。所以，我们说民主会带来一些好的伦理，使人心变得好。

美国有一个神学思想家叫尼泊尔，他讲过一句名言，前半句说：因为人心是恶的，所以民主是必要的；后半句说：因为人心是善的，所以民主是可能的。这就很深刻：我们为什么需要民主？因为人性很恶，每个人都不是上帝，如果他没有受到权力限制的话，就有可能作恶。所以我们需要民主，需要通过民主限制有权力的人，所以叫民主是必要的；而又因为人性是善的，所以民主才是可能的，人人都是坏人，那么民主也搞不起来。

我们说制度很重要，但是，好的制度是什么样的制度？我们先不说民主，因为民主这个要求还比较高，一个好的社会，即使没有民主，也需要一个最低条件："正派社会"。

何为正派社会？正派社会就意味着：在这个社会里，首先是制度正派。在这样一个制度环境里面，遵纪守法的人是受到尊重的，也是获得最大利益的；而一个经常偷鸡摸狗、违法乱纪的人，是要受到惩罚的。而一个不正派的社会是什么：法不责众，谁守规矩谁倒霉。你好好地排队，不断会有人排到你前面，最后你也忍不住了，也只能插队了。所以，你们去香港之后，你就会觉得非常有秩序。我1999年在香港工作过一年，我自己租了房子，在一个完全是香港市民的社区里面。因为离地铁站有一段路，有免费的巴士接送，我看到他们排队是一种本能，从小孩子就学起了。如果有两个人排队，那么第二个人一定是站在第一个人后面，而不会站在他旁边。当然，现在太多内地"表哥"去了后，有点乱了。前段时间发生的事件，导致香港人现在有一点排外了。但这个地方和内地相比，还是好很多。这就是我们说的一个正派的社会，实际上我们每个人都希望生活在这样的环境里面。

现在中国出现的问题是，要么缺少制度，要么有了制度却形同虚设。没有警察、没有城管、没有保安就不行。我们就像小孩一样，一定要有人管，我们才会变乖，一旦没有这些人来管，我们似乎就成了暴民。这是很可怕的，这说明我们这个社会不太正派。我们的制度有很多问题，这是我们首先要改变的。只有制度正派了，才能慢慢形成环境。上海城市人很多，上班的时候，地铁人山人海，挤成一团，我发现这两年有些变化。上海人民广场——上海市最大的地铁广场，每天有五十万人在那里流动，江阴城区差不多也就五十万人。一开始也乱成一锅粥，后来安排志愿者去做纠察，让他们排队，差不多强制性执行了半年，现在发现，大家都能自觉地排队，不再需要有人管。因为大家发现这个好，合作要比不合作好，就自发形成秩序。所以我们说，伦理这个问题，首先不是要呼唤，首先要靠制度的改革来改变现状。

现在我们的政府也很着急，也希望社会秩序好一点，想了各种办法。但这些办法有些是拔苗助长，老是通过一些运动式的方法，或者行政命令的方式来试图改变社会风气。比如"学雷锋"，每年3月5日学雷锋，动员所有的公务员、学生上街，摆摊擦皮鞋等。今年3月5日深圳公务员就上街擦皮鞋，结果舆论就一片哗然，说这个太做作。不是说公务员不能擦皮鞋，他自愿为大家擦皮鞋是他的事，你要动员公务员一天上街擦皮鞋，还不如其他三百六十四天对老百姓态度好一点，不要用那张衙门脸对我们。这完全是表演，是一个运动式的东西。那个老人院，平时都没有什么人，到了学雷锋日就人山人海，个个都过来了，都来做好事了，都来"秀一把"。周立波就有一个小段子，说3月5日那天扮成一个老太太，在马路边，就不断地被人扶过来、扶过去，扶过来、扶过去，最后扶累了还不行，还要扶，最后老太太跌倒了，就作鸟兽散，人都跑光了。3月5日不是雷锋日，是助雷锋日，帮助别人做雷锋。所以运动式的做法，就变得很虚伪，不仅不能形成正派社会，反而会形成更大的虚伪。

　　还有一种做法，就是通过行政手段。比如说评比文明城市、文明社区，设立各种各样的指标，从中央到地方都设有文明办，有一套庞大的文明指标。这个文明指标还是我的一个朋友、上海的一个教授设计出来的，他是中央文明办的顾问。我们发现今天完全变质了，政府的用意是好的，但是全都变质了。检查团来了，就人为地造假。前两天，我看到一则消息：居民抗议，说蛮好的一个院落，偏偏把垃圾搞成一地，然后还要拍照，拍完照就拍拍屁股走人了。后来查下来说，说是为了搞什么工作检查，要进行对比，要把干净社区和脏乱差的社区对比，原来脏乱差的社区忘了拍照，现在要补拍照，故意把你搞乱，搞乱以后还不给你收拾。

　　大家都在笑，我想你们都吃尽了文明评比的苦头。我要说一句话，这种东西，政府不要过于作为，政府在这种伦理道德重建上，在我看来，最重要的是要有一个制度。一旦形成制度，就不能选择性执法，也不能法不责众。不能说爱国游行了，动机是好的，那你就可以砸车。你再爱国怎么样，该抓的就抓，不管你有什么理由。这个在法治社会，无论在香港还是在欧洲、在美国，游行当中一旦出现打砸抢，不管你有什么样的理由，该用催泪弹用催泪弹，该用高压枪用高压枪，绝对不会忌讳，它是不考虑你的政治因素的。只有做到这样，法律面前人人平等，才能形成我们说的正派社会。

　　而所谓的作为，不是搞各种各样的运动、各种各样的评比，而是应该把它放给社会，让社会焕发出自己的爱心，焕发出自己的积极性。今天中午，我和你们图书馆馆长谈早上看到江阴很多志愿者，自发地在捡树枝。我们发现这两年，很多人愿意在周末、在业余的时间献爱心、做慈善，全国都是这样。我们应该鼓励，让更多的人出来做慈善、献爱心，鼓励社会上各种各样的志愿者组织，让更多的这样的组织有事情做，这才是政府需要做的。然而，当下社会，这一块做得还是不够。因为现在要成立一个社会志愿者组织，就要报批、要挂号，要找个"婆家"。现在只有广东在试点：报一个志愿社团，不用找主管单位去挂靠，只要民政部门审批就可以了。这是一个很了不起的试点，也得到了中央民政部的高度肯定，以后还要全国推广。你们知道做好事一定要自愿，比方说现在哪里地震了，要强迫捐款，还要从工资里扣掉几百块，你就很不高兴，是吧？也许你是愿意去捐这几百块的，但是说要强迫我做善事，好像有点变质。做善事是不能被强迫的，一旦被强迫，你内心就没有一种快乐感。这和你在路边看到一个乞丐，给他一块钱的感受是不一样的。你觉得自愿给的，就是被道德肯定了的。

所以政府在制度上要有为，但在具体事情上要无为，更多地让社会去组织，去做这些善事，体现出一种伦理道德。我刚才就说，在这个社会里面，人性有善的力量，这种善的力量一旦爆发出来，就有一种强大的动力。2010 年，静安区一把大火，烧动了每一个上海市民的心，后来就出现了自发地到废墟面前摆放鲜花的人。都知道上海这个城市比较洋化，大火之后，先是有一两个人模仿西方，到废墟前放鲜花，然后就有更多的人去放鲜花。那个时候微博已经有了，微博第一次体现它的组织力量，这就是十万市民献花的运动。后来很多的人，不仅是上海人，全国各地的人都觉得要通过这种方式表达自己的爱心，表达我是和这个城市、和遇难的人有一颗共同的心、共同的命运这样一种感情。最后有十万人非常理性地、和平地，甚至很优雅地，在音乐伴奏下，表现自己那种伦理之心，表现自己对一个城市同胞的关怀。这就意味着，这个社会本身有强大的爱心力量，只要有一个好的法律、好的制度。反过来，换到其他地方，说不行，你们要干什么，不要借献花之名，到处举标语，不要去搞，什么东西都被压住了。所以说，十万上海市民献花给了一个正面的东西，只要有一个良好的互动，实际上完全可以通过这个方式形成一个好的社会氛围。

个人道德："有所不为"是文明社会的底线

我们今天的确是面临一个不太理想的社会、不太正派的社会。我们怎么办？是不是意味着我们就毫无作为，也不该作为了？事实上我前面在举例子时已经提到，我们今天这个社会，"黑暗在弥漫，光明也在出现"。

我比较多地在媒体上写文章，特别这两年有了微博，我的微博有二十二万多的粉丝，觉得压力很大。因为他们告诉我说，上海《文汇报》的发行量都没有我大，都没有二十二万。我过去批判社会比较多，揭露社会的黑暗面，前几年对社会比较悲观，但这两年我是倒过来了，对未来中国特别是社会有了乐观的心态。我现在发现，中国社会一方面是在堕落，但另一方面是过去没有出现过的现象，现在也在扩散，就是好人越来越多，有爱心、做慈善的人越来越多。像这些年媒体报道很多的，杭州出现的一个"英雄妈妈"，不是自己的孩子从楼上掉下来，她却本能地托手去接。还有一个"英雄司机"吴斌，受了重伤还从容地把车停下来，后来医治无效去世了。还有比如前不久，广州有一个叫"凌志哥"的，开着凌志跑车，看到一个老人病倒在马路上，他停下车说我来出住院费，把老人送到医院。媒体要去采访他，他坚决不肯透露自己姓名，他说我不过是做自己力所能及的事情。这种雷锋式的人，现在越来越多，甚至说层出不穷。所以我们要看到这个社会：光明也在出现。

现在的社会对每个人来说，都有黑暗和光明两股力量，就看你跟谁走。跟着黑暗一起沉沦，还是跟着光明一起前进。2008年汶川大地震，我认为这是一个转折点。对于汶川大地震这个事情，我相信所有中国人当时都被震撼了。每个人都觉得我们中国同胞死了那么多，每个人都有恻隐之心，都觉得自己应该做点什么。很多志愿者自己是公司老板，开着车从江阴，从我们江南出发到四川，运去了大量救援物资。更让我们感动的是，四川汶川地震中塌了很多学校，到现在都不知道死了多少学生，就是这塌掉的学校中，像北川中学，当时我们温总理去了四次。在这些学校中，出现了好多可歌可泣的事迹，有些事恰恰是那些普通老师做的。我们知道，老师过去是很受大家尊敬的，今天老师从某种意义上都被很多人嘲笑、看不起。教授被称为"教兽"，抄袭、奸污女学生、还要拿红包等，家长对老师有很多看法。但是恰恰在北川这个重灾区，我们看到了很多老师，在学校房屋快要坍塌掉的那一刻，本能的反应是像母鸡保护自己孩子一样，把孩子塞到自己讲台下面，然后用自己的身体护住这些小孩。这些老师有的最后压死了，小孩保全了。还有一些女老师，平时弱不禁风，地震来的时候，却以一种惊人的毅力扛住门框，让学生从她下面钻过，最后自己却被压在废墟里面。

我那个时候看了一档节目，是陈小楠采访北川中学幸存老师。一个老师特别打动我，他妻子也是这个学校的，他儿子也在这个学校读书，也被压在废墟里面，他的第一反应不是去救自己的妻子和儿子，而是跑到自己的教室里面，要把自己班级里面的孩子救出来，那种境界你很难想象。后来我记得那个陈小楠就含着泪水问这位老师说，你怎么能够做到？因为能做到这样就像耶稣、像圣徒一样。结果这个老师就淡淡地说一句：我们都习惯了，我们都把学生当作自己的孩子。这句话很打动我，北川中学是这个县最好的中学，学生都是住读的，基本上一个月才回家一次，老师、班主任和学生是同吃同住同学习，这个感情就不一样。在座的有部队的同志，你们在部队服役以后感情也很深，因为大家训练食宿都在一起，大学里面的同学也是因为住在一起，所以有感情，如果不住在一起，这个感情是很淡的。所以他就觉得对学生像对自己家人一样，这个反应是本能的。

很多人都说，现在这个社会，人与人的关系就是一个市场关系，互相利用、互相交易。这样的社会需不需要，当然需要，但除了这个社会以外，我们毕竟还需要另外一种社会。在这种社会，人际交往不是为了某种利益，相互之间是有感情的，是有人格互动的。或者说，我们把一些本来是同事、师生的关系，发展成更有感情的关系。那种关系一旦出来以后，我们就称这个社会为伦理的社会、"熟人社会"。在"熟人社会"里面，人与人之间的相互关系，就和陌生人不一样。过去儒家就讲，道德就是推己及人，就是说你对这个天下的好是怎么个好，是你从自己的亲人开始的。所以儒家说：爱有差等。儒家并不认为你对所有人的爱都是一样的。只有墨子是讲：四海之内皆兄弟，天下的爱是平等的，叫兼爱。因为墨子那个时候要打仗，就像我们部队一样，要兼爱，四海之内皆兄弟，爱不能有差等。但孔夫子深知，生活中做不到这个，我们不是一支部队，有这么高的组织性、纪律性，毕竟对自己家人的爱、熟人的爱要超过陌生人，所以爱是有差等的。但孔子也说，你要尽可能地把自己的爱心扩大推散出去。什么是爱心？爱心就是"仁"。我刚才就说，儒家讲"仁"和"礼"，"礼"就是一套伦理秩序；仁者爱人，"仁"就是你爱别人，就是你最大的德行。所以你的爱心推得越广，说明你的仁心越厚。

所以，从北川中学这么多老师能做到这"仁者爱人"，我也在想，如果我的大学学生遇到地震了，我也肯定不会像范跑跑一样，马上就蹦出去，我想我不会这么烂的。我肯定会招呼一声，带着学生一起跑，我相信我能做到。但要我扛住门框，我真的不敢说我有这个觉悟，虽然我也希望我能做到，但那一刻不是由你的理性主导，那一刻纯粹就是一个本能的事情。但是如果你真对你的学生有这份爱的话，那就会有本能，就像父母保护自己孩子一样。

所以这个东西就和伦理有关，从这点来说，我们今天中国，不能说所有关系都要建成一个伦理关系，这个不可能。但是我们每个人，都不要这么功利，要相信人心当中还有很多东西不是讲功利的，我们要给自己留下一些伦理的空间。如果更多的人有这种伦理意识的话，我们的社会就会更美好。虽然你做不到对所有人，至少你可以对一部分人做到这样。比如超市就很难做到，你很难想象，一个超市营业员扛住门框，让顾客一个个出去，这样的要求太高。因为都是陌生人，很难做到这点，能招呼一下就不容易了。但在一个"熟人社会"里、一个"亲人社会"里，你就很容易做到。所以我希望，如果更多的人，待自己的邻居就像待自己的亲人一样，待自己一个城市的人，就像待自己的邻居一样，那我们这个社会就变得更可爱了。

刚才我说到台湾，为什么你去台湾会感到人情味？因为他们对每一个人都像是对待熟人一样，比较热情。这个热情也不是过分，过分你也吃不消，它非常自然，所以它有一种天然的东西在那里。对于伦理社会，有一次我对学生讲：爱国很容易，爱自己邻居很难。爱国太容易了，喊口号，政府突然让我们去游行了，我们就去游行。但爱自己的邻居很难，今天我们都住在标准的房子里面，一梯三户，各自是独立的。很多人住在一起好多年，邻居姓什么不知道，做什么职业不知道，家里几口人也不知道，邻居就是陌生人。我有一位朋友，是清华大学年轻的教授，从美国留学回来，住的是北京的电梯房。她说在国外，邻居见到面至少打个招呼，微笑一下点个头。美国更是热情，第一天搬来，家具还没有进门，马上就有人跑过来介绍自己，问有什么需要帮助，并告知电话等，邻居之间的关系特别得好。后来她回到中国，等电梯的时候，邻居来了，她向邻居微笑一下，发现大部分人不理她，像没有看到一样，甚至觉得这个女的有什么问题。久而久之，她自己也变得冷漠起来。如果，中国人现在能做到爱自己邻居，爱自己一个城市的人，爱自己的同事，我觉得这要比爱国更重要。钓鱼岛很重要，但如果说我们把自己的家园都变得很亲切，我想这同样是很好的，甚至是更重要的。因为对于钓鱼岛我们暂时还无能为力，做不了更多，但是我刚才说的这些事情，都是我们力所能及的。

今天这个社会伦理道德的重建，我们都是参与的一分子。我有一个朋友，是北京的一个学者，他讲过一段话。说"中国就是你的脚下，你是什么样的，中国就是什么样的"。这句话的意思是：我们不要老去抱怨中国怎么样，中国人怎么样，好像自己根本不是中国人，自己和中国无关。你真正能够接触的中国，是和你生活相关的那部分，如果你能把和你相关的这块土地、这块空间，多多少少地改变一点，你就能影响周边的人，那你所生活的中国，就变得比较光明、比较温暖、比较有人情味。

你不要去管另外一部分中国是怎样的，因为这是你无法改变的。前两年网络一直流传我一句话，这是我十年前接受记者采访时讲的：我不能改变这个世界，但我能改变我的课堂。我写了十几年的文化评论、社会评论，2004 年被评为"中国五十个公共知识分子"之一，公共知识分子就是经常对各种社会问题提出批评和质疑的人。后来我发现好多问题批评了十年，都没有解决，有些问题还变本加厉了。我真的觉得很无奈，其实你能改变的东西是很少的，你不要觉得你能改变世界。但是有一个东西你是能改变的，你多少还是有一点权力的，有权力你就去改变你拥有权力的那个小空间。

比如说我是个老师，我能改变我的课堂，那我就要用我的言论、我的行动去影响、改变我的学生。为人师表，与其说得很多，不如自己去做。有时候我发现，在学生面前不能乱讲话，有时一句不经意的话，学生要记一辈子的。这不是虚伪，你要知道，有时候自己不是好人，但要假装做一辈子的好人，到最后你一定是个好人。如果你在单位里是主管，那在这个部门，你能说了算；回到家里是家长，多多少少也都有属于你的空间。如果你力所能及做一点你觉得好的东西，世界就会因为你而改变一点点。

所以最近我总喜欢讲一句话："与其诅咒黑暗，不如点亮蜡烛。"

与其发很多牢骚，埋怨社会多么不好、多么不公平，还不如做一些点亮光明的事情。因为发牢骚真是太容易了，现在我们的学生牢骚很多，觉得社会很不公正，认为这个社会是个"拼爹"的社会，"我爸是李刚"才行。毕业出去后，对社会充满着仇恨。现在不要说社会底层的人，现在连学生都对社会充满着仇恨，我觉得很可怕。但他们一边在诅咒社会，一边比谁都愿意去适应这个社会，投身这个"黑暗"，这让我很吃惊。我也和他们讨论这个问题，他们说：老师，我们现在还没有权力，我没办法，什么时候等我有权力了，什么时候我再来改变。后来我就对他们讲，等你有权力了，你心态更不平衡了，更不会改变了。因为到那个时候，你永远会觉得比你有钱的人更多、有权力的人更多，你越感觉到耻辱，越感觉到自己要往上走，你就更不会去改变。改变和你处在一个什么位置并不矛盾。我们在想，把小悦悦抱起来的竟然是个拾荒老太太，她有什么权力？她有什么钱？她更不会去想，我把她抱起来她会讹我。所以说与其去诅咒黑暗，一天到晚在微博上发牢骚，真不如实实在在做点好事。现在，我觉得微博上的牢骚太多，人心都很不平衡，能把你十八代祖宗骂一遍。骂政府、骂名人，整个社会充满着牢骚，充满着戾气，甚至充满着仇恨。一个充满着仇恨的社会，不会迎来光明，只会更黑暗。就像历次农民起义一样，你以为李自成进城后会怎么样？会更捞一把，捞得更狠了。

所以，与其说这么多的诅咒黑暗的话，不如多做点建设性的工作。从自己做起，能做多少就做多少，不一定非做惊天动地的事业。看到老人跌倒，你不敢扶也是正常的，但是你能给110、120打个电话，也是你力所能及的。或者在公车里面，看到老人你能让个座，人家问路你稍微热情一点。到江阴这么漂亮的地方，要去江阴图书馆，你就多指点儿路，就像你的亲戚问你一样，不是说"往南走"、"拜拜"就好了，稍微详细一点，这是你能做到的。这些事情你能做多少就做多少，这也是我们改变这个黑暗、重建伦理道德应该做的。当然，个人能力有大小，也要看机会，虽然日常生活中有很多机会，这个东西也不能强迫做，不能强迫做善事。不能因为我做了，你没有做，我就批评你，我就有道德优越感，这也是很可怕的。

这两年我一直持这样一个评价标准，我越来越发现，看一个人不能只看他有所为，儒家也说"有所为，有所不为"。一个人能力有大小、觉悟有高低，你不能强求，强求很可怕，最后只能产生虚伪。我觉得还有一个重要标准，就是"有所不为"，也就是说：有些伤天害理的事情是不能做的，你内心觉得不对的事情就不要去做。

那么"不能做"有两种情况：一种不做你代价很大，你被强制了，你非做不可；但很多情况下，没有人强制你。现在太多的人，觉得这些事情无所谓，就做了！中国作家协会副主席、上海作家协会主席王安忆，是我非常熟悉的朋友，我们经常在一起吃饭、开会，从来不谈政治，我也从没有记得他有批评过谁，批评过任何社会黑暗的现象。她做到了一点——"有所不为"。无聊的事，和自己内心信念不相吻合的事，不去凑热闹。

今天有很多事情，我称为"底线被突破"，伦理的底线、道德的底线被突破，今天中国的社会伦理道德的很多问题，还不是做好人的问题，是底线不断被突破的问题。明明不能做的事情：抄袭、造假、黑药、陷朋友于不义等，今天都被突破了，以某种理由名义被做了。我说今天一个很重要的事就是，大家能做多少好事算多少，但绝对不是一个普遍的要求，你不做也可以。但是如果有更多的人觉悟到：有些事情不能做，有所不为的话，我们这个社会就会变得很"正派"。有所不为是非常重要的，这是一条做人的底线。所以，这个重建伦理道德，讲起来很大，但讲到最后，都是涉及每个人最基本的做人。

所以今天的讲座，我们也不要讲太多大道理，不发太多牢骚，我只是把我这几年的心得和大家分享。我拿我刚才讲到的一个北京的朋友的话和大家共勉，"你是什么，中国就是什么"。我们期待什么样的中国，就按照这样一种期待来作为。如果有更多的人这样做，我们将会给我们的下一代留下比我们要好得多的生存环境和道德环境。

亲子沟通的艺术

吴文君

各位尊敬的家长，大家下午好！

今天之所以站在这里，是因为我跟各位一样都是孩子的家长。只是我比较幸运，我的孩子成就了我，成就了我们夫妻二人。但这个"成就"的意思是：当我在准备孕育一个孩子的时候，我是满怀期待的；当我在陪伴孩子长大的时候，发现当年那个女孩，重新又长了一遍。当然，我是学心理专业的，学亲子导师的，这让我有机会用又专业又智慧的母亲身份，去看我和孩子的关系。

今天讲课的题目是"亲子沟通的艺术"。我知道这个题目很大，绝对不是两个小时就可以跟大家分享完的。那我就站在一个特殊的角度——孩子一生成长的角度，来看一看作为父母，到底应该以什么样的身份跟孩子沟通，用什么样的角色陪伴孩子成长。

　　我看到来听课的有年龄大的，我猜是爷爷奶奶。我的亲子导师训练班里，年龄最大的学员是六十五岁，年龄最小的是十七岁。大家会好奇，你都没有结婚，自己还是孩子，为什么要学亲子导师？那个年轻人说："我有一天会做父母，我希望早一点学，将来让我的孩子不至于成长得像我这么痛苦。"所以，你会看到时代已经发生了改变，人们提前准备的这种心愿已经很强烈。对于年纪稍长的老人，问他为什么来学？他说我已经错过了跟我的儿女培养亲子关系的黄金时间，现在我不想在我的孙辈身上出现当年的遗憾。

　　有人说，中国的孩子很辛苦，这个辛苦实际是从幼儿园就开始了。大部分孩子没有压力是在幼儿园之前，因为我们看着自己的孩子都是宝贝，怎么看都好。送到幼儿园后，老师就要每天跟你报告：你孩子今天不乖，你孩子太闹了，你孩子太吵了。父母就开始焦虑。父母的焦虑就会转嫁给孩子，就会要求孩子应该怎么样，孩子就开始有压力。幼儿园的压力还是小的，真正的压力是从小学开始：关于分数的比较，关于行为的比较。所以常常有爸爸妈妈说，我天不怕地不怕，就怕老师打电话。老师说今天的作业是哪些，回家要陪他写作业，老师说你孩子在学校哪些做得不好，孩子今天又犯了什么错误。很多父母说看到这样的短信就很无奈，假如我会教育他，就不会送给老师，可是老师又把自己的压力转嫁给了我。特别是在六到十二岁孩子的整个小学阶段，也是孩子青春前期这个阶段，尤为突出。

　　我们常常跟父母分享，假如孩子在六到十二岁阶段，跟父母有很融洽的亲子关系，孩子的青春期会度过得比较顺利；假如十二岁之前父母跟孩子关系逐渐开始出现冲突的话，很多孩子到了青春期就会变成父母的困扰。

　　孩子在十二岁到十八岁阶段时，父母常常会感觉到，孩子越大越不听话。孩子越大，你好像越难控制他，觉得他跟你越远了。所以常有父母说，我回到家想跟他说话，可是他说烦着呢，别理我。然后看电视吃饭，回到房间把门一摔，告诉父母写作业了，不要管我。父母就很着急，不了解孩子的情况。通过手机去查他的短信，偷着进了他的QQ。假如孩子知道就会更加愤怒，关系会越来越僵化。所以很多青春期孩子的父母，似乎显得更焦虑一些、更无力一些。假如是这样，我们又该怎么办？

　　孩子上了大学，你满意吗？有的家长点头，觉得很满意，有的家长说我也不是很清楚。跟十八到二十五岁的孩子的沟通，就更加特殊，因为他已经完全是成人了。你完全不可以说"你应该怎么样……你就得怎么样……"你只能说的是"我的意见是……你的意见是……每一个意见都有它的优劣，你做选择，你承担结果"。

　　讲座前，我跟宫馆长交流，他说了一段很经典的话。他说我们中国人很习惯去等待，还没结婚的时候说等到找了对象就好了，找了对象说等结婚就好了，结婚了说等生了孩子就好了，生完孩子说等孩子上小学就好了。小学有小学的烦恼，说孩子上中学就好了。然后孩子到了初中、高中，又考了大学，毕业、结婚，我们说等孩子结婚就好了。很多父母又开始主动地说，我要替他带小孩了，等把孙子带大了就好了。然后发现我们已经老了，很少有机会很开心、简单、轻松地去陪伴孩子。这个时候父母就有一个矛盾的心理，一方面盼着孩子长大，一方面不舍得孩子长大，或者心里不愿意孩子长大。

　　我这样说的时候，我很想让每一位听众朋友能够静下心来，做几个深呼吸，闭着眼睛，想一下说到你的孩子，在你心里假如有一张照片的话，看看那是几岁的孩子？

　　（互动一）

　　吴文君：这个妈妈愿意告诉我吗？

　　听众：我现在还想不出来。

　　吴文君：孩子几岁呢？

　　听众：孩子六岁。

　　吴文君：六岁的孩子在妈妈的心目中，现在还找不到一张照片是吗？

　　听众：最先想到的，还是手机上一直放着的女儿的照片，五岁。

　　吴文君：六岁的孩子在妈妈心里能够出来的照片是五岁，这是一个答案。

　　（互动二）

　　吴文君：这位妈妈呢？

　　听众：你好，他现在是五周岁。我脑海中想到的是他最近的一些比较欢乐的样子。

　　（互动三）

　　吴文君：这位爸爸呢？您的孩子几岁？在您心中那个孩子是几岁，或者几岁的画面？

　　听众：应该是四岁。

吴文君：现在几岁？

听众：现在六岁。

（互动四）

吴文君：这位爸爸，您孩子几岁？

听众：我儿子一年级，八岁。我有两张照片印象特别深，第一张是他很小的时候很胖很胖，大概是在七八个月的时候，在沙发上，夏天的时候；然后是幼儿园骑自行车的时候，那个时候有五六岁了，已经会骑自行车了。

吴文君：我问到了这几位爸爸妈妈，大家听到相似的答案了吗？听到什么了呢？

听众：总是比实际年龄小的时候。

（互动五）

吴文君：我们心目中的孩子总比他的实际年龄小，这背后是一个什么样的原因？我们天天陪着我们的孩子，一方面我们盼着他长大，早点上学，可是在我们心里却停留着一个很小时候的照片。想问问这位爸爸，您觉得这背后可能是什么原因呢？

听众：我说不清。

吴文君：说不清，能不能告诉我您的答案，孩子现在几岁？在您心目中孩子经常跳出来的画面是几岁？

听众：我孩子十四岁，现在跳出来的画面经常是他幼儿园的时候。

吴文君：孩子的生理年龄一直在成长，可在父母的心里，孩子一直很小，起码比他实际生理年龄要小。停留在这个年龄不是好事吗？说明我们的孩子年轻。可是这里边就有一个沟通的问题。什么沟通的问题？父母是要跟孩子沟通的！父母用什么样的眼光去看孩子？父母用什么样的身份去看孩子？这就一定会有不同的沟通状态，大家懂我这句话吗？

现在我们跟旁边的朋友做一个练习，同样的一句话，把对方想象成三个不同的人来跟他说。"我想请你帮我一个忙。"就是这样一句话，第一，把他想象成你的领导，你去跟他说这句话；第二，把他想象成朋友，去说这句话；第三，把他想象成幼儿园的小孩子。大家来试一下，两个人互相都要试，然后我会问大家有什么样的感觉。

（互动六）

吴文君：好，问一下有什么不同？

听众：对领导肯定是很尊重的。

吴文君：对领导很尊重，同样的一句话，你好像说得就很认真、很紧张。

听众：对朋友比较友好、亲切。

吴文君：对幼儿园的小朋友呢？

听众：对小朋友就是像命令式的了。

吴文君：怎么说的？三句话试一试，对领导怎么说？

听众：您好！能不能帮我一个忙？

吴文君：大家听到口气了，是吧？还多了一个词"您好"。第二句话，她是你的好朋友。

听众：能帮我一个忙吗？

吴文君：不一样了，对不对？第三句是一个幼儿园的小朋友。

听众：喂，过来，帮我一下。

吴文君：好了，我不问其他朋友了。

同样一句话，把对方看成谁，就会有完全不同的说话方式。假如你的孩子已经像刚刚那位爸爸说的十四岁了，可是在你心目中他还是幼儿园的时候，你对他说话会是什么方式？一定是像发布命令。他已经十四岁了，跟你差不多高，甚至比你还要高，你跟他说话还把他当成幼儿园小朋友，对方听起来会是什么感觉？爸爸的口气，"能不能帮我一个忙"或者是"过去把那个东西帮我拿过来"。十四岁的孩子，他在这个年龄已经开始对抗了，假如这样的话，孩子跟你的沟通肯定会有困扰。

刚刚我问到了六位爸爸妈妈，都有相似的情况：脑海中的孩子比实际年龄小。我们的父母常常落后于孩子的成长。孩子已经长到某个阶段，对于他这个时候的心理需要、他的心理特点，父母往往不懂，我们还停留在对小朋友的那个教育方式上，沟通状态还停留在幼儿时期。所以，就会看到孩子年龄越大越觉得父母不懂我，不了解我，"跟你说了也没用"，"反正你也听不明白"。所以我们常常看到，第一，父母落后于孩子成长；第二，父母会在内心中不希望孩子长大。这个尤其对于独生子女的父母来说是一个很深层的心理问题。孩子长大，就意味着我老了；孩子长大，要离开我，要出去读书，要独立生活了，意味着我变孤单了。这个对自己来说难度太大，我宁愿不要孩子长，继续留在身边。

所以，我接触的很多心理来访个案，都有相似的问题。一个中学的老师，很有能力的女老师，二十九岁了还没有嫁人，她说没找到合适的对象，我说真的没有合适的吗？她说开始有，爸妈不同意，他们都说这个不好、那个不好，一大堆理由，最后我年龄就慢慢大起来了。有一天我爸爸说："哎，不找对象也挺好的，我们三口人继续过。"这个爸爸后来说了一句："不管你长到多大，在我心中都是抱在怀里的那个宝宝。"当这个女老师跟我说这件事的时候，我说你要小心，假如你听你爸爸的话，这辈子嫁不出去了。因为爸爸在内心里用一种无形的爱把孩子控制在他身边，让孩子没有勇气和力量走出家门。

　　另外一位非常漂亮的女孩，在单位里工作干得很出色，也是到二十六岁都没结婚。父母开始非常着急，就到处为她找对象，最后终于给她找到一个男朋友，说这个什么都好。结婚不到一个月，妈妈带着女儿把新房砸了，带着女儿回家，说咱们不跟他过了。回到家，这个女孩就继续跟妈妈睡一张床，因为从她六岁开始，爸爸妈妈关系不好，女儿就跟妈妈一起生活，躺在一张床上，生活了二十年。当女儿嫁出去之后，妈妈突然觉得，女儿一个人会不知道如何面对那个不喜欢的男人。妈妈很痛苦，最后有意无意地制造很多事端，说这个女儿的丈夫怎么样不好，调唆女儿。女儿很爱妈妈，母女两个去把房子砸了之后，回来继续跟妈妈生活。这样的案例在现在独生子女家庭中越来越多，所以我们要小心。

　　第三个特殊案例是我一个同事。前几天我们在聊天，她说她家有一个房子太小，只有两个房间，想卖掉。我说没关系，女儿出去读书，你们夫妻两个房间够了。她说："不行，缺女儿一个房间。我那套别墅是最好，每个人都有自己的房间，还有书房，还有儿童游戏房。"我说："咦，你不会是要再生一个吧？"她说："不是，我要女儿嫁回来跟我们一起生活。我这个别墅够大，将来一家人生活在一起。"我问她："为什么女儿要跟你一起生活呢？"她说："热闹呀，将来女儿生了孩子要帮她带孩子，在房间里跑来跑去都可以。"我问："你女儿愿意吗？""那个我不在乎，反正我就一个，我要她跟我一块住的。"我说："你知道你女儿的男朋友愿意吗？""有什么不愿意？有他吃有他喝，我伺候他，他还有什么不愿意？"她也是学心理学的，我让她从那天开始断掉这个念头，因为你要给你孩子独立生活的空间，你不可以把女儿的未来捆在自己身边。我很认真地讲了一些案例，最后她深有感触地说："哦，那我要想想，看看这个房子怎么安排。"我说："假如你爱女儿，可以把这套别墅送给她，留一个房间你偶尔住一住。或者她有条件，买一套别墅给你留个房间，你到她家去做客。但你不可以让你的女儿全家人住到你的家里，假如这样的话，后边会有很多矛盾。"

　　有这样心态的父亲母亲太多太多，这也是今天想跟大家分享的：孩子长大了，你真的准备好了吗？我在苏州做心理咨询，看到有一些孩子要出国，考托福总是考不过。平时测试可以考很高分数，一到需要拿分数的考试总是差个几分。有的孩子就会来做咨询，我每次都会发现一些特殊的现象。孩子是有学习能力的，之所以考不出去，是他内心不想离开妈妈，不放心他的爸妈。因为他觉得妈妈很弱，爸爸越来越老了，他内心就会很矛盾。一方面很渴望出去，一方面害怕父母没办法照顾自己。有一个孩子考了七次托福，每次都差一分，他自己也说我再考就疯了，他的同学都读大二了，他还没出去。所以那个孩子来的时候，我说你真的想出去吗？他说我除了出去没有路了。我说我觉得你是不想出去，你放得下妈妈吗？他眼泪就掉下来了，他说我妈妈一直说"我真的不想让你走，我真的不希望你长大，我真的害怕你走了之后我很孤单"。妈妈就用这样的方式在缠孩子，把他捆住。

　　父母不想放手孩子，孩子不忍心放下父母，这就会变成一种纠缠的关系。我在一些案例中发现，很多孩子成就了父母对他的期待，爸爸妈妈觉得他很天真、很可爱，他就永远天真。我们很多父母一边说着"你那么幼稚"，一边又欣赏他的幼稚，这个孩子就越来越幼稚。很多父母在别人面前做各种各样的评价，说我们家孩子很天真、很纯洁的，父母都这样期待，孩子就按着父母的期待去长。

　　所以，假如你对孩子的成长情况还不是很满意的话，也请你检讨一下，在你心目中，你的孩子的生理年龄和他的心理年龄是一样的吗？你孩子的生理年龄和他的心理年龄是完全匹配的吗？每年高考的时候，有一些孩子考得不好，很重要一个原因是不想到外地去，不想离开爸爸妈妈。这个问题让很多父母非常痛苦，想让他去好的学校，可是这孩子走不出去。为什么？父母舍不得他，这是一个深层的心理状态。所以，刚刚很多爸爸妈妈做了一个简单的测试，你就发现，在你心目中你的孩子长大了吗？你盼望他长大吗？

　　还有一些爸爸，在儿子青春期来之前，采取"你来挑战我，我要压下你"的策略，所以父子俩变成了一个矛盾斗争的状态。要么就是爸爸很强把孩子压住，要么就是孩子很强把爸爸压住。假如是这样的话，你就很难真的让孩子顺利地度过青春期。假如爸爸能够回想：我十二岁的时候是什么样子，我那个时候希望我爸爸是什么样子。如果爸爸能够有事情跟他商量，有事情跟他讨论，也许这个孩子就会跟爸爸一起顺利地度过青春期。所以，我们作为爱子心切的父母、望子成龙的父母、望女成凤的父母，要问自己，孩子长大了，我准备好了吗？

孩子从出生到他二十二岁，这一个阶段被心理学上称为儿童期。大家注意，心理学上的儿童期很长，我们一直以为儿童期就是六岁以前，不是的。从出生到二十一岁或者二十二岁这一段都叫儿童期，对于这一阶段的孩子，先要明白他面临什么难题，才能知道在重要的问题上怎么样可以帮助他。孩子成长面临什么难题呢？孩子最在乎的就是父母的关系和谐、亲子关系和谐，一家人相亲相爱。

互动七（听众1——妈妈，听众2——爸爸，听众3——孩子，听众4——第三者，听众5——未来）

吴文君：好，这位妈妈你的孩子够大了，是吧？

听众1：二十。

吴文君：请你帮忙可以吗？一个家庭最初的单元一定是从两个人开始的，这个是妈妈。我再请一位客串一下爸爸（听众2），或者现在还不是爸爸，只是一个男人和一个女人的关系。现在两个人准备结婚了，大家猜一猜他们会是什么样的站立位置？或者相处时，什么样的姿态说明他们两个比较相爱？

手牵手，你可以挎着他的手臂。所有的夫妻在结婚的时候，大概都是希望长长久久、白头偕老的。所以，最初都有这样一份甜蜜和亲密的关系，但是有一些事情会发生变化，我就请一位年轻一点的。（听众3）

他们家来了一个第三者，这个第三者是谁？孩子。孩子来了，在这个家中应该站哪个位置上？她在妈妈这边是一种，在爸爸怀里又是一种感觉；站在父母前面是一种，并排站又是一种。还有什么站法吗？孩子在后边，她搂着爸爸妈妈，你们来体验一下。现在已经有好多不同的位置了：在妈妈右边，在爸爸左边，在他们的前边，在他们中间，还有在后边，我想问问这个孩子，在哪个位置感觉最舒服？

听众3：可能在妈妈旁边我舒服一点。

吴文君：妈妈呢，觉得怎么样？站哪里舒服？感觉更好？

听众1：在前边好一点。

吴文君：问问爸爸。爸爸感觉怎么样？哪里最好？

听众2：我还是觉得孩子站中间比较好。

吴文君：他觉得站中间比较好，大家发现了吗？两个人的关系好相处，出来第三者就复杂了，每个人的感觉都不完全协调。孩子觉得跟妈妈站会好一点，爸爸觉得站这边好一点，妈妈会觉得站前面好一点。那么我们要知道对于一个家庭来说什么叫幸福，幸福是每个人都感觉好。可是现在他们没找到每个人都觉得好的位置，那怎么办？一直变动，怎么变？

听众3：譬如说我站这儿一会儿，然后妈妈觉得舒服的位置我再站一会儿，通过我的变动来让大家都觉得舒服不就可以了。

吴文君：听到这个话，这个家谁最累？她为了成就父母，一会儿站这儿，一会儿站那儿。她真正恰当的生命的位置在哪里呢？站在后面感觉怎么样？搂着他们两个感觉怎么样？

听众3：是最不舒服的位置。

吴文君：好了，孩子站在妈妈身边，我问一问爸爸的感觉。爸爸，孩子在那边，你感觉怎么样？

听众2：好像有点疏远的感觉。

吴文君：孩子这个时候跟妈妈在一起，爸爸就会觉得疏远，疏远之后想怎么样？

听众2：希望她靠近一点。

吴文君：只是希望，好了，爸爸有这个心意，说她离我太远了，我希望她靠近，听到爸爸这么说，孩子感觉怎么样？

听众3：那尽量靠近爸爸。

吴文君：听到吗？她为了成就爸爸，要尽量靠近他。这么懂事的孩子，这个妈妈在夸她。我们在夸孩子懂事的时候，我想听听你感觉怎么样？

听众3：当然如果妈妈也开心的话，那我懂事这个角色让我也很舒服。

吴文君：为了让我妈妈舒服，我愿意承担这个角色，我自己感觉怎么样呢？

听众3：好像都不会第一时间考虑到自己的感觉。

吴文君：所有的孩子都在考虑父母的感觉。好了，爸爸，他也没有动，孩子没有动，太太也没动，你打算怎么办呢？

听众2：顺其自然吧。

吴文君：对了！很多家庭当孩子出生之后，就是这样的关系。什么关系呢？妈妈跟孩子的血缘关系，是不需要去练的。这孩子天生就是我的，既然是我的，我来照顾她最放心，我对她最了解，只有我才能够真的把我身上掉下来的这块肉照顾好。爸爸呢？就没有机会去照顾这个孩子，但是妈妈经常跟孩子在一起，天天都去照顾孩子，妈妈会有什么样的心情？

听众1：我觉得幸福的感觉，不是累的感觉。

吴文君：有累吗？

听众1：我觉得累的感觉比较少。

吴文君：累的感觉比较少，还是幸福的。然后你的先生也不去帮你忙，你每天跟他在一起的时候，对先生会有什么感觉？

听众1：拿现在这个状态来说的话，我可能比较多地关心孩子缺少些什么，关心他缺少什么少一些。

吴文君：现在谁都没我家孩子重要，这个男人已经完成任务。听了这话感觉怎么样？

听众2：感觉这个角色不对啊。

吴文君：不对了感觉怎么样？

听众2：应该站在夫人这一边，我应该站在她的角度来帮助她照顾这个孩子。

吴文君：你又做不好，你又不懂她，粗手粗脚的，弄也弄不好，谁稀罕你做。

听众2：这个还不至于吧。

吴文君：很多妈妈都是这样对自己先生的，是吧？这个没搞好，那个没搞好，干脆我自己来吧。是这样吗？对的，我不相信我先生能够照顾好我的孩子，你先不要说你，我们在说一个普通的现象。好了，太太也不给你机会，你现在有什么样的感觉？

听众2：那就是有冷落的感觉。

吴文君：冷落了决定怎么样？

听众2：主动一点吧。

吴文君：主动也没机会，她的所有注意力都在孩子身上。

听众2：想改变别人，先改变自己吧。

吴文君：怎么改法？

听众2：……

吴文君：这个男人现在很难过。他在家里也没有恰当的位置，想做事情人家也不给他机会，然后有个人就来了。碰巧有一个很弱的、很需要支持、很需要力量的说："哇，我看你很有力量，我很羡慕你，我很佩服你，我很敬慕你。"这个爸爸看看她（听众4），你可以帮她忙，她需要你，看到了吗？马上就转过来了，生活中的第三者就是这时候出现的。这个家里没需要了，他没有办法找到他自己那个位置的时候，另外一个有需要的人出现了，他自然会被吸引过去。爸爸这样被吸引过去之后，我现在问孩子，感觉怎么样？

听众3：肯定是没有都在我身边感觉好。

吴文君：那你打算怎么办？

听众3：想办法维系爸爸妈妈的关系。

吴文君：会想什么办法？

听众3：尽量让他们单独相处。

吴文君：他们现在没有可能单独相处。

听众3：那肯定是要把最后出现的那个人赶出生活。

吴文君：这个孩子要出来救她爸爸妈妈，把那个人赶走。你觉得这样可能成功吗？

听众3：小孩子的想法肯定是先这样做，我爸爸妈妈肯定是没有错的，外人才有错。

吴文君：假如还做不到呢？

听众3：做不到那就该在自己身上找原因了。

吴文君：小孩子有从自己身上找原因的能力吗？你站起来（听众5），站在这边，你是学生，是未来，是孩子将来的生活，代表未来的，看到她了吗？那是你，你会走过去吗？

听众3：她是我的未来？

吴文君：她是你的未来，代表现在在学校学习，也许代表你将来找的男朋友，代表你未来的家庭……这是跟你有关系的，你看得到她吗？

听众3：看不到。

吴文君：看不到，那你都看到了什么呢？

听众3：爸爸妈妈。

吴文君：看到他们这样，打算做什么？

听众3：学习他们。

吴文君：学习他们，怎么个学法呢？

听众3：我爸爸妈妈做了什么会影响我，我也会做什么。

吴文君：那么爸爸妈妈分开了，这个孩子将来会怎么样模仿父母呢？现在你满意他们这样的关系吗？

听众3：当然不满意。

吴文君：打算做什么？

听众3：打算想办法改善现在的关系。

吴文君：怎么做？

听众3：……

吴文君：有人告诉你了，生病。除了生病还可以做什么？

听众3：就是学习成绩变差。

吴文君：学习成绩变差，还可以做什么？

听众3：想尽办法吸引注意力。

吴文君：怎么样想尽办法吸引注意力？

听众3：做坏事啊，或者……

吴文君：听到了吗？做坏事啊、早恋啊、上网吧呀，找一群小朋友在一起闹啊，父母最怕什么我就做什么，明白？只有她做了父母最害怕的事情，父母才会怎么样变化呢？爸爸看到家里出事情了，会怎么样？回来了。现在你看到她（听众5）了吗？

听众3：我想还是看不到吧。

吴文君：还是看不到，不要以为父母看似貌合神离地住在一起，孩子就觉得有个家，他们是为了孩子住在一起的，并不是他们两个相亲相爱，是吗？所以，这个时候孩子仍然会有各种各样的问题出来，那怎么办？

听众2：以孩子为中心。

吴文君：听到了吗？以孩子为中心，这个家什么关系最重要？很多声音说，亲子关系，这就是目前中国婚姻家庭的现状，夫妻没有相爱，都在以孩子的名义过日子，关系会怎么样？看看会怎么样？你爸妈都在以你为中心，你感觉怎么样？

听众3：我感觉不到是以我为中心的。

吴文君：你能看到你的未来吗？

听众3：看不到。

吴文君：听到了吗？有人做过调查，目前中国婚姻有四大类型：第一是新婚期（甜蜜期）；第二是矛盾冲撞期；第三是貌合神离期；第四是解体期。比例最高的是貌合神离的，真正走到分开的，那大家都没问题了。最痛苦的是两个人不断地打架，然后以孩子的名义凑合过吧，这个对孩子的伤害是最大的。真正的甜蜜期你知道有多少比例吗？百分之四。因为夫妻之间的冲突一直都在，不会处理就会变成不断升级的斗争。好了，爸爸现在有什么决定？你以她为中心，她不买账，怎么办？

听众2：改善夫妻关系。

吴文君：为谁改？

听众 2：为孩子、为全家。

吴文君：到底为谁？

听众 2：为自己、为孩子吧。

吴文君：你需要婚姻吗，你觉得？

听众 2：应该是需要的。

吴文君：应该是需要的，你需要跟一个女人相亲相爱地生活吗？

听众 2：需要。

吴文君：真的需要吗？不是为孩子。

听众 2：那这个改善夫妻关系，一方面也是为了孩子。

吴文君：好了，只要你坚持这个观点，我就问孩子，你爸爸为了你也为了他们两个改善，你听到了吗？

听众 3：其实小朋友最讨厌"为了孩子"四个字了。

吴文君：明白？

听众 3：压力很大的，什么都是为了我，但是我感觉不到你是为了我。

吴文君：还有，不需要你们为了我在一起痛苦地活着，这个负担我背不起的。他们两个说悄悄话了，有戏。怎么样？现在有什么决定？

听众 3：回到从前。

吴文君：为谁而改？说一句真话。

听众 2：说句真的话，孩子毕竟要走出去，那么孩子走出去之后，我们老了，还是我们夫妻的生活。

吴文君：为谁改？说句痛快话。

听众 2：为自己。

吴文君：终于说出为自己，听到丈夫说为自己想跟你改善关系，感觉怎么样？他自己想要幸福的婚姻，你愿意陪他去做这个改变吗？

听众 1：我想是愿意的。

吴文君：好了，做点什么事情，你真的是为自己跟她改善关系？让我们看出来。做个动作就好，我们要的就是这个动机。不容易哦，骨子里那个多少年传下来的东西，那么根深蒂固地卡在那儿，看到他们俩现在相亲相爱了，感觉怎么样？

听众 3：轻松。

吴文君：听到了吗？轻松。看到她（听众5）了吗？

听众3：看到了。

当爸爸妈妈真的决定相亲相爱的时候，孩子才会觉得轻松，孩子才会走向自己的未来，所以天下没有一个孩子学习不好、能力不够，只是她把这个能力用在了照顾父母身上了。所以所有的孩子都很辛苦，因为他在做着不该他做的事情。当然了，那个第三者已经没意义了，她已经自动换地方了。

谢谢刚才几位朋友，你们很真实地帮我们看到了中国目前的家庭状况：父母以孩子的名义活在一起。前几天我接待一对夫妻，他们已经确定要离婚了，离婚之前太太说：我一定要请你去见一个心理老师，因为我跟着这个老师学了好几年，我觉得我都成长了，所以哪怕离婚我也要让你看看我在跟谁学习，我在学的是什么。这个先生还很配合，两个人一起来。我说能一起来我觉得有希望，先生说她已经长大可以独立了，所以我准备走了。我说，难道你来到这个世界跟她结合，你的使命就是把她照顾长大吗？你不需要一个幸福的家吗？你不需要一份幸福的夫妻关系吗？难道你就是想把太太照顾长大，自己再去过苦行僧的日子吗？这个先生被我问得好半天没有反应。他说："哎，我也害怕，继续这么冲突的生活，还不如早点散掉。"我说你发现你太太已经成长很多，你愿意看她真的成长之后，回来跟你一起好好生活，还是你只要把她照顾长大就一定要离开？

当然，他矛盾的是"我担心孩子会受伤，我要为了孩子"。这些都是谎话，我有好多这样的案例，孩子大学通知书拿到了，夫妻就去办证，把红本变成绿本。先生说，我忍你忍了十八年了，终于咱家孩子独立了，那我就可以跟你分开了。这里边有非常可笑的盲区，对于一个家庭来说，孩子跟父母的连接永远是最紧密的，不要以为孩子上大学就变成熟了，也不要以为孩子结婚了就跟父母真的脱离关系了。孩子总要走自己的路，可是前提是父母是相亲相爱的。这个关系要处理不好，孩子的人生总是没办法全力以赴。所以假如今天有一些爸妈带着困惑说，为什么我孩子学习不好？为什么他在学校里不听话？为什么他最近状态不好？我想也许你现在多了一个自我觉察的信念：我们俩夫妻关系好吗？

我平时做咨询，不管是家长还是老师带来的学生，往往都是觉得这个孩子有问题。我一般不听问题，我先问他爸爸妈妈关系好吗？而常常听到的回答都是：没问题，爸爸妈妈都大学毕业。这个不管用的，学历跟爸妈的智慧是不成正比的。我说这个不重要，爸爸妈妈相亲相爱吗？爸爸妈妈常常说我们从来不当着孩子吵架的。

我说你以为孩子真的不懂你们两个关系不好吗？你悄悄地吵，他比你还明白，只是大家都装糊涂。但是孩子内心里会很慌，所以常常有小朋友看到爸爸妈妈脸色不好就问："你们俩是不是吵架了？""没有，我们没事的，你怕什么？""我怕你们会像其他小朋友的爸爸妈妈离婚。"孩子害怕的就是刚刚的那个状态，假如你的孩子今天让你不满意，你要问问：第一，你自己活得好吗？第二，你们俩夫妻关系好吗？是真正的甜蜜幸福，不是装，也不是压抑。

只要父母关系好了，只要后边没有压力，孩子总有动力去追随他的人生。所以，没有哪个孩子的学习能力是差的，没有哪个孩子是不爱未来的，孩子来到这个世界，天生有一份内在的动力，他想做独特的自己。

我这里用了一个形容词"独特的自己"，所谓独特的自己就是每个孩子都是不一样的，哪怕是一家里的两个孩子都是不同的。既然不一样，他就有他的特点，他想做他能做的事情。所以这个时候，我们父母要注意到孩子的独特性在哪里。请注意不要随便拿别人的孩子跟自己的孩子比："你看张阿姨的孩子，都已经学英语第二册了。""你看人家那个孩子一见面很主动。"小孩子最害怕的就是，你把别的孩子跟他比，因为他跟其他孩子不好比。所以我也常跟父母说，假如你希望你的孩子跟别的孩子一样的话，你要把你自己打造得跟其他父母一样，你做得到吗？假如你怪你的孩子不如别的孩子好，你就要先检讨一下，你比别的爸爸妈妈更用心吗？面对孩子成长中的难题，我们父母要做三个课题。

第一，孩子不是自己的私有物，你要允许他长大。

我这句话说起来容易，很多父母心里有想法，实际是对这句话的对抗。孩子是我的，我想怎么样就怎样，他不听我的听谁的呢？妈妈冒着生命危险把他生下来的，我的话都不听？这个话的背后就是孩子是我的私有产品：我把你照顾长大，你要听从我的安排，假如不听从安排就是不孝。每当孩子不听话的时候，就会很恐慌、很紧张、很焦虑，因为我们觉得对他说的话都是对他好的，都是对他有帮助的，他不听话可能就会走歪路，这样对我来说就会觉得没尽到责任。而当孩子听我们话的时候，我们常常做的一件事情就是代替他长大，控制他长大，妨碍他长大，甚至常常会忽略他长大。

曾经有一个案例，一个妈妈带一个初二的男孩子来咨询，那个孩子是我少见的那种听话的孩子。我那有四把椅子，每次我都是请来访者自己选的，我说你们自己坐下来，那个孩子回头看妈妈，"妈妈我坐哪个？"妈妈说："你坐这个。"他就很老实地坐下来了。然后，妈妈坐在他对面，把凳子一拉，像审犯人一样跟孩子面对面坐，我就找把椅子坐在他们的三角形那个点上。我问："你们谁需要求助呢？"那妈妈指着孩子说："他哦。"我说："他怎么样？""他一点出息都没有，一点主意都没有，什么事情都不知道做。"就开始数落孩子，那个男孩子念初二，他竟然可以非常平静地看着妈妈数落他。我当时很好奇，这个男孩子初二了怎么一点逆反都没有？当妈妈数落一顿之后，我问妈妈希望他怎么样？"我希望他有主见一点，我希望他有照顾自己的能力。"当妈妈这样说时，孩子还是一脸无辜地看着他妈妈。然后，我说："那你是怎么对待他的？"她说："我为他费尽了心血，从小到大我照顾他，为了让他读书我经常都是把自己工作换掉去陪他，到现在我还要每天给他送饭。"哇！天下最模范的妈妈！我说："你为什么要送饭？""我怕他吃不好，外边的东西不营养，我怕他吃了闹肚子。"我说："其他孩子也这样？""其他孩子有的在学校吃，有的在外边吃。""那为什么你的孩子不行呢？"她说："我从小照顾他习惯了，我不给他做饭我会不安心。"我说："你一方面这样控制他，一方面又希望他自己有主见，可能吗？"

当然，这个咨询做到后边是孩子先回去，妈妈坐下来做一件事情：让她看到她对孩子的这种控制会限制孩子的自主发展。妈妈说："这对我来说很难，我看他已经成了我生命中的一部分，我把这一部分放下我还有什么？"所以，随着孩子长大，我们要允许他一边走，一边摔跟头，一边长经验，最后变成他自己的人生经验。

我们父母替孩子安排好食物，替他完成了好多本该自己完成的事情，剥夺了孩子很多经验。你不给他体验，他怎么知道哪个好、哪个差？打个比方，从我们这边到苏州有很多不同的路，你必须把这个路走过了，你才知道是十五分钟的路，还是四十分钟的路，还是一个小时的路，哪个最安全、最通顺、最方便，从来没去过你怎么能够有这种经验？所以，父母害怕孩子吃亏，害怕孩子去做任何受委屈的事情。恨不得把孩子的一切都安排好，这里边就会剥夺孩子成长的经验，孩子就会在青春期的时候叛逆。

目前，在中国独生子女家庭中，这个问题是非常普遍的，父母帮孩子做好所有的决定和选择，孩子被动地接受，总有一天他会叛逆的。我接待过很多离婚的家庭，年轻人离婚很大一部分都是觉得我要自己活一回，我要自己说了算。我有一位来访者，孩子已经八岁了，她一定要跟她先生离婚。离婚之后痛苦一段时间，但是三五年之后回头看，她说离婚以后我才真正长大了，过去他们没给我机会让我自己去试。

亲爱的爸爸妈妈们，我们要给孩子机会，前提是我们要知道孩子不是我们的私有物，他是通过我们来到这个世界的，我们的任务就是照顾他十八年，之后的人生我们管不了。所以，我的女儿两年前出国的时候，孩子的伯父，一个蛮传统的中国父亲，语重心长地告诉我女儿说："你要回来的哦，你爸爸妈妈老了要你养的哦。"我听了他这个话马上就对孩子说，不要为了爸爸妈妈回来，除非你觉得回中国发展更好。我说的第二句话是，爸爸妈妈都是成年人，可以自己照顾自己，我们把年老的事情都安排好了，不需要你照顾，你不用为爸妈而回来，因为你不是我们的私有物。当我把你放出去的时候，我知道你属于这个世界，不再属于我们这个家。出国之后每次打电话回来，我会很开心地告诉她，我们两个怎么样，每次都告诉她我们开心的事情。然后就发现，女儿每次都会很开心，然后她也会把她成长的事情告诉我。她们学校网络不怎么通畅，难得一年有一次视频，一般每个月通一次电话。别的父母说我们都疯了，我说我很信任她，我知道她生活得好。同时她也信任我们，知道爸爸妈妈不需要惦记。所以你会看到，很多去读大学的孩子，每天都跟父母打电话，担心父母会过不好，那就是父母没成长，反倒给孩子一种压力。所以父母真正的能力是：我是你的爸爸妈妈，我是有力量的，我们能照顾自己，你不需要来照顾我们，做你自己。我就跟女儿说能走多远走多远，随时都可以回来。

第二，孩子不是妈妈的唯一，要把孩子还给爸爸。

刚刚我们做示范的时候看到，妈妈不放心爸爸，很多家庭妈妈跟孩子黏在一起，爸爸是旁观者。有的爸爸会找个理由说我太忙，我没时间管孩子。假如真懂一个人的心理需要，你会发现，孩子最在乎的是爸爸对他的肯定。假如你觉得你的孩子自信心不够，你一定要检讨一下，你的孩子跟爸爸相处的机会多吗？有质量吗？有一些爸爸特别忙，没时间陪伴孩子，这样的孩子眼中的爸爸就是一个不回家的人，这个孩子将来会很害怕面对社会。有些爸爸陪着孩子，人在心不在，跟着孩子一起，孩子在沙坑里玩，爸爸拿着个 iPad 在玩，这个是没质量的。真正有质量的是爸爸和孩子玩在一起，爸爸带着孩子去见世面，爸爸带孩子去工作，让孩子看看爸爸每天是怎么工作的，告诉孩子这个世界不需要害怕，有爸爸在一切都是安全的，这个孩子才会自信有力量。我做过很多成人的个案，甚至有七十岁的老人家，回想起跟爸爸的关系，他就说爸爸从来不在家，见到他的时候总是很严肃，很怕他。所以，到爸爸去世之前，他一直有句话想问爸爸："你爱我吗？"

等会儿我还会讲一个铁三角，妈妈要把孩子交给爸爸，是因为孩子需要爸爸带着他去看世界。我的老师海灵格先生，他是一个德国人，一个将近九十岁的老人家，他在讲到家庭亲子关系的时候说，一个妈妈冒着生命危险把孩子生下来，已经完成任务了，陪伴孩子、带着孩子去看世界的任务是爸爸的。所以，爸爸每天要有足够的时间跟孩子一起玩耍、一起沟通、一起表达，孩子才会得到爸爸的支持和力量。

曾经有一个案例，有个小孩子，学校布置一篇作文：和爸爸一起过周末。可是他爸爸很忙，没有时间跟他一起过周末。他周六晚上等在家里，爸爸很晚才回来，他说："爸爸你明天可不可以带我去过周末，老师要写作文。"爸爸说："没空，明天要加班，要挣钱养家。"那孩子说："爸爸你一天可以挣多少钱？"爸爸算了算，说一天四百。然后孩子说："爸爸你明天给我一点零花钱"，爸爸想不能陪他就给点钱吧。这段时间，这个孩子每次见到爸爸都要零花钱。有一天爸爸又是很晚回来，又是周六晚上，孩子说："爸爸你再给我点零花钱"，爸爸说："成天要钱，不是给了吗？""就缺十块了，你再给我十块。"爸爸就给了他。孩子就跑到房间里把他装零钱的那个罐子拿出来，然后捧在爸爸眼前说："爸爸明天是周日，我那个作文要交了，你能不能陪我一天？我给你一天的钱，我用这四百块钱买你陪我的一天，可以吗？"这个爸爸被孩子震撼到了。

那么，这个案例对我们各位也是一个警醒，为什么我这样说？有的时候，是妈妈不给爸爸机会。妈妈是专家，是专业的老师，是懂教育的，说这个事情我来管，根本不给爸爸机会。还有一种情况就是妈妈会不相信爸爸，所以我有个同事说，我从来不让孩子跟着爸爸出去。我说为什么？"他照顾不好他。"我说是亲爸吗？"是的。"亲爸总不会虐待孩子的，照顾不好也是一份经验，为什么不把孩子给爸爸？如果今天是夫妻一起来听讲座的，两个人回家重新测算一下，要让爸爸有多少时间陪伴孩子。假如是一个人来的，回去要跟另外一个人沟通，想一想我们怎样分担对孩子的教育。

第三，什么是最有效的沟通？

所有的沟通一定只有一个前提，我们跟孩子沟通了，孩子有力量、有自信了。这是唯一可以衡量有效沟通的标准，剩下的都不是。假如我们跟孩子沟通了，他明天去跳楼了，这个就是无效沟通。假如我们跟孩子沟通了，他更加没有力量，状态更加糟糕，这也是无效沟通，有效的沟通就是孩子越来越自信。常常有父母问我，吴老师你说孩子该不该打？我说我不知道。孩子该不该骂？我说我不知道。那你知道什么？我说我知道：不管你用何种方式让孩子自信了，都是好的；假如你用任何专家讲的道理跟孩子沟通之后，孩子越来越糟糕，那都是错的。所以我害怕一些家长要"应该怎样"的答案，孩子是活的，他每天都不一样，我们没办法给你一个唯一的答案，只能你自己去摸索，去寻找一个合适的。

怎样让孩子越来越自信？说每一句话之前先问问自己，我这样说是增加孩子的力量，还是减少了孩子的力量？说了之后去观察效果，如果增加力量了，下次还可以；如果减少力量了，这样的话就不能再说。而且，做每个行为之前也先问问自己，这样会使效果更好还是更差？也有爸爸妈妈说这个孩子最近顽皮得很，实在受不了把他拽过来打了一顿，明天就好了，我说那么这个是有效的。假如打完之后更淘气不听话，那么就是差的。没有标准答案，所以请大家不要随便迷信专家，专家只有他自己预知的经验。

记得有一本书很有名：《告诉孩子，你真棒！》，很多父母把那个当成"圣经"，每天跟孩子说"你真棒！你真棒！"，然后发现说这个不管用，孩子说"我不棒，我很糟"。他不买你的账，因为"你真棒"只是一种表达，它不是唯一的、最好的表达，也不可能适应孩子不同的阶段和特点。所以没有一个教育专家有资格告诉你，孩子应该怎么教育，父母才是真正的育子专家。那要怎么样呢？要精心地观察、精心地尝试，还要不断地学习。

每个人都有一条很长的生命线，过去、现在和未来，曾经我们都是小孩子，都在跟着父母学东西，而长大后我们就有多重的角色：女儿、妻子、母亲、儿媳、姐妹、员工，我们还要继续地往前走。有一天把这些角色都放下了，我们就离开这个世界了，这就是一个人一生的轨迹。对于一个男人来说也一样，我们所有人都是相同的存在，作为一个生命个体不断地发展和成长。这个个体绝对不是天生什么都会的，我们看到，现在社会上基本所有的岗位，都要参加岗前培训，不参加培训没有资格上岗。只有父母这样重要的生命角色没培训就上岗。有人说我培训过，孩子生前你培训过，但孩子成长过程中你一直在培训吗？

大家有没有这样的感觉：结婚前曾经有愿望，一定要找一个比爸爸更好的男人，或者要找一个比妈妈更好的太太。过了一些年，突然发现怎么太太那么像妈妈、先生那么像爸爸。我们实际上不只是在用自己的意愿做事，其实还在用很多从父母那边学来的东西对待自己的孩子和爱人。我们看到，作为一个家庭就是一个三角形的关系，一个男人、一个女人生一个孩子，这个三角形是永远的。爸爸跟孩子的关系，妈妈和孩子的关系，因为有血缘就是永恒的。这个关系中父亲和母亲是不能变的，可是作为夫妻是可以改变的。如果一个家庭有孩子，那么这个家庭里夫妻关系是第一关系，刚刚那位先生被我们逼得硬是改了口说"以我自己的名义改善夫妻关系"，当然他非常忠实于目前社会上很多人的状态。我会觉得在这个过程中，大家应该有很多启发：家庭的第一关系是夫妻关系，然后是父子和母子的关系。

前段时间我的书出版了，然后拿给我们领导。我们一个年轻的副校长说："噢，好，我拿回家给我太太看，这个孩子我不太管的，都是她管的，要让她好好学习一下。"我当时心里想，搞教育的都有这种错误的看法，何况普通老百姓呢？我就幽幽地说了一句："书里也讲到爸爸的关系了，你还是看一看吧。"

一个家庭男人和女人生了一个孩子，然后这个男人和这个女人将来要一起培训他们的孩子，你会看到家家都这样去传承，有人把它叫做轮回。假如大家都没有学习、没有改变的话，我们可以猜到，这个轮回会继续保持原来那样。比方有一个妈妈就说："我妈妈原来对我很严厉，我那时就活得很辛苦，我就想等我做了妈妈我一定对我女儿好一点，好好爱她。刚生的时候还可以，后来工作压力大了，孩子也不好，我耐心就没了，我常常在打完孩子之后说，我现在很像我妈妈。"这样的案例太多，很多家庭中都有说不出来的相似性，这个轮回在很多家庭中重复着，这是一代代的痛！

可以这样说，一个人在这个世界中生活，六岁之前在父母那里学到的一切，都成为人生的剧本。假如这个人在成长中没有觉察，没有改变，他后面几十年就会不断把这个剧本换不同的舞台演出来，这是一个可怕的现象。孩子在家庭中生活的前六年，是非常重要的烙印，爸爸妈妈如何相处，说话的时候口气怎么样，孩子都会用眼睛和心收集。他形成的这些特点，未来就会成为他的夫妻关系、上下级关系、同事关系的特点，以及他和孩子关系的特点。有人问我，孩子只对 iPad 感兴趣怎么办？我问她，孩子的 iPad 是谁给他买的？是谁教他用的？是谁给他机会用的？假如大人不看电视，孩子怎么会每天抱着电视看？我们把他教会了，我们又要去改变他。所以，如果我们想改善跟孩子的关系，想改变我们家族的状态，唯一能做的就是去改善我们自己。

看看过去的沟通模式，看看你是不是常用这几招。第一招：哄，孩子今天不想吃饭，"宝宝好好吃，吃完了有糖果，妈妈带你出去玩"，用他喜欢的东西诱惑他。假如有效，这个宝宝吃完了，这个沟通就有效了。假如你哄他也没效果，妈妈基本就用第二招：讲道理，"好孩子要吃饭的，你看那个小孩子多懂事，他做得很好，你要向他学习的"，讲了有效那也好。讲了没效，孩子仍然不吃饭，你的心情又不好，就开始用第三招：训，"怎么这样子"，声调也高起来了，说话也着急了。孩子还是不听，第四步就出来了：打。但是家长说我孩子十四了，我打不了。"打"好像停留在十四岁之前，再大了，他比你个头大，你打他，他要还手。很多孩子在跟父母出现问题的时候，父母就是打，急啊，脸涨得通红，手的动作也很急，一巴掌就打过去。很多父母打完孩子会后悔，哎呀，我又打了他，我都说了不打他怎么又忍不住。打完了孩子要改了，也好。关键很多小朋友被打完了之后，还是出现问题。父母就生气放狠话了，"你再这样我不要你了，你再这样我不管你了"，还有的父母说"没关系，随便你，反正你长大了愿去哪儿去哪儿，我才不在乎"，开始放弃孩子。放弃对孩子的伤害最大。

那么，这五招假如都不管用，怎么办呢？我们要学新的沟通方式，可是新的沟通用这么短的时间我也讲不过来，因为我们的亲子沟通的课有三天可以讲，有十二个技巧可以分享。我想跟大家分享几个做起来简单的、有效的方法。

影响沟通的要素有哪些？文字、声调和肢体语言。同样的声调、不同的身体语言，沟通效果会不一样。哪一个更重要？身体语言。那你知道它占的比例是多少吗？这也只是一家之言，不一定准确，但是它在提醒我们。文字占百分之七，声调占百分之三十八，身体语言占百分之五十五。知道这个有什么用啊？想问你跟你的孩子沟通的时候，常用什么声调？

互动八（听众1——妈妈，听众2——孩子）

吴文君：你的孩子的什么行为让你最不满意？

听众1：他不听话的时候，我觉得最不满意。

吴文君：当他不听话的时候，你一般怎么跟他说话？

听众1：命令的口吻。

吴文君：要用嘴巴说出来，他就在旁边，十二岁，做了一件不听话的事情，你要进入角色，把你平时怎么跟他说话的模仿出来，好吧？

听众1："你怎么又这个样子，妈妈很生气。"

吴文君：听了感觉怎么样？

听众2：听了感觉不舒服。

吴文君：这个不舒服让你会有什么样的反应？你想怎么样？

听众2：更加不听话，更加不愿意照她的意思做。

吴文君：他更加不听话，现在你看到他比刚刚还要过分，你会怎么样？

听众1：更生气，"妈妈不要你了"。

吴文君：直接就第五招来了，十二岁了听到妈妈说不要你了，感觉怎么样？

听众2：心里很伤心。

吴文君：打算怎么样？

听众2：打算走开。

吴文君：孩子会有几种做法：一个是走开，不要我，我就走了。还有一种会过来哄妈妈，"妈妈别生气了，妈妈我错了"。当他这样说的时候，他真的觉得错了吗？他不知道，他是看到你不要我了，防止你不要我才哄你。孩子来哄你的时候感觉怎么样？

听众1：感觉好受些。

吴文君：好受的原因是，孩子服软了，我可以开始控制你了。但是让一个孩子总是带着恐惧来哄妈妈，猜猜孩子内心有安全感吗？然后，假如孩子下一次表现更加不好，你会有什么样的感觉？会说什么呢？

听众1：我觉得自己会更生气，好像有点歇斯底里的感觉。

吴文君：怎么样歇斯底里的感觉？

听众1："你怎么又这样子？"

吴文君：小朋友很害怕的字叫"又"。一个小朋友听到一个声调很高的声音的时候，他的感觉是什么呢？

声调有三种不同的类型，一个是刚刚妈妈说有点歇斯底里的状态，一个是很弱的没力气的状态，还有就是中等声调的。看看它们带给人内心的感觉。紧张、不知所措、抵触、反抗、压迫、适得其反，时间长了会麻木？

常常有父母说，我跟他说了那么多遍他都不听，我才吼一嗓子就听了。为什么前面都不听？他都麻木了。那么跳出来看，假如一个人经常在这种紧张、不知所措、抵触、反抗、压迫的状态下，那么这个人会有怎样的感觉？假如他一直听这样的声调，从心理学角度讲，他就是在原始森林听老虎咆哮的声音的感觉。我这个话很直接，人是进化而来的，曾经我们的祖先待在森林里，他们为了活着，天天绷紧神经，观察有没有大动物要来吃他。所以老虎一叫，人们就赶紧跑，听到这个又高又大又快又急的声调，对于一个人来说，就是进化前期留下来的记忆，就是老虎来了我要跑。一个人天天这样子，他可以放松地学习和成长吗？所以，有一些父母有一些错误的看法：我们必须吓住他。你吓住他，吼住他，实际就是让他作为那个弱小的动物被吓住，没有真的释放他的动力和生命力。

有的父母说，我面对孩子，老觉得对不起他，我很无奈、很可怜。父母就会用无力的、慢的、小的声调跟孩子说话，这种声调带给孩子的感觉是什么？是无力、迟疑和不确定的。所以一个父母假如要跟孩子沟通，用这种很没有力量的话，往往效果就是很糟糕的，孩子根本不在乎你，是吧？那怎样有效果呢？坚定有力地说话，才是有效果的。字字掷地有声，说得不多，但是很认真地说每句话，这个时候孩子就听得进去。所以小朋友怕唠叨的父母，妈妈一唠叨他自动就把耳朵关上了，我不听了。所以，靠唠叨完成沟通的基本没效果，靠那种很高声调地去吓唬的，偶尔吓一跳，时间长了也会麻木的。

我们要看到不同的声调有不同的作用。第一，有重要的事情跟孩子宣布的时候，要用坚定有力的声调。第二，危急情况下的要用大、高、快的声调，带着他过马路突然前面来车了，你要大吼一声说："车，停下！"孩子吓着了，停下了，起码保证了安全，这个时候你就不能说："车——停——下。"第三，跟孩子悄悄私语的时候，最好要用这种小的、慢的声音，说知心话的时候，就不能用那个很高很快的："你怎么又训我了。""我没训你。"声调已经训了，所以，声调有不同的特点，也有不同的作用。

各位爸爸妈妈，今天回去跟孩子沟通的时候，要换一个角度来试试，你跟孩子沟通的时候声调在哪里。一般孩子从小就听你的唠叨和你的大声调，青春期他就开始厌烦了，所以十二岁以前的孩子不太会反对父母，十二岁以后他就会说："你怎么那么烦呢？""你又来了。"他不管你说的好坏，一听你的调他就烦了，所以我们要觉察自己在用哪一种声调说话，要从这个角度去提升。

我们再看一下身体语言，请回顾一下你跟孩子在一起沟通的时候，常用的身体语言是什么？你们两个谁站着谁坐着？都站着还是都坐着，考虑过这个问题吗？还有你跟孩子沟通是面对面沟通，还是平行地像这样坐着，还是有点角度？什么样的角度？

跟孩子沟通不可以从高往下走。妈妈跟六岁以下的小朋友沟通要蹲下来的，一定要你的视线跟他在一起。假如跟你身体高度差不多的，要么两个人都坐着，要么两个人都站着。所以我跟我女儿只要走出家门，拉着手去散步的时候，话匣子就打开了，你就觉得那个时候氛围非常好，她什么都说，我也能够听。两个人可以平行，或者是有一点角度的。跟孩子沟通的时候少说话，多用身体语言。中国人缺少的是皮肤接触，你爱孩子吗？爱。你拥抱他吗？不拥抱。为啥呢？不好意思！还有就是我孩子长大了，青春期不可以碰了。谁说的？你会看到老外跟孩子见面，不管多大了都会有这样一个拥抱。孩子需要这个，父母把爱和力量通过身体的感觉告诉他。

不同年龄的孩子，拥抱的方式也不一样，小的时候没关系，把他抱在怀里就可以。最好手能够在他后背上抚摸，要有力量一点地抚摸，挽着手亲亲他这个都是可以的。但是到了青春期，不要随意碰孩子，不能撩他，因为他这时候发育的身体很敏感，你这样一撩，他会觉得你在骚扰他。对青春期的孩子最好给他一点力量，爸爸爱你，妈妈相信你，给点力量压一压。还有，基本所有的孩子都不要轻易去碰头，小孩子对头是有自我保护的，不要去碰头，所以拍肩膀、抱后背，这样的方式都好。

我们问问自己，跟你的孩子拥抱过吗？跟你的孩子玩耍吗？跟孩子有后背靠后背的玩耍机会吗？假如每天都有那么一点点黄金时间，那是你们的幸福。心理学有个名词叫"皮肤饥饿"，这个皮肤饥饿是说孩子没有得到足够的父母的安抚，会觉得得到的爱不够。那么，今天我们回去就可以根据我们孩子的年龄去设计一个有效的身体语言，用这样的方法去表达我们对孩子的爱和支持。

我们跟孩子说话的时候，要用正向语言，所谓正向语言是尽可能不说"但是"，多说"同时"。我们的父母肯定孩子时常常说，我知道你最近进步挺大的，"但是"以后也这样就好了，或者说"但是"你以前做得不好。一说"但是"就把孩子所有的肯定给否定了，所以每当你说"但是"的时候你要改说"同时"。说我知道你最近做得很好，"同时"以后再努力一些会更好，听起来是不是舒服很多？

把"不"改成"是"。不能迟到，不能早退，不能哭闹，不能……我来做个实验，请你不要想大熊猫，不要想"黑白"的大熊猫，你脑子里现在想的是什么？为什么不听话？为什么这样？是因为我提醒的，我用什么提醒的，我用"不要"提醒的。那应该怎么说呢？请你不要想大熊猫，你可以想长颈鹿，脖子上拴着铃铛的长颈鹿，现在你就变成听话的人了。为什么，我告诉你可以怎么做，我忽略了不怎么做。所以，当你说你的孩子不听话，当你说你的孩子胆子小时，你不要再去提醒他，你要告诉他我知道你胆子越来越大，我知道你学习越来越有动力。你不能天天都提醒他"你不爱学习，你不是学习的料"，多说一遍，孩子就听你话听得更准一些。

把"如果"改成"当"。当你有一千万的时候，你会用它来做什么？如果你有一千万的时候，你会用它来做什么？这两句你会用哪一个？哪一个会推动你去想象？所以你不要说，如果你考了第一名，我就给你买辆自行车，你要说：当你考了第一名的时候，我会给你买辆自行车。一字之差你会发现，你跟孩子的关系有很大不同。

每天至少肯定孩子一次，每天与孩子交流他的感受，这个时候要有眼睛的对视，进入他的内心。对于青春期前的孩子，你要做一个改变，把他当作同事或客人，这个时候你不能说你应该怎样，你要开始学会倾听，多提意见和建议，少说"你必须怎么样"这样的话。假如你在孩子十一二岁的时候能跟他建立和谐的关系，你的孩子在青春期基本不会叛逆的；假如你让他觉得你烦，小心你管得越紧他叛逆越厉害。十一二岁孩子的父母，你现在去改善和孩子的关系还来得及。这一个阶段是很好的黄金阶段，孩子信任你，有事情愿意告诉你，那么以后你可以帮助他，小孩子不是一定都叛逆的。假如你可以跟他说，这个事情有三个选择，选择 A 的结果是什么样，选择 B 的结果是怎么样，选择 C 的结果是怎么样，后果怎么样你自己承担，你选一个吧。你愿意承担结果吗？承担！行，我陪你！

每当我的孩子有困扰的时候，我都是帮她看到有新的选择。然后说每一个都很美，你愿意要哪一个就要承担所有的结果。但是在她往前走的时候，我会帮助她，把这件事情尽可能做好，这是父母的责任。所以，作为父母，要开始把孩子当客人，不能说你是我的，你就得听我的，这个在当下社会里不管用了。孩子会打电话投诉，"我们家有家暴"。

假如跟老师发生矛盾，要跟老师多沟通，尽可能跟学校配合。但是不可以说老师说的都是对的，老师有的时候也会犯错。孩子在慢慢成长的过程中，都需要一段适应期，我们要帮他渡过这段适应期，那不是他天生就会的，他要学习才行。

最后，推荐几本书给各位。其中有两本书，我觉得是人生必读书，我在所有行业、所有年龄段人中讲课的时候，我都会推荐，因为它涉及人生所有的关系。一本是《爱上双人舞》，一本是《亲子关系全面技巧》。所有的人，在生命中都有两种关系，一个是夫妻关系，一个是亲子关系，要么是跟父母的关系，要么是跟孩子的关系，逃不掉的，所以对于高中生我也会让他们看这两本书的。另外一本《倾听孩子》对于十二岁以下的父母会比较实用。第四本书是我刚刚写成的这本——《孩子，妈妈陪你慢慢长大》，这也是我作为心理老师、一个母亲和一个女人成长过程中的一段记录。我也同时感受到，所有的父母只有通过学习才能帮助孩子，天生的那些，对于现在的孩子往往是不够的。所以这几本书推荐给大家，但愿对大家离开今天的课堂后有些帮助。

当然，学习靠这样的讲座是不够的，很多理念你懂了，可是做起来需要一些磨炼，所以对于父母来说，学习是一辈子的事。孩子在成长，我能做的是，打开一扇窗让大家看到一个新的角度的亲子关系和家庭关系，然后推动大家去不断地读书，不断地学习。也许这对于未来我们每一个家庭都会有一些帮助，假如这样的话，也是我自己的心愿所在。

阅读改变人生

赵丽宏

我没想到有这么大的报告厅，有这么多的人。其实我这个人不太爱说话，也不太善说话，尤其是对着很多人，我会紧张，有时候大脑会一片空白，词不达意，甚至说不出话来，所以你们不要对我有太高的期望。尽管有点紧张，我还是愿意讲讲读书，我觉得这是一个非常好的话题。尤其是跟热爱读书的朋友们在一起，我很愿意把我的一些看法、想法和经验跟大家一起交流。今天中午，跟一些江阴的朋友交谈，尽管人不多，但我感觉江阴是一个非常有文化底蕴的地方，江阴是一个读书氛围很浓的地方，江阴是一个有很多非常有水平的读书人的地方。

刚才有一位同志采访我，问读书在你的生命中属于一种什么样的需要？我说我有很多职业和职务，但这都是暂时的，只有一件事情是永久和专业的，那就是读书。读书是没有穷尽的，我花一辈子时间，也只能读到沧海一粟。我读不完天下的好书，因为值得读的书实在是太多了。我想一个人活在世界上，其实是很短暂的，你活得再长，活一百年，也只是漫长历史的一个瞬间；你的经历再丰富，你走遍天下，历尽沧桑，你看到的也只是世界的小小角落。你只能活一次，这一次是有限的；但如果你是一个爱书的人，你是一个会读书的人，那么你就可能活很多次，你的生命可能就会无限地延长和丰富。一本好书的作者就是一位智者，他用生命、用毕生的精力去寻找、探索、思考、表达，写成了一本薄薄的书。我们作为读者，只要花几小时，花一天或几天时间，就可以读完一位智者一生的追求。我们走进他的人生，走进他的世界，去体验那些我们永远也不可能自己经历的事件——那些生活、那些感受，我们可以跟着他再活一次。

我今天的这个题目有点夸张——"阅读改变人生"。

刚才这里的朋友问我，阅读怎么改变人生？你读书或不读书，你的人生肯定是不一样的。读书对我来说，确实是非常大地改变了我的命运，改变了我的人生，改变了我的精神，或者说改变了我的气质。我不是出身于书香门第，我的父亲不是知识分子，他只是一个农村雇农的孩子，他只读了几年私塾，初通文墨，可以记账，可以写信。但我父亲也很了不起，他年轻时，靠着自己的努力创业成功，成为家乡的传奇人物，但是家里并没有多少书。我的父亲一直跟我说："我失败就失败在我读书太少，所以我的事业做不大。"我父亲曾经想实业救国，但是，后来他始终处于一个到处碰壁的境地。

我记得我小时候家里有一个书架，一个小小的竹子做的书架。书架上放了一点书，这个书不是我父亲的，是我母亲的。我的母亲算是一位小小的知识分子，她是大家闺秀，从小受到很好的教育，而且有西方背景。她从小上的是教会的学校，后来当了医生。母亲的书都是医疗方面的书，也有外文书，都跟医疗有关，跟文学无关。那么我是怎么成为一个读书人的呢？我的读书生涯开始得很早，五岁就开始读书。我有一个大我六岁的姐姐，我姐姐是一个很早慧的女孩子。她四岁就上学了，而且很聪明。她上中学的时候我还很小，她就教我这个弟弟识字。我五岁的时候就大概识三千个汉字，基本上拿到一本书，我可以非常完整地读下来。那时候尽管我还很小，但拿到一本书，我可以一行一行地读，一页一页地读，读懂书上讲的事情。我觉得这件事情太奇妙。我的姐姐是个文学爱好者，我最初读的书，都是我姐姐从学校里借来的。

现在是一个自由阅读的时代，江阴这样一个城市就有这么大的图书馆。你们的藏书有八十多万册，这八十多万册书，如果供一个人读的话几辈子也读不完。我说的"自由阅读"是指你可以读你想读的任何一本书，古今中外，只要你想读，只要你想找这本书，一般都是可以找到的，在图书馆、在书店，如果不行的话，在网上，再不行的话，写一封信到外国去，也可以把这本书买回来。现在对年轻人来说，尤其对孩子来说最大的问题，不是我能不能找到书、有没有书可以读，而是有没有时间去读、有没有兴趣去读。我们那个时代不是一个自由阅读的时代，我们看到的书很少。但是书少有一个好处，如果你是一个喜欢读书的人，出现在你面前的文学作品都是经典。

五四运动以后，有一大批知识分子，有些精通外语，有些不懂外语，他们都在做同一件事情，就是把西方世界、外部世界的书介绍到中国来。中国在这件事情上是全世界做得最好的，中国翻译了大量的外国经典作品。凡是有定论的经典作品，基本上都被翻译到中国来了。最初的一位翻译家，叫林琴南（林纾），他用古文来翻译西方小说，他不懂外语，请一个懂外语的人把意思说给他听，他写成古文，翻译了很多小说，影响了一代人。后来，有更多的知识分子开始翻译外国作品，将近一百年来都没有间断过。就是在"文化大革命"的时候，我们对中国古代和西方世界全部排斥的时候，那些翻译家们还是默默地在做这件事情。"五四"把中国的传统批判得一塌糊涂，基本上是全盘否定，但是对西方我们是全盘引进。但是这个"引进"是经过选择的。在我的少年时代，就是在二十世纪的五六十年代，我读到的外国小说都是经典，直到现在还是经典，因为那个时代对书做过了严格的选择，我们能读到的，都是有价值的书。

所以我想，我这个从小就开始读经典书而不是读绘画和童话书的阅读经验，不可能让所有人去复制和学习。但是，我现在回想起来，觉得一个孩子，如果你识了字，有了理解能力，有了阅读能力，就应该读那些有价值的书，读那些有价值的好书。我们现在读书的时间是很少的，现在的孩子很忙，他们要做功课，要应付考试，父母可能还要逼他们做跟功课有关的题库，读跟人生前途有关的书籍，自由读书的时间很少。但在这样的时代背景下，我觉得更应该去读一些经典。

我说我五六岁开始读书，借来的书都是经典的书，我现在回想起来，当时读的都是外国小说。中国的古典小说，我记得我读过《西游记》，是小学一年级，读的是一本线装直排的《西游记》。那时候，我们已经有简体字，但是我读的是繁体字本，没有人教我繁体字，都是自己学的。现在，繁体字我基本都认识，就是因为我小时候读那些繁体字书的经历。没有人教我古文，但从小我就读那些古代小说，我记得我读《聊斋志异》是三年级。现在三年级的孩子大概不可能读《聊斋志异》，《聊斋志异》也是中国的古典名著，但却是很深奥的古文。现在如果你仔细去读《聊斋志异》的话，每一句都读通也不容易，但我很小的时候自己就读懂了。后来，我对古文的理解，没有一点问题。所以，我觉得这种大量的阅读对自己其实是一种很好的提高。我记得，我姐姐到学校里去借书，就是帮我这个比她小六岁的弟弟借的，往往是她借来的书，她没读完，我读完了。我读书速度非常快，很厚的书，我一两天就能读完。我记得读雨果的《巴黎圣母院》、《悲惨世界》，读大仲马的书、狄更斯的书、托尔斯泰的书，读法国作家、美国作家的书，都是在小学的时候完成的。其实那时候我也读不太懂，但我都会一本一本读下去，我对我姐姐夸口，没有我读不完的书，且每一本书我都能读完。我姐姐笑我，她说："未必！"

有一天，我姐姐借来了两本《红楼梦》，也是在我小学三年级的时候，她说《红楼梦》是很好的书，我说我肯定读得完，但是我上完三年级都没有读完，我只读了前面几十页，读了几章就读不下去了。因为对一个九岁孩子来说，《红楼梦》这样的书，里面男男女女、琐琐碎碎的这么多事情，我不感兴趣。《红楼梦》没有读完，我就叫我姐姐："你去还掉！去换别的书！"姐姐还嘲笑我："你也有读不完的书。"

而且我小时候读书不做读书笔记，我觉得这个事情太浪费时间。我小时候很调皮，小学考初中那年，在跟小伙伴一起玩的时候，摔断了一条手臂。那个暑假我就不能到外面去玩，只能待在家里。我就到一个图书馆里面去，办了一张阅览卡。现在的孩子很幸福，我们那时候大图书馆根本就不对孩子开放，我们只能在门口看看，根本不能进去。像江阴这么大的图书馆，我做梦也想不到。我那时候住的社区在上海的街道里面，我很感谢那个小图书馆，一个民办的图书馆，有两间房子。我估计里面就一两千本书，要花一毛钱办一张阅览证，我就问父亲要了一毛钱买了一张阅览证。那个管书的阿姨———一个中年妇女说："你喜欢看的话，每天都可以来换。"我就记住她这句话，那个暑假六十天，我基本上每天在看书。一本书拿到，如果傍晚去借的，晚上就看，到第二天接着看，第二天傍晚的时候一定会把这本书读完，然后再去换一本书。到暑假结束的时候，那个图书馆的阿姨看着我的借书单笑了，她说："你知道你这个暑假读了几本书吗？"我说我没数，她说五十六本。

我一个暑假读了五十六本书,这五十六本书的书名我忘记了,有中国的,也有外国的,大部分是当时的小说。

我上了中学以后,很想自己买书,但是我父亲后来成了一位破产的资本家。我小时候家里非常穷的,六个孩子每次到上学的时候,学费也付不齐,还要分期付款,不可能有钱自己去买书的。但是,我初中上了一个寄宿学校,在上海郊区,从我家里到我寄宿的学校,要坐三次车,坐车要一个多小时,车费是:四分钱加一毛钱再加两毛五分钱,一共要三毛九分钱,来回七毛八分钱。现在这点钱掉在地上都没有人捡,但当时对一个孩子来说,就是很大一笔钱。我就在心里盘算,是不是可以把这钱省下来,省下来就可以买书。后来,星期六学校放学以后,我就走回去,从郊区走到家里,要走三个小时,省下三毛九分钱,到星期天晚上我回学校,我吃完午饭就又走过去,再三个小时,又省下三毛九分钱,这样一个星期我就省下七毛八分钱。现在说起来是有点心酸,但其实这个来回走,对一个孩子来说是非常愉快的事情,走出市区以后走到郊区,经过农田跟大自然接触,有时候还到农民的田里摘一个西红柿。有了七毛八分钱,我就可以到书店里面去买书,我那时候最喜欢去的书店,不是新华书店,而是一家上海旧书店,这是我非常喜欢的书店,在上海福州路上。

这家上海旧书店非常有意思,它卖的都是旧书,非常便宜,花五分钱就可以买一本很厚的长篇小说。我记得我买了线装的《苏东坡的诗选》,当然不是木板刻印,是油印的,才一毛五分钱,而且都是二十世纪三十年代印的书,也算是新书。那时候花一毛钱就能买一本很好的书。我经常去这家上海旧书店。另外,我用这些省下来的零钱做我喜欢的事情,比如说我喜欢集邮,我的兴趣很广。现在有些所谓的文人或者是作家,他们除了读书和写作之外没有其他的兴趣,我觉得不可思议,一个人是要有点兴趣的,也要有点闲趣。

我小时候兴趣特别广,对能接触到艺术的东西都有兴趣。我还喜欢音乐,我小时候最大的梦想是做个音乐家,我觉得音乐是最奇妙的艺术,可以把人类心中最神秘、最无法说清楚的情感用音符表达得淋漓尽致。直到现在,我还是喜欢音乐,我写过好几本有关音乐的书,但我不可能当音乐家,因为这需要很多条件。小时候,我拉过胡琴、吹过笛子、拉过手风琴,我也很想弹钢琴,可是没有机会。我甚至还想过有一天我到音乐厅门口做一个卖票的人,收完票以后就到里面听一场音乐会,我觉得这个工作很好。我喜欢集邮,我觉得这方寸之间表现了那么丰富的世界。我集过动物的邮票、植物的邮票，最后，我把主题集中在书以及和书有关的领域。当时集邮，基本上都是外国邮票，我收集了很多外国作家的邮票，有很多作家，我是先有了邮票才认识了他，才去寻找他的书。譬如有一次，我收到两张邮票，我不知道是什么国家的邮票，印得也比较简单，是两个同一个人的头像，好像是戴着英国法官式假发，旁边是舞台，舞台上有人在演出。我一看就肯定是有关作家的邮票，但不知道是谁。邮票买下来以后，我问很多人，问我姐姐，她是学俄文的，她说这肯定不是俄国邮票，她说这也不是英文。后来过了很长时间碰到一位老先生，他很有学问，他说这是西班牙文。这是两枚西班牙的邮票，邮票上印的是法国剧作家莫里哀，我第一次知道了莫里哀。然后，我就到图书馆去借莫里哀的书，读莫里哀的喜剧。

我不喜欢做读书笔记，后来我上中学以后，有一个语文老师，她对我非常关心，因为我作文写得好，每次在语文课上她都把我的作文作为范文念给同学听。后来图书馆的老师找到我们语文老师说："你们班的赵丽宏每个星期都要到图书馆里借三到四本书，而且都是很厚的书，他不可能看得这么快的，你去了解一下到底怎么回事。"后来这个语文老师很仔细地看了我的借书卡，说我借的都是好书，都是文学经典作品，但让我不要读得太快，应该做一点读书笔记。这个语文老师姓黄，我到现在还记得她，她刚刚从师范学院毕业，其实也是个小姑娘，才二十几岁。她送了一本日记本给我，这是我在少年时代得到的最精美的一本日记本。这本日记本我现在还保存着，是1957年的美术日记本，薄面精装的，每一页上都印着一幅中国的古画，这在当时大概是中国印得最好的日记本。她说："我把这个本子送给你，希望你在上面写读书笔记，过段时间给我看看，希望你把在书里面读到的美妙的辞章、词语摘录下来。"还给我开了几个内容，如人物的表情、人物的外形描绘、人物的心理描写等。我也很喜欢这个老师，尊敬她，愿意听她的指点。我想我就做点读书笔记吧，但是这读书笔记我写了不到两页，我就把它搁置了。我不愿意去做，这跟我读书读得多有关系，有一点自己的想法。因为我发现我在做读书笔记的时候，读书的节奏完全被打乱了。我一边读书一边想：哪些词句是写得好的，值得我记，值得我把它摘抄下来，读书速度就变得非常慢。

我们中国古人有说法：一目十行，过目不忘。现在大概也有这样的人，大家看过《三国演义》里面有一个张松，他就是过目不忘，尽管是小说里的人物，我相信生活中也是有的。他读过之后基本上都能记住，曹操把自己的新书给他看，他翻了一下说这本书是别人写的，你是抄别人的，他就把书里的内容大段地一个字不差地背下来，曹操非常惭愧，他清楚这不是自己抄的，他只是重复了先人说过的话，因为这是一模一样的话，他就把书烧掉了。我读书一目十行是做不到的，但一目三行是可能的。但是，如果要做摘抄的话，就读得非常慢。这个还在其次，主要是摘抄这些内容比读的时间还要长，这样读一本书就要花很长时间，后来我就不做这个事情了。

有一次，我记得是一个暑假之后要写一篇作文，老师给了一个很无趣的题目——记暑假里一件有意义的事情。现在，孩子们经常问我怎样命题，怎样来完成命题作文。我有一个看法，今天在座有学生也有家长，你们回去跟孩子讲，不管你拿到什么题目，只要你有自己的生活，你一定要用你自己经历过的生活和你读过的书，来完成这个命题，就一定会写出自己独特的见解。再无趣的题目也是这样，后来我写了一件事情，写我在暑假里面跟农民的孩子一起钓鱼，因为我书读得多，可以把这个过程写得非常生动，我记得我是这样写钓到鱼的瞬间的：

> 我只看到一道银光从水面上窜出来，
> 在我的面前划了一个弧形，银色的弧形，
> 然后落在我的身后，
> 我回过头来一看，不禁大吃一惊，
> 只看到一根银色的宝剑，
> 在青草丛里面跳舞，
> 宝剑和草丛搅成一团。

写得很生动，老师也很欣赏，在语文课上念了。但是，她脸上露出怀疑的表情，不太相信是我写的。好像这个写得太文学、太有想象力了。下课以后，黄老师把我叫到她办公室里面："这个作文是不是你自己写的？"我觉得她侮辱了我。我说当然是我自己写的，她说你那个读书笔记记得怎么样？我也只能老实地把我的状态告诉她，我说我没有做。我现在还记得黄老师脸上露出的不悦之色，她觉得我不听她的话，我也很紧张，急急巴巴地把我的想法告诉了她：一是这样我读书读得慢了，另外我觉得抄写要花很多时间。一般的孩子大概不会说，我说了以后黄老师也有点惊讶：好文字抄下来也是别人的，我抄下来有什么用处？难道我写作文时再去

抄这些话？我说我写作文，还是要用我自己的话来写。后来我就看到黄老师的脸色由阴转晴，她笑了，她说你就照你的方式读书，我不管你了，你就用你自己的话来写作文。黄老师这个话其实管了我一辈子。

想起黄老师我就想起巴金。我非常尊敬巴金，我和巴金也算是忘年之交。在我少年时代的阅读经历里，巴金的书我都读过。但是说心里话，我少年时代不是很喜欢他的书。不是说他写得不好，读巴金的书，总觉得有一种压抑和沉重的感觉。巴金主要写的是旧时代的黑暗，写的是知识分子在黑暗时代去寻找光明的经历，但最后都是悲惨的下场。悲剧的气氛，让那个时代的少年人觉得很压抑。但是，我读巴金作品的时候，我感觉到他是一个好人，是一个善良的人。"文化大革命"批判巴金的时候，我第一次见到巴金。我小时候也到上海作家协会门口去等，我知道巴金是作家协会主席，我想我会在门口碰到他。我第一次看到他是1967年，"文化大革命"的第二年，在上海杂技场，开一场上海批判大会，批斗以巴金为首的那些人。这个批判大会通过电视直播，这也是当时中国的一个"创造发明"，我不知道世界上其他国家有没有这样的事情。我第一次看到巴金，就是他在被批斗，我很难忘记。我才十几岁，当时批判会上有几个人我印象特别深。一个是巴金，因为我读过他很多书，巴金在这个批判会上没有说一句话，他胸前挂了一块大牌子，名字被人打了大叉。批斗会的言辞把他描绘成一个最阴险、最坏的人，但这些批判的言辞对我没有影响，尽管我很小，但我认为批判的不是这个人，批判的不是写这些书的人。在这个批判会上我还见到了另外一个人，非常倔强的音乐家贺绿汀，叫他低头也不低头，不服气还顶嘴，所以那次他是批斗得最厉害的。巴金从头至尾没有说一句话，但是我永远不会忘记他那种表情，那种无奈痛苦的、带着一种悲凉无助的感觉的表情。

后来"文化大革命"十年中，巴金从人间消失了，"文化大革命"结束之后才出现。我记得再次见到巴金是在上海开的一个文艺座谈会，是1978年，粉碎"四人帮"以后的第二年。上海第一次开文艺座谈会，我也被邀请参加，那时我也已经发表了一些作品，是作为一个年轻诗人被邀请参加的。但是那次开会，最重要的事情是我看见了巴金。开会的时候，有一个人告诉我巴金也来了，就在隔壁的小说组，而我在诗歌组。那天我在诗歌组里坐不住，我就到隔壁去看巴金，我看到他：十年前灰白的头发，十年以后像雪一样白。头上已经没有一根黑发，他默默地坐在那里，但是我看他的表情是高兴的。开会的那天上海的《文汇报》发表了一篇文章叫

《一封信》，一个很朴素的题目，这是巴金在经历"文化大革命"以后第一次发表作品，写得很有激情，写了他对那个黑暗时代的看法，写了他当时兴奋的心情。

那个会议结束后，我站在上海展览馆的广场上，等巴金出来。我看到巴金站在广场上很高兴地跟他的几个朋友讲话，这些朋友后来我也都有交往，都是上海老一辈的文化人，有黄佐临先生，有柯灵先生，有草婴先生，有王西彦先生，等等。因为他当时不认识我，我只能远远地看着，最后看他们离开上海展览馆。再后来，我开始关注巴金在"文化大革命"结束后发表的那些文字，就是后来成书的《随想录》，他最初是在香港的报纸发表的，然后在国内的报纸同时发表。

对不起，我讲话顺序不对了，刚才讲童年，一下子就跳到后面讲巴金去了，主要是因为这本《随想录》让我太震撼了。

让我小时候读书受到过震撼的是法国作家卢梭，他写的长篇小说叫《忏悔录》，是一本自传体的小说。这位外国人写的小说为什么会让中国的一个孩子的灵魂受到震撼呢？因为《忏悔录》写了他灵魂深处见不得人的念头，他做过一些肮脏的事情，他把它真实地表达出来，带着一种忏悔的心情，这个不是每个人都能做到的。鲁迅先生讲过一句话：真正的现实主义就是把自己的灵魂亮出来给别人看。但不是每个人都有这样的勇气、有这样的自信心、有这样的力量把自己的灵魂很真实地展示出来。我阅读《忏悔录》的时候，觉得这个人真了不起，他这么真诚、这么大胆、这么勇敢。你不会觉得，有这样肮脏念头的人是一个龌龊的人，你反而会觉得他是一个高尚的人，这种震撼在我读其他书的时候不是很多。

读巴金《随想录》的时候，我受到过类似的震撼：巴金的《随想录》是他对自己一生的总结。他批判社会，批判历史上很多现象，但他在剖析世界的同时，更多的是剖析自己的灵魂。他对自己非常无情，他做过的觉得对不起别人的事情，说过的觉得伤害别人的话，他都不放过，他忏悔。读这样的文字我觉得震撼，后来我忍不住给巴金写了一封信。那是八十年代初了，我出了我的第一本散文集，我把我的书寄给巴金，还附了一封信，谈了自己对《随想录》的看法。我一生很少写这样的信，其实我觉得我没有这样的习惯：给一个我喜欢的作家写信。其实我自己收到过很多信，我这几十年收到过几千封信，但是我并没有给每一个人都回信，大部分的信我都没有回。我在信的后面提了一个要求：我很想得到你的一本签名书，很希望在送我的书上为我题一句话。这是我的由衷之言，我希望巴金给我题一句话。但这个信寄出去以后，我有点后悔，我觉得巴金是不会理会我的，他不会知道我是谁，他大概也没有读过我的文章。想不到三四天以后，巴金就回了信，而且是挂号信。那时我住浦东，我以为是什么稿费，下去盖章时一看，一个大信封，看到了巴金的签名。我打开一看，是巴金最新出版的一本书《巴金序跋集》，我赶紧翻开第一页，就看到他的题词："丽宏同志：写自己最熟悉的，写自己感受最深的——巴金"，很朴实的话。这就是巴金的风格，这就是他一生的写作经验：写自己最熟悉的，写自己感受最深的。巴金也写过自己不熟悉的，写过自己感受不深的，这个到后来都写在他的《随想录》里面。他觉得一个作家不应该是这样的，你不知道的东西，你不能去写，你没有这样的认识不应该去写，你不熟悉的也不应该去写。

说到我的少年时代，还是要说到黄老师。黄老师讲的话，跟巴金为我题的词其实是一样的，黄老师说用你自己的话来写作文，巴金的题词也是这个意思：写你自己最熟悉的，写你自己感受最深的。大家肯定都读过胡适先生的文章，他说读书要有四到：眼到、口到、手到、心到。眼到就是要用眼睛去读；口到就是要吟诵；手到就是要做读书笔记；心到就是要去领悟、去感悟，这是读书的最高境界。而且对读者来说，是应该这样读书，是要做一些读书笔记，这样这本书将来才会成为你的学问。但是，我是做不到"四到"的，我想我只有"二到"就可以了：眼到、心到。

当然，我也曾经做过详细的读书笔记。在上初一的时候，我借到一本泰戈尔的散文诗《飞鸟集》，人民文学出版社出版的，翻译者是郑振铎先生。读这本书时，我没想到它深深吸引了我，我觉得这本书是有魔力的。它每一段文字都很短，但是每一段文字都让你觉得无比奇妙。它或者是对大自然的描绘，或者是一句叹息，你都觉得很神秘，有许多内容隐在里面。我给大家背诵几句：

> 在黄昏的微光里，
> 有那清晨的鸟儿飞进了我的沉默的鸟巢。
> 地上的兽喧哗着，天上的鸟歌唱着，水里的鱼沉默着，
> 我的歌是兽的喧哗、鸟的歌唱、鱼的沉默；
> 杯子里的水亮晶晶，大海里的水黑沉沉，
> 小道理可以用文字说明，大道理只有沉默。

这样的诗句，这样的文字，对一个十一二岁的少年来说，觉得非常神奇，我把《飞鸟集》抄了一遍，到现在我还能背诵里面大部分文字。因为《飞鸟集》认识了

泰戈尔，我找到了所有能找到的泰戈尔的书，他的诗集、他的散文集、他的小说、他的喜剧、他的评传、他的传记。可以说，在中国我是读泰戈尔读得比较多的，印度人也知道，很多年前印度记者来采访我，我跟他谈泰戈尔这个人，他非常吃惊，他说你对泰戈尔的了解远远胜过我们印度人。后来，我带一个访问团访问印度，在印度文学院，我也谈泰戈尔，印度作家也非常吃惊。1979 年，我写过一篇散文叫《小鸟你飞向何方》，还在上大学的时候，我就写了对泰戈尔的看法。

在我读高一的时候，中国开始了"文化大革命"，我一直有一个观点，"文化大革命"十年，是中国历史上非常重要的一段历史。年轻的一代不能不知道这段历史，这段历史不应该是盲点。大家应该知道在 1966—1976 年这十年间中国发生了什么，这个革命是怎么回事，它对当时的中国人、以后的中国人，对世界产生了什么影响？我们不能忽略这段历史，现在有些人认为这段历史不要多谈，认为这是一段耻辱，是中国人的羞耻，是我们民族走过的歧途。但我觉得不能忘记历史，牢记历史是为了更好地往前走，不让这样的历史重复。

"文化大革命"开始以后，我们这代人就发生了很大的变化，所有的大学都关闭了，所有在我童年和少年时代喜欢过的作家，都受到了批判，我热爱过的一切艺术都被封存。1968 年，我中学毕业那年，因为毛主席发了一个号召：知识青年到农村去，接受贫下中农再教育，很有必要；农村是一个广阔的天地，在那里是大有作为的。就是这个指示，全中国的中学毕业生的命运就被决定了。我要参军也不行，我是资产阶级出身，没有资格当兵，只有一条路，就是到农村去，接受贫下中农的再教育。我当时也很年轻、很浪漫，我想，要走的话就走得远一点，我要到最远的地方去，到黑龙江去，到军垦农场去。我就报名到军垦农场，结果没批准，因为军垦农场是前线，是边境。黑龙江对面就是中国当时最大的敌人——苏联，像我这样家庭出身不好的是不能去的，这使我非常沮丧。我们家里三个插队落户，姐姐和妹妹去了安徽。如果我再去的话，我父母实在是无法承受，大家可以想象，我们家里六个孩子，三个在上海工作，三个要到农村插队，当时家庭无法承受。后来想办法把我的户口迁到了我的故乡崇明岛，我是回乡插队，叫投亲靠友回乡插队。

我开始了我人生的第一课，我背着简单的行李，行囊中有几本书，到崇明岛插队落户。崇明是上海的郊区，说起来离上海很近，一江之隔。但一江之隔就是两个世界。我住在一间草屋，晚上点的是油灯，电也没有，吃的是粗粮，干的是苦活。

这些我都能够忍受，但是最难忍受的却是孤独，没有书看。我刚刚去农村的时候，是一个沉默的人，我不说话，一天到晚不说话。我每天在油灯下写日记的时候，我就在想，今天说了几句话，都是能够想起来的，每一句都是最短的词汇，都是回答农民提的问题。当时农民都用有一点异样的眼光看我，觉得这个城里来的年轻人很奇怪。但是，我能感受到农民对我的关心以及那种善良。他们关心我，想来帮助我，想来了解我。当时我有一个错误的想法，认为那些农民没有读过书，觉得他们根本不会理解我，不会理解我心里向往的东西，跟他们讲，就像对牛弹琴。但是，每天收工后，还是会有农民给我送红薯，送几根玉米，或者一碗青菜。在干活的时候，他们让我少干一点。但是，这却无法救我，我记得我在日记里这样写：善良的农民啊，你们帮助得了我的身体，你们无法挽救我的灵魂。我最需要的东西你们是不可能给我的。我最需要的是什么？我想读书，想上大学。他们不可能给我，所以当时我是很消沉的。

但是，这种消沉的状况维持了两个月就发生了很大的变化。

我写过几篇文章谈这段历史。这个变化的原因是什么？第一个原因就是那些农民，他们让我改变了对生活的看法。当时，"文化大革命"就是阶级斗争，就是人与人之间相互地批判、揭发和斗争。我在日记里是这么写的：在我的中华词典里，有些词汇应该删掉，比如人道、同情和爱。这样的词语如果出现在生活里面，就要受到批判。但是，后来我发现，这些词语所代表的感情是不可能被消灭的，不管这个世界发生什么。我就是从那些农民的身上感受到了这些。那些农民善解人意，他们知道这个从上海来的知识青年需要什么。后来农民告诉我说：你只要拿到一本书或者一张报纸，你就变成了另外一个人。他们知道这个上海来的知青喜爱读书，为了帮助我，生产队里面凡是家里有的书，都找来送给我。我没有想到，在这个偏僻的农村，"文化大革命""破四旧"的烈火没有烧到那里。农民家里，只要有人识字，总是有几本书放在那里。农民把他们家里各种各样的书都送来给我。我现在还记得有《红楼梦》、《儒林外史》、《初刻拍案惊奇》、《二刻拍案惊奇》、《千家诗》、《孽海花》、《唐诗三百首》、《福尔摩斯侦探》、《七侠五义》、《七子八婿大团圆》等。你们没听过这样的书吧？后来拍成电影、得了奥斯卡奖的《卧虎藏龙》，其实是一部现代作家写的武侠小说。我是来者不拒，农民给我的书，我全部都要，全部都会看。农民觉得只要是印成书的文字，都能够抚慰这个来自上海的知识青年。

农民送书的举动，让我很感动。有一个小学校长，送了我一套乾隆年间的课本

《昭明太子文选》，装在一个非常好的盒子里面。这套两百年前的书，保存得非常完好。如果这套书放在现在，十万块钱也买不到。

但是最感动我的一本书倒不是这个《昭明太子文选》，而是一位老太太送给我的一本没有用的书。我记得是一个秋天的夜晚，那天晚上有月亮，晚上七八点钟感觉就像深夜。有人敲门，我打开门一看，门口站着一个老太太，她的形象完全是一个幽灵：骨瘦如柴，两个眼陷下去，像骷髅一样，头上只有几根稀疏的白发，嘴里没有一颗牙齿。如果拍一个恐怖片的话，她就是一个魔鬼的形象。但这位老太太我是认识的，我下乡那年她满八十岁，但是因为辈分我叫她"新妈妈"，她是不识字的。我知道生产队里，哪些农民识字，哪些农民是文盲，因为分粮草时，有些人签名，有些人盖章，有些人摁手印。那些摁手印的就是文盲，他们是连自己的名字都不会写的。新妈妈就是文盲，我去过她家里，帮她送过一次柴草。她住在一间草屋子里面，家徒四壁，只有一张床，一个做饭的灶，一些放粮食的坛坛罐罐和一张破桌子，当然不会有印刷品。但是，那天晚上她站在我门口，我问新妈妈你来干什么？她说我给你送一本书，她说话的时候嘴巴是漏风的，我很奇怪她会送什么书给我。然后，她就把外罩衣服的纽扣一个个解开，从里面拿出一本书给我，给我以后就走了。我也不知道是什么书，我要送她，她不要我送。这个新妈妈是三寸金莲，缠裹过足，我就看着她挪动着小脚，在月光下，沿着一条河走远。我回到房间里面，在油灯下一看，是一本什么书呢？是一本 1936 年的历书，就是我们现在挂的年历，阴历和阳历对照的那种年历。这本书对我没有任何用处，里面有一点对农历的介绍，也没有封面，这是我在农村得到的一本最不值得我读的书。但是，当时我对着这本书真的哭了一场，眼泪忍不住流下来。这位不识字的八十岁的老太太，她认为这本书对我是有帮助的，她走了很远的路，把这本书送给我。而新妈妈，在我离开农村不久也就去世了。

后来，我写过一本书叫《在岁月的荒滩上》，就是写我在农村插队的事情，在这本书的序言里是这样写的：假如现在死神站在我面前，他问我在你离开这个世界的时候，如果我让你见十个人，你最想见到的是谁？我说我闭上眼睛想，在我面前出现的一张张脸，大部分都是我当年插队落户时遇到的那些农民，其中，就有这位送我旧年历的新妈妈。

因为这些农民，我改变了对人生的看法。人与人之间的这种关心、同情、爱是不可能被消灭的。而且那些农民，我认为他们愚昧，他们却并不愚昧。他们善解人意，他们知道怎么去帮助我，这是第一个原因。第二个原因是跟第一个原因有关联的，就是读书，书改变了我的生活。农民给了我几十本书，但是这些书是很有限的，有些书我也读过，这些书不可能陪我度过在农村所有的漫长时光。

但是我很幸运，我在一个被废弃的乡村图书馆里面，找到了很多有价值的书。有一天收工回来准备做饭，来了一位住在我隔壁的老太太，她说来帮我做饭，你生火，我来帮你炒一个菜。她扔过来一本书，这本书不是给我看的，是扔给我做火媒的。因为一根火柴是无法把棉花秆和稻草秆点燃的，必须要点一张纸，才可以把柴火点着。但是我下意识地看了看是什么书，一看是一本外国的书，没有封面，我翻开几页，知道是一本文学作品。里面的文字，马上就把我吸引了。非常美的文字，我现在还记得那些文字，两个少女在月光下散步，一个叫丽莎，另一个女孩对丽莎说："你看到那些在月光下滚动的露珠了吗？它们在月光下滚动，那么晶莹，那么璀璨。但你要记住，明天早上当太阳升起的时候，这些露珠就会消失。我们的生命就像露珠一样短促，你要珍惜。"这是一篇小说，是少女失恋以后，有轻生的念头，另外一个也是少女，用这段话来安慰她。后来我才知道这本书的作者是苏联作家帕乌斯托夫斯基，一位非常好的作家。这位作家有一本书，是我少年时代最喜欢的书之一，这本书的名字叫《金蔷薇》，现在你们图书馆肯定有这本书。这是一本非常好的散文集，它用非常优美的语言和独特的叙述方式，讲了很多艺术家的故事。

但是很奇怪的是，这位老太太也是文盲，丢给我的却是一本我没有见过的外国作家写的书。我当时完全忘记了要生火，我就拿着这本书，很贪婪地读起来。老太太在忙了半天后，发现锅根本就没有热，还是冰冷的，她到我后面一看，我根本就没有生火，而在读这本书。老太太说："你不要急，这个书那边学校里面有。"

她说了一个学校的名字，她说的学校我知道，离我插队的生产队大概两里路，是一个乡村的学校，很简陋的学校。我有时候也经过，有时候进去看那里学生上学的场景：一个教室里，两个年级在一起上课，一个老师这里讲讲，那里讲讲。我不相信这个学校里面有这样的书。但这本书是一个客观的存在，老太太是不会变魔术变出来的。正好第二天生产队不干活，我去了那个学校，找到了那个图书馆。所谓的图书馆就是一个大房间，堆满了书，从地上一直堆到天花板。因为是泥土的地，下面几排书都已经霉烂。我没有想到在一个偏僻的乡村学校，会有这么多好书，房间里堆的每一本书都是值得读的。后来我才知道，这个学校的老校长（我去的时候，他已经去世），就是一个鲁迅式的人物，他家里是大地主，本来有几百亩地。他上过很好的学校，受过很好的教育，他有一个理想就是要办一所学校，让所有的乡亲都能来识字，他要消灭家乡的文盲。他有这个理想，而且有能力做这件事情，他变卖掉田地以后，办了一所乡村小学。所以在我插队的那个地方，很多农民都识字，那些农民家里都有几本书，跟这个学校是有关系的。学校办了几十年，他每年从他可怜的经费里拿出一点来，为这个小小的图书馆买书。他是一个读书人，他知道什么是有价值的书，这个学校里购进的书，都是非常好的书，古今中外都有。我还在这间屋子里看到一本画册，是蔡元培所编的《世界名画选》，这在上海也不见得有，尽管是黑白线装的，但是印了很多世界名画。

我挑了两百多本，从生产队里借了一辆手推车、三四个大麻袋，把这些书装在大麻袋里面，运回我的草屋子。后来回想起来，这也不算是偷书的，因为这个门是开着的，人人都可以进去，有些人拿书是像老太太一样做火媒的。我把这两百多本书带到草屋，从此我的生活就发生了很大的变化，变得很充实。你们可以体会到我的心情，白天在生产队里干活，这个活干得再苦再累，但是想到晚上回家，能在油灯下读一本我喜欢的、没有读过的书，我就觉得活得很有意思、很有盼头，人生也变得很有期盼。

我当时很年轻，十八九岁，人很瘦，瘦得像猴子一样。干活却要干很苦的活，那时候要挑一担大粪，两百多斤重，要从船上挑到生产队里，三里多路，都是很小的田埂路，还光着膀子。一担大粪两百多斤，压在肩膀上。农民可以把这肩膀上的扁担在两边换来换去，我是不会，我只会用一边的肩膀，从头挑到底。

说到这个，我又想起我喜欢音乐。我写过一篇文章，讲到最震撼人心的音乐我不是在音乐厅里听到的，而是在农村，在田间听到的。我跟农民一起挑粪的时候，几十个人，排着队在农村的乡间小路上，每个人的肩上都有两百斤的一担大粪。那些农民，每个人都发出声音来，那叫"劳动号子"，没有人规定怎么去叫怎么去发音，每个人叫的声音都是不一样的。有的人叫得像牛一样，低沉地在吼；有的人像女人一样大声地叫；有的人在那里很嘶哑地叫。不同的声音神奇地混合在一起，很有节奏，在田野里飘旋。

我读过英国作家毛姆的一本小说《在中国的屏风上》。二十世纪初，毛姆曾经在中国生活过两年，接触了很多中国人，到过中国很多地方。书中有一段写他在嘉陵江边看到那些背船的纤夫，听他们喊出的号子。而我当时写日记的时候，也听到农民挑担时发出的声音。我是这么写的：这是被压抑的灵魂，灵魂受到压抑后发出的一种痛苦的呼喊，他们好像要呼唤什么。二十几年以后，我读到毛姆这本书，写嘉陵江边纤夫的号子。这个语境跟我的想象是完全一样的。

我又扯远了，我说我在生产队干活，浑身的骨架都要散了，一天下来，肩膀全部烂了。农民是不穿衣服的，我穿了衬衫，衬衫烂了血肉模糊，衬衫也脱不下了。就是在这么痛苦的情况下，我想起晚上回家，可以在油灯下读一本我喜欢的书，就觉得这些苦难我能够忍受。也就是在这段时间，我开始写作，开始在油灯下写作。我当时写作没有任何名利的思想，我没有想过我要当作家，我没有想过我将来要发表这些文字。我只是在日记本上，把我每天看到的、听到的、想到的写下来，其实也就是写日记。我那时也写一点诗，我写过一首诗《火光》，那首诗是在我最沉闷的时候写的，我不知道我的前途在什么地方，又不甘心在我十八九岁的时候，生命就这样结束，曾经产生过的理想就这样全部都熄灭。

我写这首诗的时候，脑子里出现过一幅画。我看过很多画，有些画我觉得是一个人的财富，金钱是身外之物，你再富裕赚再多钱，明天也可能是穷光蛋。只有一种财富是永远无法被剥夺的，就是你曾经读过的书，你曾经吸取过的知识。你读一本好书，就会像一颗子弹，打在你的心里，留下一个弹孔，永远在那里，不会消失。我看过的画也一样，我看到一幅好画我一辈子都会记得。我记得小时候看到一幅美国画家的画，内容是美国人从非洲贩运黑奴，途中那些黑奴发生暴动，反抗的黑奴受到惩罚。我们在小说里面也读到过，这个画面就是：一个反抗的黑奴被处死，在被鞭打之后，遍体鳞伤的黑奴赤身裸体地躺在一块木板上，这块木板刚好能承受这个黑奴身体的重量，然后这块木板漂浮在海面上。海面上波涛起伏，最恐怖的是离他不远，水面上露出的鲨鱼黑色的鱼鳍，很多鲨鱼向他游来。这个黑奴睁大了眼睛，仰望着天空，目光里全部是绝望。这是一幅表现死亡的油画，我没有记住画家的名字，也没有记住这幅画的名字，但是这画面却强烈地震撼了我，我永远也不会忘记。我在写这首诗的时候就像这个黑奴一样，躺在一块木板上没有前途，不知道要到什么地方，也许马上就会毁灭，但是我又很不甘心。

这诗我能背得出来的，我背给大家听。当时是没有题目的，后来被收到我的诗选里面去，给了它一个题目叫《火光》：

假如坐上一艘小小的舢板，没有舵把也没有篷帆，没有船桨也没有指南，头上是呼啸横行的风暴，身边是劈头盖脸的浪山。

只有海鸥凄厉的呼号，在灰暗的天空里时续时断。

只有鲨鱼惨白的牙齿，在起伏的波浪间一闪一闪。

你说，你说，我该怎么办？

是大声地祈求，等待波浪把我冲上沙滩？还是默默地祈祷信风把我吹进港湾？

不，我不愿用这愚蠢的天真接受命运严峻的挑战，死神已经无情地站在眼前！

然而，面对这样的绝境，你即便是勇士也只能望洋兴叹。

你说，你说，我该怎么办？

哦，我想点起一团小小的火在这漫漫无边的夜间。

没有柴火，可以拆下舷板，哪怕，让我的小船化成烈焰。

倘若这世上还有清醒的眼睛，火光定能传达我心中的呼唤。

烈火的煎熬一定是万分苦痛，希望的光亮却能滋润心田。

或者，让火光成为我生还的信号，

或者，让火光成为我葬礼的花环。

我现在读这首诗的时候就能想起当年的景象，其实没有那么悲壮。我写这首诗的时候，还没有从沮丧、失落、消沉中脱身出来。但很快，我就改变了我的状况。

我刚才讲了那些农民、那些书，他们改变了我的人生。另外一个是当时那些农民不能理解的，就是大自然。

我是一个热爱大自然的人，人和自然的关系，现在大家谈得很多。曾有很多报刊要我写文章推荐书，二十世纪结束的时候，一家报社要我推荐十本书，这件事其实是很难做到的，因为读过的书很多很多，要我推荐书真的不知道要推荐哪本好。后来，我还是推荐了十本，其中有一本是美国作家梭罗写的《瓦尔登湖》，他写的是人对大自然的描绘。现在中国作家也开始写这样的作品，写人和自然和谐的关系。当时我没有这样的认识，但是我觉得一个人在大自然里，所有的烦恼都会消散。所以，我那时经常会对着大海、对着芦苇荡和田野发呆。早上出早工的时候，看到太阳升起来，都有点激动，因为每天的日出景象是不一样的。这点农民也有点不理解，有一次我说我要去看日出，他们说这个有什么可看的，每天都一样。我经常坐在海堤边上，看海、看日出，有时候会坐一个多小时。当时对于我这个举动，有些农民开始怀疑和担心，因为在农村没有这样的人。他们说只有两种人会有这样的举动：一个是神经病；另外还有一种可能，这个人想自杀，坐在海堤上思想斗争，是死还是不死。

当时有些农民判断我是属于第二种，因为我不说话，脸上也没有笑容，一副很愁苦的样子，埋头干活，也不跟人说话，一个人能在海边坐很长时间。但我无法告诉他们我是在享受那一切，那是我忘记烦恼的时候。当时有一位守灯的农民非常关心我，他以为我想不开，天天在那里监督我、盯着我，以为我要自杀，最后却是一个误会。

我写过一篇文章叫《永远的守灯人》，我永远不会忘记他。后来有一次，我往海堤走的时候，他突然从芦苇荡里冲出来抱住我，他以为我要去跳海自杀。这个尽管很好笑，但是当时我很感动。我想，我以后要跟这个人去谈谈心、说说话。但是，就在这个举动后不到十天，这个人就死了。我回了上海以后他就去世了，而且是在他的屋子里面过了好几天才被发现的。我非常难过，我觉得这件事跟我是有点关系的，跳海误会事件对他可能是个刺激。因为他是用了很多心力，想要救一个年轻人，想要把一个年轻人从死亡边上拽回来，后来却发现完全是一个误会。

今天我说了三个让我人生改变的原因，这三个原因，其实说起来就是一个原因——读书。我说农民，农民对我的关心，也是通过书让我认识了农民的善良；第二个原因是书，书改变了我；第三个原因是大自然，大自然其实也是书。读大自然也是读书，明代有一位作家叫张潮，他有一段很妙的话：如果你是读书人，请不要愁没有书，你的周围都是书，山水是书、棋酒是书、风月是书，大自然都是书。如果你是有情趣的又会读书的人，一切都是可以当书来读的。

阅读改变人生，我想，如果生活里面没有书陪伴我，我是走不到今天的。现在时代不一样了，但不管到什么时代，读书这件事情，对我们每个人来说，永远是一件不可或缺的、美妙的事情。

听众：赵老师您好！您是德高望重的文学大家，您的文学作品妇孺皆知，好多作品都被选入了全国各种版本的教材里面。其中"苏教版"五年级下册，选了您一篇作品《望月》。这篇文章非常优美，讲的是您和外甥在黄浦江畔望月的事情，我对您外甥神奇的想象力感到非常吃惊。您在看月亮的时候，小外甥过来了，您问他怎么来了。他说"是月亮把我叫醒了"，然后你们谈论一些与月亮有关的诗歌，想到了月圆月缺，您问小外甥："你说，这是什么样的眼睛？"他说："像天的眼睛。"您又问是怎么样的眼睛，他说："这是明亮的眼睛，它很喜欢看我们的大地，所以每一次闭上了，又忍不住偷偷睁开，每个月都要圆圆地睁大一次……"这是要对月圆、月缺有基本的天文知识才能懂得。我的问题就是：您写这篇文章的时候，外甥有多大？他说的这两句话，是他自己的肺腑之言，还是您给他的润色或您对作品的艺术夸张？最后一个问题是您如何理解生活的真实和艺术的真实？谢谢！

赵丽宏：写这篇文章的时候，没想到会被收到语文课本里去。这写的是一个真实的故事。1985年，我应邀到庐山去参加一个笔会，在这个笔会上我要讲关于散文创作。那次笔会，我把我的小外甥一起带去，他那时大概上小学四五年级。我姐姐的孩子确实是一个聪明的孩子，也很喜欢读书，我写的跟他的交流基本上是真实的。我外甥很有灵气，他说"月亮把我叫醒了"就是原话，其实他是有点幽默的，月亮照在他身上，他睡不着，月亮把他叫醒了。然后我就考他，月亮的诗你能背出多少？他背一句，我背一句，那天晚上就是这样，我说月亮像什么，我想考考他的想象力，后来就出现了那些对话。但是这个月圆月缺，这对他来说完全是知识里面，他完全掌握这个知识，都是他的原话。我当时就想写篇文章，其实这篇文章作了三节，文章最后，我说你还读到哪些关于月亮的文章，他说我们的语文课本里面就有一篇贝多芬的《月光曲》，他就大声地背《月光曲》，但被收到课文的时候，好像被删掉了。

我这个外甥，现在已经三十多岁了，他中学考进了上海最好的重点中学，大学考上了复旦大学。他开始进大学读的是生物系，当时觉得生物专业是很有前途的，后来觉得自己不喜欢生物，然后想办法换系，换到了法律系，毕业以后当了律师。现在，他自己在办一个咨询性的企业。你刚才讲艺术虚构跟生活真实，我对散文有看法，散文是一个非虚构的文体。散文最能打动人的，并不是表现在文字里的想象力，而是你的感情，是你真挚的情感。我想每一篇好的散文能够流传下来，都是表达了作家的真挚情感。我对散文有三个字的定义：情、知、文。所谓"情"就是真情和真诚，这是散文最打动人的灵魂；所谓"知"就是智慧和知识，是你对事物独特的见解，如果一篇文章里面你说不出什么道道来，读者看了以后一点意思也没有，那就不会是一篇好的散文；所谓"文"，就是文字，即你的表达方式、你的文采、你的文字的个性！

听众：赵教授，您好！您刚才说了很多人给您写过信，二十八年前，我就是给您写过信的读者，虽然没有得到回信，但我今天非常高兴！（赵丽宏：你写过信给我？）写过！当时我是拿一本写作日记写的，上面是绿色封面，我印象非常深刻。我有一个小的问题：刚才这位老师讲到的《望月》这篇文章，从我的解读来看，有天上月、水中月，还有心中月，我们现在基本上作这样的解读。赵老师在写这篇文章的时候，是重"意"的过程，自然流淌的，还是刻意来安排这种结构的？是这种形式在前，还是"意"在前？

赵丽宏：我再一次抱歉，我刚才也讲，我收到过几千封信，但我回信的次数不多。有时候我是由衷地，从内心深处敬佩那些老一代的作家，他们对读者的那种态度，虽然他们也不会每一封信都回，但是他们回信肯定比我多。有时候我真是很歉疚，真的对不起。你二十八年前给我写信，你的信我给忽略了。你是我没回信的读者之一，很抱歉！刚才你这个问题，杭州有一位老师叫王崧舟，有一次，我被邀请去听他讲课，上得很好，可以说他对我文章的解读，都是我没想到的。其实一篇文章的空间都是很大的，不同的人读相同的文章，可以读出不同的感受。但语文教学，像你刚才讲的天上月、水中月、心中月，这是为我总结的。我在写作的时候脑子里绝对没有这样的念头，我只是把我自己的经历写出来。我写得比较艺术，可以让人这样总结。当然，如果在座有语文老师的话，我也不妨跟大家讲讲我对解读课文的一点看法。我有一篇课文叫《学步》，是写我跟儿子的交流，写一位父亲看儿子学走路的过程。我用第二人称写的"儿子你要……"然后再写到人生的路还很长，他跌跌撞撞地要这样走下去。这篇文章，后来也被收到语文课本里面。我的儿子有一次上课就是学这篇文章，文章里我儿子叫小凡，在上海人人都知道赵丽宏的儿子叫小凡，因为他们语文课本里面有这篇文章。我儿子有一天回来拿了《一课一练》，他说今天《一课一练》是做你写的文章，你是权威，你来帮我做。后来我看了这《一课一练》，告诉儿子我做不来，如果我来做的话老师会算你错。

老师说作家用了这个词汇，这个词汇就是天下最好的，这个词汇是最合适的、不可替代的。这词汇不仅不能换别的词汇，而且还问学生为什么，我觉得是刁难学生。我说你如果要照我的意思，你就这样回答：这个词汇写得还可以，但还可以换别的词汇。我觉得，后面还应该有一条，如果你认为可以换别的词汇，那么请你说说还可以换什么词汇？我觉得应该这样才是对的。语文课本不要把一篇文章读死，老师们不要给它规范，就一定要这样去理解，如果学生有自己的理解更好，应该鼓励。

　　我有一篇文章被收在湖北"鄂教版"的语文课本里面，我自己都不知道，语文老师写了信我才知道，这篇课文的名字叫《蝈蝈》。当时发表在湖北的一张报纸上，后来被收到湖北的课本里，现在还在用。这位老师是一个蛮有水平的老师，她说我在上这篇课文的时候，我规定的主题是"生命是不能被束缚的，不能关在笼子里面，生命是向往自由的"。但是有个孩子上课的时候，说老师我觉得作者不是要讲这个意思，这个孩子说是蝈蝈太吵了，影响爸爸妈妈睡觉，爷爷是关心爸爸妈妈，所以把蝈蝈放走。这老师写信给我，问我想表达的思想到底是什么？这很有意思，所以我给她回了一封信，后来她把我的信发表在他们的语文刊物上。我写这篇文章的时候，是一种比较复杂的情绪，孩子们意识到的这种情绪我也想到过。生命需要自由这个想法，我脑子里有的；老人退休后生活非常枯燥，像关在笼子里，像蝈蝈一样这个念头我也是有的。但我一句议论也没有，读者完全可以靠你自己的阅读去理解，你想怎么理解就怎么理解。所以我认为孩子这样的理解完全是对的。希望语文老师不要把孩子的思想束缚在你的思想里面。

　　听众：非常感谢暨阳大讲坛给我这个机会认识您，尊敬的赵老师，您好！您的讲述非常纯朴，很真实，所以也就是这一点打动了我。我接下来问一个很真实的问题：现在课务繁重，学生面临升学压力，作为家长、老师如何指导自己的孩子和学生去阅读和写作，而不是浪费一些不必要的时间？谢谢！

　　赵丽宏：每个家庭都碰到过这样的问题，我也无法给你一个良方。我的想法是，每个人都可以根据自己的情况来做。因为教育制度放在那里，考试也是一个相对来说公平的办法。因为很多弱势群体、贫穷的孩子，他要改变自己的人生，他要进好点的学校，大家一起来考试，这是相对公平的。但是，又为了在考试中获得好的成绩，为了竞争，把孩子所有的精力，都放在应付考试上，我觉得是一件非常不应该的，甚至说是一件愚蠢、残酷的事情。不能因为现行的考试制度，葬送了我们孩子童年和少年时代的快乐，剥夺一个孩子应该享受到的人生乐趣。我觉得每个家长都应该意识到这一点，尽可能多地让孩子从这种枯燥的、乏味的、应付考试的活动中挣脱出来，去做一点他喜欢的事情。

　　因为我刚才讲现在的孩子时间不多，在宝贵的时间里面，做一点让他们喜欢，又能够提升他们的精神，能让他们过得快乐的事情很重要，我觉得读书就是一个非常好的选择。但是现在的孩子可能不喜欢读书，感觉现在不是一个读书的时代，现在读书费时间费神，玩电脑、看电影、看电视似乎要轻松得多。但是一个孩子在他成长的过程中，如果不是通过文字了解这个世界，我想这个人是残缺的。一定要让孩子认识文字的魅力，通过文字来读到美妙的故事，读到美妙的思想。如果孩子能够懂得这种乐趣，在读文字的过程中感受到乐趣，那就是最大的成功。那个孩子在点头，我也感觉到了你们给我的回馈。江阴是一个读书氛围很浓的地方，我希望江阴人都是读书人。谢谢大家！

旅行与阅读

许知远

主持人：暨阳大讲坛的听众朋友们，大家好。两天前我接到图书馆宫馆长电话，说有一个讲座希望我能主持一下，主持讲座我还是第一次。他说主题是"旅行与阅读"，还特别给了我两本书:《那些忧伤的年轻人》和《一个游荡者的世界》。我看完之后的感觉是：这两本书充满了批判与质疑、反思与不羁。今天，就有请这两本书的作者，著名公共知识分子许知远老师来给我们做讲座，有请许老师！

许老师的长相和他作品的风格是一致的，都充满了不羁和反抗。今天到现场来的，除了一些中年朋友，还有中学生和小朋友。所以我想，我们先不谈旅行，先谈阅读。你的阅读兴趣是从什么时候开始的？

许知远：在我看来，所有的阅读都是一个孤独者的反映。当你缺乏群体的交流时，你需要跟一些事物进行交流，书籍是很好的交流对象。阅读是一种寻求安全感的行为，一切都容易变化，但一本书不会变化，也不会拒绝你。当然，书也能满足你很多幻想和逃避的需要。现实的生活经常是无聊的、沉闷的，你想逃到另一个空间，那书籍就给你提供了一个非常好的逃避空间。对于我们这一代来说，书籍是唯一的逃避空间；对于新一代来说，他们还有很多电影可以看，有各种选择。我们那时候选择没有那么多，所以书籍变成了一种很好的逃避和一个寻找的世界。

主持人：你的阅读习惯和性格有很大关系吗？你从小就是一个相对来说孤独，或者不太合群的孩子吗？

许知远：被迫的吧，因为小时候的我就不断转学。小学六年我转过五个小学，每去一个小学，就有一帮新的面孔、新的朋友、新的性格。我很难立刻融入他们，内心就会有很多纠结，书籍就变成了我的一个陪伴对象。

主持人：通过你刚才的讲述，你的阅读没有一种主动的引导，而是你性格使然，或者说是环境使然吗？

许知远：我觉得所有人的成长，能被主动引导的都是很少的，而且被主动引导的往往是悲剧。很多家长灌输给孩子某种方向和某种技能，或者某种可能性，这往往会带来巨大的逆反，结果往往也是糟糕的。我觉得每个人的成长，每个人的一生都是一种自我发现的过程，是一个自我寻找的过程，是一个充满了偶然相遇的过程。你碰到哪本书、哪个人都不是能主动设计的，是一个偶然相遇的结果，但这些无穷的偶然性造就了你自己。所以人生是不能功利主义地计算"我要成为什么样的人"的。你要追随命运对你的召唤，追随你内心的渴望。

主持人：你刚才说最主要的还是一种性格上的使然。你的阅读习惯从你的童年时代就开始了，那时你就进入了书的世界。那么你回想一下，你的童年时代、你的青年时代或者大学时代，有哪些书对你比较有影响？

许知远：记忆经常是欺骗人的。人们常常会美化一些记忆，遗忘一些记忆，也会加深一些记忆。所以当我讲述这一切的时候，记忆可能是不可靠的，可能跟真实生活没有那么大的相关性，这是我回忆的问题。

我小学三年级的时候，看过一本《上下五千年》，我不知道现在的孩子是否看过。这本书对我们那一代很重要，是一个基本历史感的培养。当时我转到一个新的小学，寂寞的夏日，没有小朋友陪我玩，我就在家里翻这本书。看隋炀帝怎么去修大运河，看秦始皇怎么去修长城，看袁崇焕怎么去抵抗清兵的入侵。当然，所有的这一切，对于一个八九岁的小孩来说是一个陌生新奇的世界，但却是我对历史最初产生兴趣的原因。到了高中时代，我跟很多人一样，着迷于像李敖这样的反叛者。青春时期总是对现实不满，总是有很多荷尔蒙无法释放。无法释放就需要找反抗的对象，形式化的浅薄的反抗，往往是我们想追求的对象。随着思想的成熟，你会遇到不同的作者和书籍，然后你发现你的人生是一个不断展开和丰富以及寻求深刻的过程。这时你对简单的姿态性的东西，就丧失了兴趣，你开始喜欢那些暧昧的、无法言说的、无法讲清楚的东西。这些东西会触动你，那是一个越来越复杂的过程，包括无法分享的过程。我们每个人的生命都是无法与他人分享的，可以分享的生命都是浅薄的生命。

主持人：你刚才谈到了在你童年时代，或者说少年时代对你有影响的一些书。一些入门的，比如《上下五千年》，它一方面激发了你的好奇心，另一方面慢慢打开了你对历史和人生的理解。那么我想问一下，刚才你谈到你从小这么爱读书，喜欢读书，并且从书中也得到了很多感悟，但是你在北京大学的专业却是微电子，我到现在还没有搞懂，你当时为什么选择这个专业？为什么没有选择文学或者历史？

许知远：我先解释一下微电子是干什么的。大家用的手机芯片、电脑芯片、食堂饭卡的芯片以及坐公交、地铁划的卡，都是我们这个专业的人设计的。当然我是一个非常糟糕的工程师，一个未遂的、失败的工程师，所以后来选择干别的了。

我觉得，在座的和我一定是有共鸣的。我们周围的文化是高度实用主义的，很多时候是反对人文主义、反精神的。小孩在成长过程中得不到自己兴趣的鼓励，总是别人规定你要干什么。这个国家推崇理工科，觉得精神世界不重要。我们上学时大家都觉得笨男生才学文科呢，聪明男生都学理科。在这样一个社会惯性和社会压力下，我也就自然选择了理科，因为不想成为一个笨男生啊。当然文科班女生都很漂亮。我们都很郁闷，这是一个社会压力的结果，这对自我也好，对社会也好，都是一个很糟糕的现象。中国社会现在这么轻浮、这么浅薄、这么枯燥，跟整个社会重理轻文、缺乏人文关怀有很大的关系。而且当一个社会缺乏对人生意义的寻求、对终极意义的寻求、对哲学的寻求的时候，你的理科也学不好，因为科学精神的本质更是哲学精神。所以从这个角度上可以说，我们的大学教育是有不少的缺失的。

主持人：你当初选择上理科，选择微电子这个专业，也是社会环境造成的，你也可以说是现代教育的牺牲者。到了大学之后，你热爱你自己的专业吗？

许知远：很多情况下，一个学生和他的专业之间的关系，就像是一段勉强的婚姻一样。他可以试着去维系一段时间，但内心的反感最终会暴露出来，所以婚姻就终结了。我跟我的专业大概也就是这样的关系，所以才想去寻找"新欢"嘛。

主持人：在大学里，你对自己的专业毫无兴趣，更多的是对文学和历史的兴趣？

许知远：另一方面，因为我们当时是跟物理系的学生一起上课，开始还觉得自己蛮聪明的。在我们班里，有很多同学拿过奥林匹克物理竞赛金牌、奥林匹克数学竞赛金牌。我平时也不好好上课，一般都是考试前加急拼命复习三个礼拜，考试考了六十三分，我就特别开心，总算及格了。我们同学是提前三天开始复习，却能考九十多分，巨大的智力上的自卑感，让我下决心要逃离这个让我自卑的领域。那时我还有些社会上的朋友，他们是做记者的，我觉得他们的生活特别好，每天在三里屯喝酒，早上也不起床。这生活太美好了，我太羡慕了，所以就转行了。

主持人：接下来，跟大家分享许老师的《那些忧伤的年轻人》，其中一节讲到了燕园生活。我想请你和现场的观众分享一些你在燕园生活的点点滴滴。我在准备今天的讲座时，浮光掠影地看了一下这本书，对你的燕园生活还是比较感兴趣的。我归纳了几个关键词：未名湖、诗会、大礼堂、三角地。这是你在书中回忆你的生活时用的几个标志性的关键词。我想我们就从"诗会"开始吧。你到了大学之后，怎么又突然对诗会感兴趣了？

许知远：这本书是十二年前出版的，当时我才二十多岁，谈论年轻时写过的东西总是让人惭愧和羞耻的，悔其少作嘛。不过既然提到了，我也不能回避。每个人都是跟着自己周围的环境一起成长的，你不能独立成个体，需要周围的物理环境、人文环境，需要传统，需要历史，需要他人的刺激，这是人成长的过程。我1995年进北大时，诗歌已经衰落了，文学已经衰落了，我们处在实用主义的时代。我们上大学时，算是沦丧的前夜，但依然延续着一些精神生活、诗歌生活、文学生活的脉络。今天中午我碰到庞培老师，他就非常感慨，八十年代那种高度个人主义的精神人格，九十年代已经很少了。独立的个体、丰富的个体、有性格有棱角的个体已经很少了。这是一个不断衰弱堕落的过程，这里面跟文学的衰落有关系。我们是从文学中、艺术中获得人何以成为人、人应该怎样生活的答案。现实很无聊，没什么太多可谈论的，所以那时候我们已开始衰落了，但还是有一些基本的诗会。我从来不写诗，对诗歌的兴趣被家庭扼杀了，家里人觉得写诗是一件特别莫名其妙的事情。但我对这些始终感兴趣，它是自我表达、高度个人化表达的一个过程。我是理科生，一个未遂的文科生，对那些诗会充满浪漫的幻想。当然，去参加诗会之后，我的浪漫的幻想被打破了，因为诗人大多数不是我想象的那样，太让人失望，像庞培老师这样的已经很少了。

大礼堂也好，三角地也好，都是我们成长的坐标。三角地是北大的一块地方，可以贴各种海报，是通知有什么样的文学讨论会、有什么样的辩论赛的地方。它是一块公共空间，大家可以在那儿自由讨论，是自由思想的象征。北大在所有人的心目中，是一个有自由思想、兼容并包的地方。现在三角地被拆除了，非常遗憾，也让我痛心。

主持人：说到诗会，我半夜在看这本书时，在"未名湖的诗人，静园的歌声"这一节里看到有一段对诗会的描写。我看了哑然失笑，摘录一段分享给大家：

先是一些诗人朗诵了几首戈麦的遗诗，他们的朗诵水平很低。有一位来自清华的女诗人，从她披头散发的样子看，是有几分诗人的味道。仪式快结束时，我前排的一位大汉站起来，声若洪钟地喊道："朋友们，我叫马哲，我为你们朗诵一首自己写的诗，好不好？"然后教室内就是一片笑声，因为马克思主义哲学是我们的必修课。他的声音很大，他的热情很足，他的诗写得太差。他刚坐下，他身边的留着长发有着一张粗糙狠毒的脸的仁兄又站起来，他的目的是展示他的长篇诗《杀人者》。我听着他可怕的声音下更可怕的文字。马哲在一旁热情地解说那是他的代表作，具有多么前卫的意义。那首长诗读完后，他的热情又迫使他急切地展示他的另一首代表作，还好，他被请下台去了，我偷看他的另一首诗的名字是《强奸犯》……

用这样的文字，是对当时诗会现象的一种无奈和一种讽刺？

许知远：确实有讽刺的意味，那是1998年写的，当时我二十三岁，语言很粗糙。但我一点也不反感他们，我觉得他们很有意思。曾经有位英国的哲学家讲得非常清楚，一个社会健康的标志、创造力的标志，是跟这个社会特立独行的个体数量成正比的。一个社会有很多的反抗流俗的人、特立独行的人，这是一个社会健康的标志。我们每个人都需要自由的空间，这些所谓的异端，他们是在为我们拓展生活的自由空间。当他们做出很怪异的事情之后，当你再做出怪异的事情时，你就不觉得有那么大的压力，会更自由、更放松。如今的中国是一个非常同质化的社会，整个社会压力很大。每个人的行为规范、思维方式、言行举止都很像，这是一个很沉闷的社会。你不希望在街上碰到的都是自己，或者和朋友一样的人，你希望碰到不同的人，这是自由的真谛。自由的真谛就是你有权利选择不同的生活，这些人都在为你拓展不同的生活。你就可以从这个生活跳到那个生活，你就获得了选择的自由。所以，我们应该鼓励异端者，尽管他们有时很讨厌、很烦人。整个社会应该宽容这些不合时宜的人，这个社会才会变得有魅力，才值得我们体验人生。当时充满嘲讽，现在觉得他们可爱，现在大学里都找不着这样莫名其妙的人。当年老北大、老清华的人写的文章里，记录的很多著名的教授和学者都是很奇怪的人，比如陈寅恪、周作人……每个人都有不同的风格。有的人讲得你完全听不懂，有的人能让你开心大笑，有的人让你莫名其妙，但正是这些不同性、多样性，造就了繁荣的文化生活，造成了不一样的选择。

主持人：这是诗会，你给大家分享了这些心得。还有大礼堂，在你的书中也不止一次提到，它在你的大学生活中扮演着重要角色，第一次看电影，第一次听音乐会……但却在你没毕业的时候就拆了。从你的文字中，看到的是一种对大礼堂的很深的怀念，我想你怀念的肯定不只是大礼堂的建筑。下面我想请你分享一下，你为什么对大礼堂情有独钟？

许知远：我想不是因为大礼堂。人类对生活的记忆，包括对生活传统的依恋，不可能每个人都脱离传统而生活，那会变成无根的浮萍，不知道自己从哪里来，也不知道飘往哪里去。像大礼堂，就是一个破砖结构的房子，历史也不悠久。我们去了大学才知道，当年崔健在那里唱过歌，唱过《一无所有》。所有这些都是无形又具体的记忆，跟学校的生活、跟过去的生活、跟激动人心的时代产生着关联，这就是建筑的重要性。我们去一些城市，看到那些很老的房子，比如长沙，那年贾谊写《过秦论》的时候就是在那里。尽管房子变了，但还是会跟过去产生关联，帮你审视此刻的生活。如果这些记忆都被拆除的话，你就跟过去失去了关联，就跟传统失去关联，失去关联的人就是一个非常平面的人。

在大礼堂周围有一片柿子林，每年秋天柿子就掉下来，大家都去捡柿子。当年很多人在柿子林那里卖自己油印的诗歌，大声地辩论。这些所有的记忆，跟那些树、那些柿子，跟破砖的大礼堂，构成一个有机的整体。它们构成你的往昔，或者是你想了解的过去。当柿子林被砍掉，那被砍掉的绝对不是几棵树，而是一片记忆之林。大礼堂的拆除，就意味着另一片记忆的消失。最终我们生活在一个没有记忆的时代，那是一个多么糟糕的时代。而且大家随着年龄的增长，发现每个人的生活，本质上都是靠记忆来维系的。我们需要谈共同的往事，来完成这样的连接关系。传统意味着某种民主，意味着死去的人仍然对此刻具有发言权，他们仍然在说话。我在江阴的时候，看到徐霞客雕塑，尽管是走样的纪念，但他仍然在说话，仍然存在，这是对死去人的民主。如果我们把徐霞客的一切都去掉，那就意味着一种多么强的专制和暴力，好像你的过去不重要，一切都不重要。这是一种非常深刻的暴力的记忆。整个中国的城市这么相似，千年的古都变成一个有三十年历史的城市，因为所有记忆被铲平了，这是一种对我们的精神暴力化的过程。

主持人：这是你读书时期的北大，你的这本《那些忧伤的年轻人》里的最后一个章节的标题是"重塑象牙塔"，这也是你对大学生活以及大学教育的一些思考吧。我们认识大学是有偏差的，你现在觉得北大在你心目中是个什么样的概念？

许知远：当然在过去的十多年里，中国所有大学都以非常快的速度堕落。北大因为体量大，堕落速度更明显。大学，本质上是一群年轻人跟一群更年长的、有经验的教授，老人也好、学者也好，在一起互相交流、发现世界、探究未来的过程，是思想碰撞后每个人发现自我的一个过程，这才是真正的大学。因为有大学学术的围墙，可以不受世俗压力干扰，在相对纯净的空间里，探讨未来的可能性、世界的可能性。同时，大学捍卫我们认为的最珍贵的品质是什么？我们的道德需求，我们的审美需求，我们对人生意义的理解，这都是大学这样的机构为社会做出的最重要的贡献，保留人类文明，同时创造新的人类文明。当然中国有些大学是非常不尽如人意的，老北大、老清华，还有一些感觉。1949 年之后，大学立刻被国有化，每个人都要被培养成为国家机器奉献的螺丝钉和砖头，个人的主体性就消失了。过去的二十年里，大学在很大程度上又被市场化了。过去一代人傻乎乎地却又十分真诚地去支援边疆，去上山下乡，成为国家需要的一块块砖头；到了九十年代以后，我们国家经济开始起飞，我们大学生又要成为经济起飞的螺丝钉和砖头；现在的不少大学成了工厂，不是一个年轻人自我发现、寻找传统的过程。其实这是对大学多么大的侮辱，也是对人精神世界的侮辱。在这样的空间里、这样的知识世界里，唯一想到的是生存。我想这跟扩招有巨大的关系。我从来没有想象过现在不少大学包括名牌大学已经很大程度上没有精神生活了。大学里的人所思考的一切、理解的一切、关心的一切、让他们高兴的一切，跟社会上其他人没有分别。看《非诚勿扰》、上 QQ 聊天、上微博，关心的都是些最庸俗的事情，这样的大学有什么价值？如果你不去寻找高尚、不去找美、不去反抗流俗，这样的大学还有什么意义？我觉得这是大学教育严重的失败，这失败将无以衡量，它会使中国将来出现一个巨大的断层。

主持人：你谈到了大学的精英化和大学的大众化，你个人还是认为大学应该实行精英化教育的？

许知远：人类的文明是靠精英来维系的，我这么讲在政治上是非常不正确的。大部分人是随波逐流，是不能为文明创造贡献的，只是活着。衡量一个社会杰出与否的标志、一个时代杰出与否的标志，是一小群人。他们是不是为人类社会创造了新的可能性，他们是不是为你提供了一个截然不同的理解世界的方法，这是一个社会存在的真正意义。

当然，也不是封闭的精英思想。我的意思是，所有人都有成为社会最顶端的可能性，这些精英捍卫某种社会价值标志，这个社会充分流动。每个年轻人不管出生在何地，都有机会流动到上层的精英中，为他们提供活力。如果精英不开放，会封闭、会死亡、会僵化。现在我们所谓的精英阶层，所谓的官僚政府和商业精英阶层是一个封闭社会，缺乏流动性，是一个非常糟糕的社会。

主持人：现在的这种大学大众化的教育，还有精英精神的丧失，导致现在的教育出不了大师。和新中国成立之前比较，那时出了相当多的大师。

许知远：其实民国的有些大师只不过在一个巨大的知识结构转变过程之中，中国实行读"四书五经"的传统，培养了大学者。这些大师进入二十世纪就突然不管用了，而且似乎成了中国崛起和发展的阻碍。经过漫长时间所创造的知识传统，被抛弃了。这时就变得青黄不接，一片荒原。现在所谓的大师，有的只不过学了点新的方法，悟到了新的东西，然后他们回到中国就成了某种大师。就像刘半农，他只是用白话文写了一些东西而已，这是一种新的语言方式，而他的情感能力、思维能力未必有多高。其实，我觉得在民国时期除了很少一部分人之外，不少所谓的大师，都是后代吹捧出来的。

主持人：许老师，我特别介绍一下，刘半农是我们江阴人。刚才和许老师分享了他的大学生活，还有他对大学的理解，我想我们前部分还是主要分享阅读。后半部分我们再讲旅行，其实旅行不是我们今天的重点。许老师的书，刚才我在介绍时说了，写的不是山山水水，主要是通过旅行对历史文化的思考。

接下来，聊聊你的另一本《一个游荡者的世界》。这本书我也列了几个关键词：几个地方，几个人物，印度的泰戈尔，俄罗斯的列宁，在法国的周恩来，还包括你在剑桥的生活。下面我们来聊一聊泰戈尔，在书中介绍得比较多。你来谈一谈泰戈尔对于印度的意义。

许知远：其实那是一个更曲折而漫长的故事。我从来不喜欢泰戈尔的诗，比如《吉檀迦利》等，我觉得神神道道的。对我来说，接近他是因为一名中国人——谭云山，长沙师范学院毕业，毛泽东的师弟。我知道谭云山，是因为我之前听一位意大利朋友跟我讲，在印度的一个叫和平乡（Santiniketa）的小城有一个图书馆，那个图书馆收藏着很多中文书。那些中文书都是周恩来和蒋介石捐献的。我觉得特别诡异，他们怎么会给印度的小城捐这样的书籍？我就查资料，结果查到了在和平乡有一个大学叫国际大学，是泰戈尔办的，里面有个中国学院，是一名中国人在二十世纪三十年代初办的，这个人叫谭云山。我对所有这些奇怪的、边缘的故事非常感兴趣，那是抗战年代，那是国仇家恨的年代，一名年轻人为什么跑去印度办一个中国学院，肯定有一个有趣的吸引力。

后来我查资料，又在做访问学者时碰到他的儿子谭中，就聊了这件事。二十世纪二十年代，是中国内忧外患的时代，是个糟糕的时代。于是不同的年轻人寻找不同的方式去拯救中国，有人选择了共产党，认为无产阶级的革命能解救中国；有人选择国民党，认为追随孙中山的三民主义才能解救中国；还有人选择美学，像刘海粟就认为如果这个国家没有美感，还没法去拯救；还有人选择科学救国，像南通一带张謇这些人。对一部分年轻人来讲，泰戈尔代表了东方文明，代表了救助中国的一种方式。他们觉得在当时的中国社会，有这么多的内忧外患，有这么多的党派的兴起，也像现在这样的感觉：信息焦虑，怕错过多少条信息。那个年代有很强的"信息焦虑"，这么多的报纸杂志都没有看过，怎么顾得过来，这么多名词、各种主义，怎么顾得过来。对于谭云山来讲，泰戈尔哲学可以缓解中国社会的焦虑，可以提出另一种智慧，这些智慧不仅仅是西方的。那时的人有很多有趣的想法，他们一方面很崇拜西方，但又因为第一次世界大战觉得西方不行了。像现在中国，觉得经过金融危机之后华尔街也不行了，我们也要反抗一下。所以有混杂的情感在其中，谭云山代表了其中的一个路线。他在新加坡碰到泰戈尔，泰戈尔当时也没钱，说你来帮我们教书，帮我们教中文。他创办的学校的名字的中文翻译就是"世界的鸟巢"。泰戈尔是一个非常理想化的国际主义者。谭云山响应号召去了，为了建立一所中文学校，他去拜访所有名流，宋庆龄也好，蔡元培也好，鲁迅也好，蒋介石也好，他们都捐钱给学校。对于蒋介石来讲，即将与日本开战，印度是中国的大后方，必须跟印度搞好关系，所以他捐钱是战略的需要。后来蒋介石去印度，去见尼赫鲁、去见甘地都是谭云山安排的。我们想象一下蒋介石去见甘地、去见尼赫鲁的场景吧，这都是我们教育中被忽略的部分，但也是非常重要的一部分。谭云山留在那个地方，跟泰戈尔成为好朋友，和尼赫鲁成为好朋友，一直到1949年的时候他也没回中国。后来毛泽东和周恩来邀请他回到中国来，邀请他回来参加新中国成立十周年的庆典，但他还是选择留在了印度，他想留在印度继续做一些事情。当然个人的原因很复杂，我不知道到底是什么原因。但是1962年中印打了一仗，对于像谭云山一心想架设中印交流桥梁的人来讲，这是一个巨大的伤害。他一心想促进和平，可没想到两个大国——两个文明古国却变成了仇人。他处于一个非常凄凉凄苦的状态。从此他也受到了排挤，他在晚年一心想建立一所学校，可又失败了。所以他的晚年是郁郁寡欢的。我们想，一个湖南的年轻人，奉献了自己的青春、自己的成年、自己的老年，最后在印度了此残生，这是多么动人的故事啊。

主持人：刚才谈到一个中国人想在印度和中国之间架一座桥梁，最后却是个悲剧的人生。接下来你讲到了俄罗斯。在观察这个民族、在观察列宁对于这个民族的意义时，你也谈了非常多。那么我想要了解，你眼中的俄罗斯民族是什么样的？

许知远：因为我在那里只待了三周，我很难对俄罗斯有更深的印象，每个民族都容易被模式化，比如觉得法国人浪漫、英国人绅士、德国人刻板，每个民族都被简单化。俄罗斯被简化成一个非常有冲动性的、深沉的、暴力的民族。看托尔斯泰，看陀思妥耶夫斯基，这是一个充满了内心挣扎的民族。去看当地的报纸，和当地人聊天，你也会觉得俄罗斯人有强烈的宿命感。书里经常提到一个小细节，俄罗斯人经常酗酒，在冬天他们酗酒，在外面走着走着就被冻死了。我去的时候正好是夏天，夏天莫斯科特别炎热，比北京还热。很多人酗酒，因为喝了很多伏特加，下河游泳就被淹死了。

这当然是简单化的性格描述，很动人，也容易接受。对于我们来说，很多民族没有那么多特殊性。我去俄罗斯很大程度上是为了追随，中俄是两条历史的平行线，它们自认为都是现代世界的落后者。就像彼得大帝，要去荷兰，他认为整个俄国相比西欧国家来讲，是个落后的国家，想超越西方。中国也一样，也想超越西方。所以每个国家都通过不同的方式来超越西方，它们选择的方式很像，都选择了通过共产主义的方式来超越西方。前段时间我去乌坎，去海丰那里——彭湃最早搞苏维埃实验的地方。你去那里会发现整个就是一个缩小版的俄国风情建筑，他们的农民公社，就像现在的苏维埃建筑；现在的法院都是模仿白宫，模仿美国；斯大林发明了清洗，我们也有清洗，我们有"反右"，有"文化大革命"；苏联进行了改革，我们也进行了类似的事情。我们有很多相似的地方，你去那里就会看到这种相似性。但对我来说，他们有个特别迷人的地方，就是他们对精神世界的追求，那是一种超然的追求。他们从来没有在旧的体制里面对人性进行完全的压迫。比如说在过去，在我们的体制里面，"性"是一种巨大的禁忌。苏联从来没有发生过这样的事情。即使在二十世纪中期，他们都是相对开放的。在赫鲁晓夫和斯大林年代，他们的作家是被禁止了，是不能够有出版物的，但他们可以不断印刷推广普希金、陀思妥耶夫斯基、托尔斯泰的作品。他们是一个高度有教养的民族，听肖斯塔科维奇、罗斯托夫拉赫玛尼洛夫、柴可夫斯基的音乐，有着高度的精神生活，保持着看芭蕾舞的传统。我们不仅不能出版当代作家的作品，而且过去的也不能，不能谈孔子不能谈徐霞客，不能谈西方，不能谈贝多芬，等等。

主持人：接下来我想说说中国人比较熟悉的周恩来在法国的那段生活，以及这段经历对他今后人生的一些影响，请您给大家分享一下。

许知远：我去过周恩来住过的小旅馆。在巴黎每天早上都要吃牛角包（Croissant），当年邓小平就最爱吃牛角包。当年的邓小平还是一个小孩，为了勤工俭学，还开了一家"中华豆腐店"。要理解历史，就要了解历史是怎么发生的。历史经常是由边缘者创造的，因为边缘者没有负担，他们更激进。当时更年轻的一代，像傅斯年、张国焘这样的人，都受过北大的教育。他们可以借由某种声誉进入某种系统，而像邓小平、周恩来这样的人，他们当时就属于边缘者。当时在巴黎的一小群年轻人，有信仰三民主义的，有信仰共产主义的，有信仰艺术的，他们互相打架。巴黎是世界之都，邓小平、周恩来和海明威都在同一个城市，他们彼此不相逢或者相逢过彼此也不认识。日后有一天想起来，我们曾在共同的城市，那是一个美好的城市。巴黎就是一个美好开放的场所，每人都在寻找自己。当时在寻求马克思主义的人里面最杰出的领袖是张申府，可他后来被边缘化了，其实他才是最懂马克思主义的。

　　因此在某种意义上可以说，历史是由差生支配的，因为好学生有太多的规范，不能创造新的规范。像傅斯年他们去德国读书就很舒服，因为他们有国家奖学金，还有学问，对他们来说就是一个外省青年，是一个毕业的年轻人。按理说，毕业的年轻人应该更有力量，更有可能造就一些东西。你如果理解了历史的荒诞性，成功和优秀是没有关系的；最成功的和最优秀的也是没有关系的；淘汰掉的并不意味着是不好的。这就是历史的复杂性和丰富性。我觉得对个人来讲，现实的成功并没有什么特别了不起的，只是很多的机缘巧合。理解了这一切，就会防止你变成一个非常庸俗的现实主义者。

　　周恩来的那个时代，全世界很多地方都被殖民。他们都在巴黎寻找济世的可能性，胡志明也在。昂山素季的爸爸昂山将军也是这类年轻人。他们都是那种很激进的年轻知识分子。如果年轻的知识分子不激进，就枉称知识分子。昂山将军1940年跑到中国厦门，因为想寻找中国共产党人。但风云际会他没能和中国共产党人接上头，而是碰到一个日本人，类似山本五十六的一个高级将军。他看中了昂山这几个年轻人，二十几岁，一腔热血，傻乎乎的，什么也不知道。这位日本将军认为日本最终要征服亚洲，要建立亚洲共荣圈，需要在不同的国家培植自己的势力、自己的人。日本觉得昂山将军是可以培养的人，所以就把昂山等几人接到日本去训练。在日本训练之后，又把他们送到海南岛做军事训练。可见，昂山当时是吃着海南饭成为缅甸的领袖的。对他们来说，很多人的人生包括我们自己也一样，在大部分情况下，个人是被推向历史舞台的。如果你看到二十多岁的年轻人多么了不起，并不一定是他真多么了不起，而是因为历史会推动，在某些时刻，历史会把年轻人推到时代的中心。所以年轻人一定要努力，不能松懈。

　　民国政府的人，部长级、次长级的平均年龄，大概就是三四十岁，宋教仁遇刺时不过三十三岁。康有为、梁启超发动百日维新时，梁启超二十五岁，康有为三十七岁。历史把他们卷入到那个时代、那个舞台。其实历史有它的特性，谁来做可能没有非常大的区别，问题是你被卷入其中了，慢慢就有历史的感觉了。

　　主持人：这是许老师在游历多个国家后，对国家的民族性和中国的关联的一些个人的感悟。最后还是说到这本书。我再提三个问题，之后再跟大家交流。

　　你在剑桥生活，我们又回到刚才那本《忧伤的年轻人》，有一章讲"重塑象牙塔"。你在剑桥感受到的教育和中国教育的区别在哪里？你的个人感受是什么？

　　许知远：我觉得对我来讲，一个好的教育或一个好的社会一定是复杂的，是一个有冲突、有融合、有很多悖论的地方。我印象很深，剑桥走出了达尔文、牛顿以及一些反传统的科学家。但同时，这个学校的宗教和神学系也是非常强的。而且刚才我讲到的那两个人，都有非常强的神学背景。剑桥看起来特别注重科学，但人文学科也特别好，特别注重历史。所以我觉得一个好的社会，永远都是能容纳不同的、而且是彼此相反的力量。中国教育的主要特征是一根筋，大家很难了解个人与世界的复杂性，要么就是 A，要么就是 B，这就是我们做选择题做出来的。我们的选择题教育，使大家觉得世界上只有一种答案。当世界上只有一种答案的时候，这个世界就是一个没有创造性的世界。世界有很多不同的答案，每个人都在从不同的角度寻找这个答案，它们共同汇聚成一个可能正确或错误的答案，不同的时代会形成不同的答案。亚里士多德觉得，重的东西会掉下来得更快，这是那个时代的答案。后来证明是错的，这就是一个不断修正的过程。或许有一天爱因斯坦发现牛顿错了，或者有一天我们发现爱因斯坦也错了，都有可能。一个时代要维持它的多样性、丰富性、彼此之间的张力、不同答案之间的张力。我觉得这才是一个好的教育，是好的社会的重要标志。

主持人：关于你对剑桥的描述，书中有分享一段："它和我刚刚离开的北京，是两个截然不同的世界。虽自称有三千年的历史，北京却是一座崭新、躁动的城市，岁月没有给它智慧与从容，只有慌乱与焦灼。无处不在的噪音，不断涌起的高楼，闪烁不停的霓虹灯，灰尘与废气笼罩的天空，黑压压的人群……它不断变化、活力十足的外表下，是道德、审美上的衰败，是精神上的僵化。权力与金钱的逻辑统治着一切——建筑的外观、马路的宽度、空气的质量、艺术的品位，还有人的内心。因为没有内在的准则，人们被速度、规模、亢奋吸引，因为这速度、规模与亢奋，人们没有耐心与机会建立自己的内在准则。但是剑桥不一样，剑桥是用脚与自行车轮丈量的城市，步行五分钟就能到达的音乐厅、十分钟的戏院、十五分钟的电影院，以及四处散落的咖啡店、酒吧、草坪与书店。它也是缓慢生长的社区。"

这些是你对剑桥的个人感悟，也就是你刚才讲的它更具有艺术性。

许知远：它是一个生长出来的、并逐渐演变和生长的过程。我们的城市是被强制性的、被强加的城市，你会觉得一切都很突兀。正常的城市是一个不断生长、杂乱的地方，所有的城市、所有的生活，都有它无聊的地方。在剑桥待得时间长了也会无聊，天天看草坪也很无聊。人的天性就是一个变换的角色，接受这种变化性，接受命运对我们的安排，都是成长的一部分。

主持人：你到剑桥去是因为自己工作，还是个人的选择？

许知远：当时正好有一个机会去做访问学者。

主持人：在剑桥待了多长时间？

许知远：就一年。

主持人：一年的访问学者？

许知远：是。后来去各处旅行，除了剑桥哪儿都去。

主持人：这是一个旅行者，读书的时候也要旅行。接下来，我想讲朋友们想知道或者说更契合我们主题的内容。现在大家生活好了，都要去旅行，那么从你的角度，你给现在的即将去旅游的这些人，有什么个人的意见或建议？或者我们讲中国式的旅游：上车睡觉，下车撒尿，到了景点就拍照，回来相机一张张翻。你个人对旅游有什么意见或建议？

许知远：我们国家处在一个非常初级的旅行阶段，是购物，不是旅行，是去购买那些东西。你去买 LV、香奈尔，他去购买那些东西，我在 King's College 拍了张照片，他在凡尔赛宫拍了张照片。这些都是消费心态和收集，shopping 和 collection，证明自我生活的丰富。这当然是一种自我的欺骗式的旅行，说难听点，是一种手淫式的旅行。好的旅行，其实本质上是发现陌生，不仅是陌生的世界，而且包括陌生的自己。每个人都有不同的角色扮演，你在生活中扮演不同的角色，在旅行中会有新的角色，那角色到底是什么？这需要孤独来完成，只有在孤独的时候才能发现自己。好的旅行有恐惧，有疑虑，有不安，有奇遇，有很多复杂的情感，应该是超出规定以外的，应该是反主题的。就像我们的谈话一样，如果谈话都切合主题，这就是无聊的谈话。我们每个人回忆生活，生活中记忆最深刻的事情，都是离题的事情，绝对不是有主题的事情，都是意外发生的事情，都是超过你此刻感受的事情。我觉得生活在世间，阅读也好，旅行也好，恋爱也好，各种人类的活动也好，其实在本质上对我来讲都是去寻找人自身的敏感性。因为我们很容易过迟钝、惯性的生活，年复一年的这种不变，都会使我们的感觉变得迟钝。重新让感觉变得敏感，让生活充满崭新的事物，旅行是一种很重要的方式，它把你扔到一个地方，强迫你重新变得新鲜起来。

因为现在旅行基本是拿一本《孤独星球》(*Lonely Planet*)到处乱走，买到什么什么东西，这东西对你的人生却毫无价值。我也承认这是国家社会演进的正常过程。当年美国游客在欧洲被嘲笑，跟现在差不多。盯着东西买，粗俗。当年日本游客、中国台湾游客，他们也是跟团，一堆堆人下车就拍照，一样的。但现在我在旅行时，经常碰到日本、韩国、中国台湾的游客，他们都是一两个人，很少的人。比如我去印度的圣城瓦拉纳西（Vanarasi），那儿的很多小旅店是日本年轻人建的。那帮小伙子、姑娘们到那里发现，那里与他们原来的生活有很大不同。因为日本生活是很压抑的，有很多的规范，这里自由，就在印度开一个青年旅行社，住下来了。我们只在丽江发展了青年旅社，还没有发展到全世界。所以我希望江阴的年轻人也如此，有一天我去沙特阿拉伯旅行，能遇到一个江阴年轻人开的旅店，这个国家就开始变得有意思起来。希望有一天，所有的年轻人、所有不同的人把整个世界都带回到中国。现在整个中国是把整个世界变成了中国，还没有把世界带回中国。这是一个最大的问题，这也需要一个过程。

我觉得，大家普遍不会观察，不会理解，然而观察和理解是最重要的人生训练，这跟我们的教育有关系。因为我们的教育都是标准答案，那怎么去观察呢？Follow the rules，去遵循原则就好了。所以，这种改变需要几代人。

主持人：就像现在，有很多人到过丽江之后，已经在丽江住下来了，开了咖啡馆、旅馆一样，我们也期待着这一天的变化。刚才讲到了旅行，现在我们谈阅读。今天有很多的小朋友，或者爸爸妈妈，既然你来了，有很多精彩的分享，你的分享是特立独行的。你给家长或孩子在教育和阅读上有什么意见和建议？

许知远：因为我没有当过孩子爹，我也不知道。但在我印象中，我觉得让他们多去见世面是很重要的。比如今天，他们也不知道我是谁，那些小孩碰到一个怪叔叔，也不知道我讲的什么。人生由很多这样的偶遇构成，让你的孩子，让他们生活中充满这样的怪叔叔、怪阿姨、怪同学，他们就会进入一个多元的系统，有意思的人生，就不会少见多怪。中国教育下的孩子普遍少见多怪。跟你意见不一样的人，是生活的一部分。我们习惯上对冲突性的多元性的东西，感到害怕，本能开启否定模式。多元的这种吸纳，是对小孩成长最健康的，带他们旅行，什么都见过，那小孩就会很有趣味，长大以后比较自在。

主持人：这是教育方式上的一种建议。那在阅读上呢？你认为怎么去培养，或者说孩子需要不需要刻意培养阅读上的习惯？

许知远：我很难去当知心热线，我觉得对我来说，对于成人来讲，不是去强制他们看什么，而是给他们选择的可能性，给他的周围世界创造各种环境。你有这样的旅行收获，你有去看电影的收获，你有去读书的收获，你有去郊游认识植物、动物的收获……各种的收获，你给他们创造这种可能性，让他们自己去寻找。我相信人是有神性的，有天然的一些东西，所以他就会自然去寻找。给他们充分选择的可能性，而不是强制他们。不要强加给他们某种意志，这样会带来巨大的逆反。我从小到大读了那么多没用的书，背那么多东西。一旦考上大学，就再也不想读任何书了，其实就是在压制你的好奇心。但是如果没有这样的挤压，就会自我发现。在西方的大学教育中，到研究生才知道自己要学什么专业，然后再探索。可我们是很早就让你干什么，这就会有巨大的逆反。这是摧残，不要给小孩造成逆反的可能性。

主持人：许老师给家长提的建议就是尊重孩子，给他们可能性，要给他多样性，要培养他对事物的兴趣，教他怎样更快乐地成长，这是你要表达的一个中心内容。

许知远：我觉得人的成长，跟动物差不多，一开始都是模仿，小孩都会模仿大人。我们在公共场所，经常看到小孩子使劲尖叫，特别可怕。商场、机场、飞机上，包括图书馆也有，乱跑、尖叫、大声说话，这不是他们的错，是家长的错。你的家庭就是喊着说话，你对别人说话没有礼貌，小孩就会模仿这种。小孩跟小猴子、小兔子一样，会模仿大人的行为。所以如果大人是爱阅读的，小孩就会觉得有趣，你在读书，那他把书拿倒了也在读。他们都在模仿，尽量成为你孩子的模仿对象。正常来讲，父母是孩子一生最重要的朋友，没有哪个朋友会比父母更给你支持，跟你交流。尤其是独生子女，他们都是非常孤独的，都是有情感障碍的，不知道怎么跟人相处。在这个时代，他们整天玩 iPad、看电视，没有相处能力，这样孩子是很难正常成长的。不会遇到应该遇到的挫折，不会遇到应该有的鼓舞。这就变得不可爱了、不健康了。

主持人：对于这番建议，在座的父母好好想想，是很受用的，你们今天没有白来。接下来多留点时间给听众朋友，大家有什么意见想交流的？不必局限于今天的主题，许老师说过，局限于主题的谈话比较无趣。

听众：我比许老师还大一岁。非常高兴今天听到你现场的讲话。我非常赞同你讲的，关于当前社会的精神沦丧，这样的趋势非常可怕。同时技术的发展，包括互联网的兴起，带来两方面的影响：一个是好的，原来一些个体独立的人通过这个网络连接在一起，互相交流；另一方面，由于这个信息量的扩展，我们每个人都迷失在网络里，已经解构了一切，深刻解构为肤浅，崇高解构为低俗。我想问一下，您怎么看待这样的问题？

许知远：所有的新技术都是双刃剑，人类的进步也是。当人类一往无前，后面必然充满一片垃圾和废墟，这是进步的悖论。互联网会带来新的悖论。对我来说，回顾往昔的革命，工业革命带来巨大的生产力的解放，同时带来伦敦污染的天空，带来雾都孤儿的可怕，激发狄更斯去写下了英国悲惨的状况，这都是双重的。同样的，在我们这个时代，一个主要的特征是使人的孤立化。当一个人孤立的时候——除了少数杰出之士，孤独往往使他们有更多力量——大部分人会被孤独摧毁，会变得非常无力。

互联网的一个非常大的进步是，信息相对透明和公开化，但同时我们也面临着问题，工业革命污染了伦敦的天空，那信息革命也可能我们的精神天空。它良莠不齐，大家还没有去学会怎么净化空气的时候，就像我们现在还没有学会净化信息的时候，我们要面对信息污染，它给我们带来焦虑、不确定性，这是社会成长难以避免的过程。不是说未来一定会美好，而是说每代人都要面对科技发展的双刃剑。互联网进入中国十年以来，我们看到了进步的力量，但堕落的力量也在增长。这确实完成了一场启蒙，过去的洗脑教育不再能完全忽悠大家；同时也带来了新的困扰，会使人沉溺在娱乐的世界不能自拔。这些都是同时发生的，难有更好的方法，需要一代一代人来慢慢应对新的环境。对我们这代人来讲，信息革命就像崭新的环境——新的社会环境，这一代孩子是摸着 iPad 长大的，这是一个对他们来讲更熟悉、更可以控制的时代。我接受历史演进的缓慢的过程，同时，我觉得不管时代变成什么样子，个人还是能够找到个人的解决方案。我们要寻找个人的解决方案：可以回避它，可以对抗它，可以应付它，这就是对个人的挑战。我觉得人之所以魅力无限，充满赞叹的东西，是因为人不仅是社会和时代的产物，还能应对这个时代，超越这个时代，这是人的魅力所在。

听众：我是一个学生，很多时候，我们学生也向往自由自在的旅行，但是家长的担忧和社会很多不安全因素的存在，让我们孩子尤其是女生有很大的忧患。有些时候，我们无法到达那些我们向往的地方，看到我们渴望的东西，对于这些困扰，我们学生该怎么做？希望您能带来一定的解答。

许知远：耐克不是有个很好的广告吗？Just do it！李宁不是说"一切皆有可能"吗？所以，九零后或八十年代末出生的人，其实真是很胆怯地面对世界，这个胆怯跟父母有很大关系，父母都是六十年代的人，自己好不容易混出头了，就什么都想给小孩，都怕走弯路，这是很糟糕的事。青年的主题就是突破，突破各种可能给你们带来的规范性，大部分精神上的突破是没有关系的，年轻人不犯错什么时候犯错？中国每代青年人都在突破他们的枷锁、他们的习俗、他们的政权。突破获得意义，大部分人成为牺牲品，这是必然的。而且反抗需要很多力量——内在的力量，也可能是无边的空洞，就像鲁迅说的娜拉出走之后，没有迎来幸福生活，是新的空洞。世界上有很多假的乌托邦，一旦实现之后就是新的幻象，这就是人生从一个幻象走到另一个幻象的过程。走遍世界又怎么样呢？不要在一边待着，要摇摆，痛苦完厌倦，厌倦完痛苦就好了。我觉得现在的问题是，包括教育在内，很多东西背后都是一个巨大的消费文化和娱乐文化。消费文化、娱乐文化最重要的特征是什么？是人生要快乐，要开心，要不痛苦，这是什么人生？这就是小动物人生。这就是人生哲学在中国出了问题。让人生的追求丰富起来，不要变成某一面，这是我们的作用、我们的角色。个人可以完成很多突破，如果总是抱怨这些突破，又没有做这些事情，那是你自己的失败。在这个时代冻不死、饿不死，还算太平盛世，你要怎样呢？

听众：刚听了你的介绍，你在北大学的是微电子，现在以作家的身份周游世界。而我们大部分人还是需要一份工作，我们不得不为五斗米折腰。我们也有自己的精神需求，比如旅游和阅读都是我们所喜欢的，但是在日常工作与精神生活之间怎么去协调？像你这样活得出彩的、精彩的是精英。回归到平民，我们怎样处理才好？既能使我们的物质有一定的基础，也让我们的精神丰富起来？谢谢你。

许知远：每个人的生活都有自己对应的阴影和阳光。可能在此刻充满假象的两小时，给你的感觉是我是非常自由的，可能在另两小时我是非常痛苦、非常挣扎的，和你一样要面对所有问题，只是我掩饰了另外两小时的挣扎而已。别人的人生没有什么值得羡慕的，每个人的生活都冷暖自知，想打破现在的生活，那就努力去过。这个时代没有那么苛刻，我们父母那一代人才是真正没有选择的一代人，他们不论上山，还是下乡、当兵……没有任何选择。这个时代有很多新的选择，如果你没有做出选择，就说明你的意志太脆弱。我们要为自己负责。

主持人：最后话题落到选择上、选择的可能性上，我们今天有很多的选择性。长者为你提供了很多选择性，我们个人要学会选择。今天关于旅行与阅读的探讨就结束了，非常感谢各位听众两小时的聆听和讨论，我们希望能尽快再有时间和许老师一起聊一聊人生。谢谢大家。

解读青春密码

陈一筠

我听说今天除了江阴的听众，还有来自张家港、宜兴、南京、宿迁的家长朋友和教育工作者，可见大家对青少年教育的关注度。我本来在中国社会科学院研究婚姻家庭，转而研究青少年青春期发展。青春期是孩子的敏感时期，是恋前和婚前的准备时期，所以我们进行青少年青春期的教育，就是在为培训合格夫妻和合格父母做准备。

因为下午的时间非常宝贵，我跟大家分享三点：第一个是青春期的教育在当前国际国内的形势，在国内外，青少年教育有非常迫切的任务，我讲一下它迫切的理由；第二个是解读青春密码，青春期教育是爱的教育、情感教育，怎么去理解少男少女的交往；第三个是建立三道防火墙，维护少男少女的性健康和生殖健康。

讲第一个问题之前，我首先讲青春期。青春期其实是说小女孩变成女人、小男孩变成男子汉，这样的一个过渡期，是儿童到成人的过渡。世界卫生组织二十世纪七十年代对温带地区的孩子进行了一个追踪调查，最后把青春期的年龄段概括为十岁到十九岁。实际上还有青春前期：八九岁就开始了；青春延伸期：一直到大学。

青春期到来有三个特点，对于女孩来说：

第一个特点是少女月经，月经初潮是生理的标志；

第二个特点就是身体的变化，叫做青春体貌；

第三个特点家长老师可能会忽视，那就是性感情发育。

那么对于男孩，青春期也同样有类似特征。青春期发育对孩子们来说非常有意义。我希望在座的家长和老师们，不要仅仅关心孩子学习如何、吃得怎么样，这当然是你要关心的。但是，我今天要讲的是，大家要特别关心孩子们的性系统的发育。这恰恰是现在教育最容易忽视的部分，今天的应试教育都是关注孩子的智力发育，没有关心非智力的那一面。

二十世纪的一百年间，人口学告诉我们，每过二十五年少男少女就会提前成熟一年。原因是全球的气候变暖了，食物里边的激素增加了，所以现在孩子们要早熟一些，再加上媒体的影响——很多带有"性"做噱头的内容的刺激，促使着孩子性早熟。那么孩子在性成熟方面有没有标准年龄？没有！没有标准年龄，也没有什么年龄更适当。因为他们的遗传基因不一样，健康水平不同，接触媒体的频繁程度不同，吃的食品里边的激素含量不同。

到了二十世纪末，孩子们普遍的性成熟是在十二三岁，当然也有特殊的，有的女孩十岁来月经，有的十六岁来月经，都正常。男孩的性成熟平均比女孩晚一年到两年，当然不是所有的男孩都晚，要看他的遗传情况和健康程度。可是，现在年轻人普遍推迟结婚。因为受教育的时间延长，孩子们的观念改变了，不想过早生孩子；社会保障也发达了，不需要养儿防老；结婚的要求比过去高了，要求有车、有房、有优越的物质条件。我们还有计划生育的倡导，实际上二十五六岁甚至三十岁结婚在城市青年人里面都很普遍。这就出现一个非常困难的情况，要请老师和家长们关注：早熟与晚婚的矛盾。从十二三岁性成熟到二十五六岁结婚，孩子们要等待十几年，他们性成熟有了遗精、有了排卵、有了性感情、有了对异性神秘的好奇，但是又不能马上去跟异性恋爱结婚，要等到新婚之夜。这个等待期，人口学家称为"性待业期"，这个等待期很漫长。

　　大家知道待业不好受,有工作能力却没工作。他们几乎有了与成年人一样的性要求,但却不能够像成年人那样去发生性关系,大家想孩子们困不困难。可是,我们老师和家长们忘记了这一点,或者不愿意承认这一点,觉得孩子的任务就是读书。但他们天天都在躁动,内心有多少的性风暴掀起来,有多少性的压力、欲望和冲动。这个时候他怎么样才能安全地、健康地到达他的新婚之夜?这个过程中需要多少教育、帮助、指导和关怀?

　　谁来关怀、教育、指导他们?首先应该是家长。你知道你的孩子第一次来月经、第一次遗精是什么时候吗?他们有什么躁动的情绪?他们有跟异性发短信、打电话或者约会吗?这些情况,说实话班主任不是很清楚,这个首先应该是家长来关注的。但遗憾的是,大多数的家庭不关注这一点,甚至不明白,也不愿意跟孩子讨论。其中原因也很复杂,我们的家长自己在年轻的时候没有受过青春期的性健康教育,等到孩子长大了,跟他们说些什么?不懂!不会跟孩子做这方面的沟通,似乎跟孩子“谈性说爱”是家长最困难的事情。当然我相信,江阴市的家长是文化底蕴比较好的,跟孩子应该有交流,但是不是很到位、是不是很专业就不好说了。可是,有些家长连说都不说,提都不提。小孩子问妈妈“我从哪里来的”,很多家长就回避了,要不就乱说,要不就骗他们,弄得孩子到了青春期有满脑袋的问题不敢问家长,觉得这样的问题是不能问的,问了也不能答。

　　家长以为,孩子交给学校就完事了。但是,一个班主任管着几十个孩子,怎么能够清楚你的孩子有没有来月经?或者有什么性幻想?老师很难关注那么细。学校以学为主,加上青春期教育有隐私性和个性化的特点,现在的师范院校也没有在这方面培养训练有素的教师。老师不讲,学校不讲,谁讲?那就是媒体,二十世纪后半期是媒体高度发达的时期,网络媒体把全世界的青少年联合成一个群体,媒体充当了性教育的领头人。让媒体去讲就麻烦了,媒体有正规的、不正规的,有科学的、不科学的,甚至还有大量色情的。就算是正规媒体,你们看那些娱乐节目,哪个演员或者主持人出来不秀一下?露着这儿,露着那儿。电视剧里边哪个不拥抱接吻?哪个没有床上镜头?连古装戏都写得那么疯狂。古代说男女授受不亲,但你们看现在,哪个古装剧是授受不亲?孩子们瞪大眼睛:哦,男女在一块儿原来是干这个的。色情媒体就更疯狂,不问青红皂白,也不讲什么爱情和夫妻关系,见面三分钟就上床了,所以孩子们看了以后非常痛苦,到底男女是怎么回事?我们不知道多少孩子在媒体的诱惑下,等不到新婚之夜,甚至等不到成年,就偷尝了禁果。

如果我问在座的家长朋友，一定是百分之百的人都摇头说我的孩子没这个问题；如果我问在座的校长和老师，可能百分之百都说我们学校没发现这样的问题。但是我们发现，在医院妇产科医生那里，做人工流产的女性，最近十多年来的数字是：百分之四十八至百分之五十五是未婚女性。其中，未婚者里边未成年的人数与日俱增。

现在的计划生育门诊、妇产科医生那里，做人流既不需要留真实姓名，也不需要留真实年龄，一些黑诊所甚至不需要家长陪同来签字，带个同学来签字，甚至没人签字、你自己签字就可以做人流了。我在广西南宁做讲座，很多记者来采访我，谈到一个案例。一个九岁的女孩去打胎，十三岁的男孩领她去的，这个男孩宣布"我为此事负责"。他负什么责？他去偷他爸爸钱包里边的钱来交几百块钱人流费！这是非常需要我们知道并警醒的，有些家长觉得，这些故事都是个别的，不会轮到我孩子身上。你怎么保证？我问妇产科医生，我说这些孩子做人流，谁带她们来的？妇产科医生说没人带她们来，无知者最无畏。她们到成人商店去买试纸测自己的尿，大致知道是怀孕了，自己蹦蹦跳跳来了，到了妇产科医生那里就赶快催医生要打胎。医生当然要给她做检查，她都来不及等待检查，说快点医生，我还要回去上课，你给我做下来就行了。正因为她们不告诉父母，老师也不知道，她们做完流产就回去上课，甚至上体育课，既没有休息，也没有营养，造成了非常多的后遗症：阴道感染、子宫内膜异位、输卵管阻塞，导致一部分女性不能生健康的孩子，甚至不能生育。

所以大家就能看到两种广告，这边是无痛流产，那边是不孕不育。我问妇产科医生，为什么现在那么多的人生不出孩子，来求助？她说有很多复杂的原因，包括男人的原因和女人的原因。你去问那些结婚好多年不能生孩子、婚姻都保不住的女士，她们什么时候开始性活动？她说在十三四岁。打过多少胎？打过两三次，甚至大月份也引产过！好了，伤痕累累的子宫不能孕育胎儿了。到医生那里去治不孕不育，治愈的人是非常少的，她已经彻底毁坏了自己创造生命的器官。有的刚生下来的孩子很快就得病了，现在婴儿的死亡率也在不断上升，因为母亲伤痕累累的子宫不再健康了。

2003 年，我带几个专家到美国访问。纽约方面向我们介绍：佛罗里达州在性教育方面做得不错。我们就去看这个州高中生的性教育课堂，他们讲的是贞节教育。我当时就奇怪，我说美国都性开放半个世纪了，怎么又讲贞节了？这个老师讲得非常好，她说贞节不是男女不平等的要求，也不是封建的枷锁，贞节是妈妈将要送给孩子最珍贵的礼物。如果一个女人将来想做健康的妻子、健康的母亲，生育健康的孩子，那么请你为未来的孩子留一个不染纤尘的宫殿。这些话，在座的老师和家长可以坦诚地告诉你的女孩，不是为了党风、家风、国风、校风，这个都不重要，最重要的是你将来能够享有健康的人生。有的家长说，这个跟女孩讲就行了，我家是个儿子没什么关系吧。其实发生了这种意外后，男孩女孩心里的震颤是一样的。他不是成心要去发生这样的事，但结果是导致了女孩怀孕打胎，于是两个小朋友的关系从此不正常，不能继续下去了，他们双方都有羞愧、自责、后悔的心理。身体上的后果是女生承担，心理上的后果是双方承担。

我接待过一个十四岁的少女，她读不下去书，睡不好觉。原因是她失眠、老做梦，每天梦见小孩哭。有些事情没有告诉她的母亲，也没告诉老师：她做过两次人流。她觉得把一个生命从自己肚子里拿掉，受到了心灵的震撼，一到睡觉就紧张，做的梦就是小孩哭。天天睡不着觉，没办法再去上学。大家想，发生这种事，对男孩女孩来说不仅是身体上的损失，更是心理上的伤害。大家都抱怨孩子不专心读书，你知不知道孩子发生了千姿百态的隐性问题，家长如果不知道，老师更无从知道。很多孩子学习不好，有非学习因素造成的，其中何尝不包含诸如此类的因素。所以，青春期教育作为预防少女怀孕打胎的教育，其中包括他们应该有什么样的交往底线，他们有什么样的保护自我的要求，这些必须及时地告诉孩子。

我们在1993年开始少男少女课堂的尝试，到1999年，我们正式把我们的教育跟国际合作起来，跟瑞典、美国合作，叫做青苹果性健康教育。我们开设了青苹果网站、青苹果热线、少男少女课堂。在少男少女课堂里，我们讲了四个课题。

第一课，叫作"走进生命的春天，悦纳你的青春体貌"。为什么要开这个课？因为我们通过问卷调查，了解到百分之五十的女孩、百分之四十的男孩，不喜欢自己的青春体貌，觉得自己不标准、不性感、不漂亮。那性感漂亮的标准怎么来的呢？因为媒体不断地向你播放那些美女、演员、歌星……这些人经过扮扮之后，让男孩女孩趋之若鹜，他们觉得也应该这么漂亮。再加上人造美女的广告铺天盖地，使得很多孩子觉得自己不好看了，心里很郁闷。这叫什么？叫做"体相障碍"。

这种"体相障碍"妨碍着很多孩子安心学习。你想想，有的女孩上课都止不住掏出镜子照自己，她能安心听课吗？有的孩子还逼家长去给她做手术：隆胸、隆鼻、割双眼皮。我希望在座的家长能够明白，当一个孩子的身体还没有发育定型时，任何部位都不可以大动干戈，无论他怎么闹怎么逼，你都不可以去给他做手术。这个课就讲什么是美，什么是自然美，什么是青春美。如果所有的女人都像章子怡，那这个世界就没有美了，就枯燥乏味了。所以我们应该跟孩子讲，让他们平心静气地接纳自己的体貌。一个人不是因为美丽而可爱，而是因为可爱而美丽。一个人的价值，体现在将来对社会的贡献，被社会认可尊重，而不是仅仅因为有一个漂亮的脸蛋、漂亮的身材。我们希望他们增加自己的智慧和才学，提高自己的人格魅力。一个人外表的缺陷可以由内心的美好来弥补，但是一个人内心的卑微，就没有办法用表皮的漂亮来增色。我们希望孩子们能够去建树他们的内在美，而不是仅仅关注外在。

第二课，我们讲的是"让我猜猜你心中的秘密，假如有一双眼睛在注视着你"，讲的是性感情的萌动。因为有的男孩女孩做了性梦，自己很恐惧。

我曾经接待过一个家长，她拿着儿子的日记来找到我们，说她儿子做了什么缺德事，写的日记这么恐怖，说自己卑鄙、自己下流，对不起老师。后来，我们把小孩和家长都找来，孩子十一岁，上小学六年级。我们的咨询师很耐心地把孩子请到里屋，请他妈妈回避，我们问他，为什么你会写这样的日记？你有这么痛苦吗？他说做梦梦见英语老师，她特别性感。我们问小朋友什么叫性感。他说那个英语老师的臀部特别丰满，胸部特别发达。他做梦跟这个英语老师去放风筝，特别想去拥抱她，但是还没有碰到英语老师的身体，就吓醒了。他说："我平常没做对不起英语老师的事，怎么会做这样的梦？所以我写了这个日记，我不知道该怎么来评价自己。"后来我们告诉孩子，所有的孩子在青春期由于性感情的发育，都会多多少少有性梦、性幻想和单相思。你能做这样的性梦，证明你是一个发育正常的男孩，祝贺你长大了。只是你比别的男孩发育稍早一点，不要有顾虑，别人也会有这样的情况的，只是别人不说出来，也没有写在日记里，所以希望你能够接受自己有性幻想这样一个事实。

但是，我们也鼓励他多去跟女同学交往和接触，尽量减少看那些色情的东西，看了以后会做更多这样的梦。我们给这个男孩做了一些疏导的工作，男孩慢慢就平息下来了。后来他妈妈反映，他睡觉好了，现在心情也比较好，不愁眉苦脸的了。你想，这个孩子的性梦得不到这样的解释时，他会非常的郁闷、非常的好奇、非常的惊讶：自己为什么是这样？他会自责，这些情绪会影响他的学习，影响他跟女孩子、女老师的正常接触。

第三节课我们讲的是"爱在青春期"。

第四节课我们讲的是"春天忙春天的事"。

这四节课讲下来，孩子们非常兴奋。生理卫生给少女讲月经，给男孩讲遗精，我们是分开讲，其他的课都是一起讲。我们用一个半小时讲课，半个小时孩子提问。孩子们提了各种各样的问题，我不知道在座的家长和老师们会怎么去回答这些问题。

女孩问，月经来了为什么又停止？停止月经就是怀孕吗？为什么会痛经？为什么碰一下男生的手就像触电一样，是不是我有毛病？有的女孩问乳房发育到什么程度可以戴胸罩？我们到中学生里边去观察，该戴胸罩的女生没戴，不该戴的莫名其妙戴上了。问为什么戴？她说我觉得好看就戴上了。为什么你不戴？她说我妈没叫我戴。绝大多数的家长没有告诉过孩子。男孩问的问题是另外一类，男孩问，"一滴精十滴血"这个说法正确吗？有的男孩开始遗精很恐惧，觉得丧失元气了。其实精液里边百分之九十是水分，没那么恐惧啊，精满自溢是自然而然的。一个男孩问，手淫有害吗？我不知道在座的家长怎么回答，现在百分之四十以上的初中男孩有手淫现象，百分之二十的女孩有手淫现象。手淫在什么情况下有害？什么情况下无害？我们要分别给孩子解答，我们请了两个专家来解答关于手淫的问题。一个孩子早上十点多，跑到我们咨询室来，说被老师赶出教室了。为什么？因为他手淫。当众手淫第三次被赶出教室，很严重的问题。我们有一个咨询师是医生，他就请这个男孩子到里边去做检查，发现他的阴茎头跟包皮之间有严重的包皮垢，里边发炎了。他的阴茎头红肿、溃烂、刺痒，已经控制不住了，上课就手淫，老师只好把他赶出教室。我希望家长们从孩子还是小男孩开始，就要教他怎么清洗阴部。一般女孩会被家长告知怎么洗、怎么用水、怎么用盆，但是男孩平时没人告诉他，于是出了很多问题。尤其是对于开始遗精的男孩，残留的精液不会自动被清洗干净。

后来，我们把这个学校初二年级的男孩统统请去做检查，检查结果发现百分之十左右的男孩是有包皮垢的，没洗干净；然后有部分是包皮翻起来有困难，还有个别的孩子包茎，一翻就痛，这样的孩子需要手术。如果我们家长根本不去教孩子清洗，你怎么会发现孩子包皮长或者包茎？你怎么会发现孩子在包皮和阴茎头之间有包皮垢？它会慢慢地长细菌，然后腐蚀侵染到阴茎头，甚至进入他的身体里，影响他将来的生殖功能。所以希望从今天起，我们的家长，不要以为你儿子随便站在水龙头底下一冲就算了，要帮助他，教他怎么洗。

孩子学习不好，成绩突然下降是什么原因？他突然变弱智了？肯定不是！青春期的发育、生理和身体的现象都在困扰他，天天有满脑袋的问号需要解答，没人给他解答。他就到网上去找，仍然搞不清楚，他就郁闷，留下了困惑，影响他的学习。所以就算我们的学校要提高孩子的学习成绩，也必须解除非学习因素的障碍，青春期就是其中之一。

我们给孩子讲四堂课，给家长讲十堂课，因为家长是成年人，孩子是未成年人。我们给家长讲的十堂课，包括生命的孕育、诞生，群体交往的指导，艾滋病、毒品……

今天在这里，我们给家长和孩子讲共同的课：爱在青春期，关于少男少女的交往。

我希望我们的老师和家长，从今天开始不再用"早恋"这根大棒去围追堵截少男少女的交往。我们之所以要讲爱在青春期，是因为我们看到今天的少男少女，一方面从网络上得到了太多关于爱和性的信息；另一方面他们自身在去探索友情、爱情的时候，受到了无端的阻力。少男少女的交往不仅可以，而且是必须的。我在这里不谈同性的交往，同性的交往没有障碍、没有偏见，随便他交。但是到了青春期，家长什么都不教，唯独去关注他有没有跟女孩来往、她有没有跟男孩来往。其实少男少女的交往是青春期过程中不可缺少的重要环节。

我认为，少男少女的交往有四大功能，这四大功能不是他成年后才去完成的，也不是他儿童期可以承担的，也不是老师、家长和孩子之间的关系可以代替的。这四大功能是：第一，愉悦身心，增进健康；第二，完成第二次断乳期，避免恋父恋母情结；第三，能最有效地排解内心的烦恼、苦闷，预防心理疾病，促进心理健康；第四，有助于提升智慧，增强自尊心和自信心。

我希望听过这个解释后，我们的家长和老师改变观念，改变态度。

第一，孩子在青春期必须跟异性同学交往，首先是愉悦身心，增进健康。

为什么男孩女孩的交往最能愉悦身心？我们大人说男女搭配干活不累，因为男人来自火星，女人来自金星，两个星球的动物带着不同的磁场，女孩带着阴性磁场，男孩带着阳性磁场，他们身体的荷尔蒙不同，性激素的类型不同，两个不同的磁场在一起一定会发生反应。什么反应？就是阴阳平衡，同性相斥，异性相吸。万物皆有阴阳，宇宙、自然和人类，哪里有阴阳，哪里就有阳光、就有健康、就有美好。人类生下来就是男女一半，男人跟女人结婚，且不说繁衍后代，他们构成了世界之美。那么，少男少女作为两个性别磁场，一定会达成一种磁场反应，达成阴阳平衡。我们看不见在磁场反应当中形成的一种东西，就好像我们看不见空气。但是我们感觉得到哪里没有空气，我们会窒息。

阴阳磁场反应形成一种"情愫"或"性愫"，极好地滋养了孩子的信心，让他们在青春发育期性心理萌动的时候，获得磁场的滋养，达到心理平衡，释放他们的欲望冲动，平息内心的性风暴。孩子们谈天说地、过生日、组织烧烤或者旅游，这都是他们进行阴阳磁场反应的机会。就算我们成人有了配偶，也仍然不拒绝愉悦地跟异性同事、朋友交流以及参加文体活动。开联欢会跳交谊舞跟谁跳？一定是女老师跟男老师。如果你看到一群男人在那里跳交谊舞，除非两种情况：要么是军队的战士，要么就是同性恋者。所以，男女在一起交往是多么美好的事情。世界上所有高雅的活动，都是为男女共同参加而设计的。探戈、华尔兹、花样滑冰多么美好、多么愉悦，谁能从中看出龌龊、低级、下流来？除非你的内心肮脏、不正常。谁家的孩子有机会体面地、从容地跟异性同学去交往，谁家的孩子就更阳光、更健康。这样的孩子，就没有迫切的需求在他性发育亢奋的时候转入地下去约会异性，或者躲进网吧约见异性，或者浏览色情信息来满足饥渴的心理。如果孩子们有了正大光明的释放，那么非正大光明的释放就会减少。

教委前几年发了文件，中小学可以不再做第七套、第八套广播操，小学生可以跳集体舞，中学生可以跳交谊舞，我衷心地希望我们学校能够实施教委这样的一个倡导。我刚才看到你们江阴山观小学操场这么漂亮，但操场上仍然是做广播操，谁都不碰谁，谁都不挨着谁，谁也释放不了。如果他们跳集体舞会怎么样？他们就会手拉手，也就有肌肤的接触。如果跳交谊舞会怎么样？那就有身体的接触。公开放电十分安全，私下放电就十分危险，集体放电非常安全，几百个学生在操场上跳集体舞能跳出怀孕打胎来吗？能跳出艾滋病、性病来吗？我希望我们的校长、老师们同情一下孩子，孩子到了性发育期，需要释放，没有正常的释放就有不正常的释放。所以少男少女交往，作为愉悦身心增进健康的途径多么重要。今天的应试教育剥夺了孩子的金色童年，剥夺了青少年的美好时光，他们整天有做不完的作业、考不完的试，孩子们太累了、太苦了。如果我现在来上中学、小学，我也厌学，一点玩的时间都没有。所以说，我们家长在孩子青春期不能反对他们和异性同学的交往。

第二，少男少女的交往，有助于他们完成第二次断乳期，为下一步的恋爱、择偶、婚姻做早期的铺垫和准备。

这里我要解释第一次断乳是什么时候。在座的妈妈们，你的儿子和女儿一岁半时，你就不能再让他们吃奶了，这个时候你要给他断奶。他哭喊闹很可怜，但你还是要狠心给他断掉，对不对？那第二次断乳是什么时候？是青春期到来后。你们观察下，女儿跟爸爸的关系就变得非常的微妙，她羞涩躲避，她害怕被看见她乳房发育了。她来月经的事，特别怕被爸爸知道，觉得很不好意思。但是从本能上，她对爸爸充满了好奇，因为爸爸是她身边陪伴她长大的那个最亲近的男人。爸爸身上释放的是雄性荷尔蒙，她身上释放的是雌性荷尔蒙，雄性和雌性之间在发生悄然的磁场反应，所以女孩对爸爸有由衷的眷恋之情。一个表现得体的父亲是女儿心目中第一个异性世界的偶像，她从爸爸身上来观察男人的特点。当然，她在男同学身边也可以观察到，但是不像爸爸那样可以那么随便、那么自由地观察。那么儿子跟妈妈之间，也会有一种阴阳磁场反应，儿子长大了，上厕所关门了，洗澡也不要你去看他了。为什么？因为他有性别意识，觉得自己是个男人，妈妈是个女人。但是他又从本能上对母亲充满了好奇，他眷恋母亲，时不时想去摸一下妈妈的身体。所以，有些妈妈来问说：我儿子放了学以后，就抱我一下、亲我一口，什么意思？他到了青春发育期，对妈妈充满了好奇，又充满着眷恋欣赏之情，尤其是漂亮的妈妈会被儿子欣赏，我觉得这个是非常正常的。

但是，这个过程不能无限地延续下去。作为父母，要在孩子的青春期，把他们的磁场转移到同龄异性群体的磁场里边去释放，去满足好奇心，去产生欣赏和喜欢这样的情感，去跟异性同学交往，释放他的性压力。这样的释放，就是一种断乳。

如果孩子不能完成这个断乳期，女儿老是眷恋父亲，儿子老是眷恋母亲，甚至拒绝跟异性同学的交往，长此下去，就会形成一种情结。女儿形成恋父情结，儿子形成恋母情结。如果恋父恋母成为一种情结，我就认为他性心理发育发生障碍了。这种障碍妨碍了他跟同龄异性的交往，让他在找对象的时候，潜意识去找母亲一样的老婆，去找父亲一样的老公，这样的寻找都不会成功。我们要鼓励青春期的孩子不要总是眷恋异性家长，要和同龄异性交往。我今天没有时间来举例子，来解释这个情结怎样影响孩子未来的恋爱择偶婚姻，但是在我的书里、在我的博客里写到了恋母与休妻，写到了恋母情结和婆媳冲突等，问题很严重，很多婚姻里就包含"情结"的危机。

鼓励孩子走进异性同龄人当中，不带有搞对象的提醒，不带有早恋的暗示，让他们去跟同龄异性进行群体的交往，在大庭广众之下正常地交往。让他们在交往当中不知不觉地比较，比较他的异性同龄人与异性家长有什么不一样。这种比较和鉴别，如果跟他的恋爱择偶婚姻有关联的话，就是在为下一步的恋爱择偶婚姻做早期铺垫和准备。恋爱择偶婚姻，是人生路上最重要的考试，我们有一本书叫《爱在青春期》，书里面有两个小标题："早恋"和"早练"。练习与异性交往，避免将来到大学把"同居"当练习本，到了结婚时，把婚姻当练习本。我曾接待过离过四次婚的男人，他恋爱挫折、家庭失败，何尝不埋藏着早期缺少练习的因素？因此，我们不赞成使用"早恋"这个词，我们赞成使用练习的"练"，因为没有一个国家规定恋爱的标准年龄，因此"早恋"这个词没有任何科学根据。孩子如果反过来问你什么叫早、什么叫晚、什么叫标准，你有答案吗？古今中外都有青梅竹马的故事，我们不能确切地说孩子在十几岁不可以练习跟异性交往。

第三，就是排解心里的郁闷烦恼，预防心理疾病，促进心理健康。

我们有的家长问，孩子上这么好的学校、吃这么好、穿这么好，怎么还会郁闷？做不完的作业，考不完的试，学习的焦虑烦恼就很多了；对着镜子看自己不标准、不性感，电视里有那么多美人，自己什么都不像，烦恼；人际关系摩擦，今天张三和李四好，明天李四又跟王五好，人际关系烦恼；有些老师偏心，一碗水端不平，烦恼；另一个烦恼是，有些家长当着孩子面吵架，把不该说的话都在孩子面前说出来，有些还动手，孩子很恐惧，他不知道自己该扮演什么角色，有时候像旁观者，有时候像参与者，有时候像调解者。有些父母一吵架，妈妈就把孩子叫过来问，我跟你爸离婚你跟谁？你说孩子烦不烦！没有一个孩子愿意在烦恼的泥坑里挣扎，谁来当他的救命绳？当然首先应该是家长。但遗憾的是，很多家长不去观察孩子心结上有什么问题，有什么烦恼，光去看作业本和考分。孩子考不好，就臭骂一顿，殊不知这不及格的考卷当中包了多少青春期的烦恼。当家长不能充当孩子的救命绳时，谁来充当？家长以为，孩子交给了学校，班主任就可以。可班主任管五六十个孩子，他怎么能够准确地知道今天张三进教室带着什么烦恼，李四进教室时脸上晴转阴了又出现了什么状况？

孩子在烦恼的泥坑里待着，这个时候，如果一个同龄的同学发现并帮助他，那会怎样？同龄人容易设身处地安抚，不会居高临下，如果来安抚他的同龄人又是一个异性同学，那就最好。异性同学是带着磁场的滋养进入他的心扉的，跟他说几句安慰的话，哪怕这几句话没什么水平，但是他们之间发生的磁场反应、产生的情愫，可以很好地给这个烦恼中的孩子疗伤。他茅塞顿开，心旷神怡，烦恼排除了。

于是，这两个孩子亲近了，关系亲密了。

可是这个时候，我们的老师和家长也就开始注意他们了，开始去监视他们：他们早恋了！我希望遇到这种情况的时候，我们家长和老师冷静地思考。这对少男少女正在实施心理救助，被救者和救人者之间的关系一定很紧密，我们静观事态发展，看看过一段时间之后怎么样。他不烦了，他解决了问题，他守着这根救命绳还有用吗？而正因为少男少女的烦恼随时在被同龄异性排解，他们才不会从心理烦恼走向心理疾病，去求助心理医生，甚至走进精神病院。孩子的烦恼随时随地可能发生，又随时随地在解决，而最有效地解决孩子烦恼的，是异性同学对他的关爱、对他的体恤、对他的安抚。我们为什么不利用这种积极的因素，帮孩子解脱心理负担？我们为什么还用"早恋"这根大棒去堵截他们？为什么还要用"搞对象"、"不要脸"之类的语言去羞辱他们？

然而，我们有些家长包括个别老师很愚昧，看到这种情况就开始说他们早恋，开始找他们谈话，开始棒打鸳鸯。可小鸳鸯还真不容易被打散。有的家长总是搞两个极端：要么棒打鸳鸯；要么随波逐流任其发展。有的还把"乱搞对象"这样的头衔加在孩子身上。

我们在北京西城区的青苹果家长讲堂，每年都会遇到一些家长出洋相的故事。我这儿举一个例子，有一次讲完课，一个家长来跟我说：陈老师，我儿子上学期学习成绩特别不好，期末考试倒数第二，开家长会时老师把我们这些差学生的家长留下来谈话了。后来我们就请了家教，但也没多大用，一个暑假过去了，孩子的作业也没有做完。到了第二学期，我发现一个住得很近的女生和他一块儿上学了，这个女孩子还上家里来，跟儿子一起对数学答案、背外语单词。这两个孩子在一起学习以后，儿子的测验成绩就有所提高。家长心里别提有多高兴了，到了期中考试，孩子的成绩跃升到班里第十名，老师表扬孩子，家长也很高兴。这个妈妈很感谢这个女生，感觉是这个女生跟她儿子一起学习，带动了她儿子。她还买了一件礼物送给这个女生。

但是，后面的话就不对了，她说这学期到了期中考试完儿子过生日时，她盼着这个女生给她儿子过生日。但这个女生没来，是另外一拨同学来给儿子过生日的，其中一个女生还给他写了一张生日卡，上面还写了几句肉麻的话。她说，我这个儿子会不会像他爸爸那样是花花公子啊？我问你的儿子多大啊？十四岁！她说，我看原来那个女孩长得不错，家里还是知识分子，学习又那么好，我就默认他们了，可是这学期她不来给我儿子过生日，我心里很郁闷。我说你的儿子上学期学习不好，这学期女孩帮了他，学习成绩提高了，你感谢她就不错了，你买件礼物送她就可以了，但是你怎么就默认了？你默认什么？你默认她是你们家儿媳妇？是你早恋还是你们家儿子早恋？这个妈妈被我问得说不出话来。

我们很多家长，看到女儿跟哪个男孩子在街上走，就恨不得用找女婿的眼光去看那个男孩，问他们家干什么的，挣多少钱，学习成绩好不好。看到儿子跟哪个女孩在街上走，就恨不得那是你们未来的儿媳妇，弄得孩子莫名其妙。现在的孩子的这种心理从哪里来的？是从成年人那儿来的：要么就别交往，一交往便是恋爱。有的逆反一点的孩子，你说我早恋我就是恋给你看的；有些胆小的孩子就转入地下，所有的坏事、危险事都在地下发生了。所以我们希望在座的老师和家长用正确的、健康的眼光来看待少男少女的交往，不要用成年人搞对象的眼光来看孩子，搞得孩子弄假成真，把孩子推到邪路上去。

第四，少男少女的交往还有助于提升智慧，增加他们青春发育期的自尊心和自信心。

现代发达国家都把男女分校取消了，江阴还有女校、男校吗？男女在一起切磋、学习、玩耍，可以均衡他们智力的发展，优势互补，克服性别局限。现代职业选择，也没有严格的性别分工。女人可以做政治家，可以做企业家，可以做律师；男人可以做办公室文员，可以做护理，可以读师范做幼教。为了让孩子将来在选择专业和职业方面不受性别的局限，必须鼓励他们跟异性同学交往。

而且，这个时候孩子们的交往，往往带有极强的自尊心和自信心。青春期是孩子自尊心和自信心发育的高峰期。孩子在异性同学面前，到了青春期就很自尊，你千万不能"哪壶不开提哪壶"。明明知道那个小女生喜欢你家的小男生，她打个电话来，发个短信来，故意问个数学题，其实是想听听你儿子的声音而已。她眷恋你的孩子，心仪你的孩子，你就让他接个电话，你何必那么粗暴地把电话挂断，让你孩子觉得多没面子。你发现你的儿子原来不喜欢洗澡、换衣服，蓬头垢面就去上学，打他骂他都不改。但是过了两年，你发现他改了，他自觉地要去换衣服，要去洗澡了，要把自己的发型搞成什么样了，对着镜子照自己的形象，你知道什么原因吗？有一双眼睛在注视着他，那双眼睛多半来自异性。男孩在男孩面前不顾一切，甚至在老师面前都不怕丢面子，但是如果有一个异性同学开始注意他的时候，他就特别关注自己的形象。我们为什么不利用这样一个积极的因素去鼓励孩子上进？父母打骂都做不到的事，一个异性同学的眼光就能把他改变，这是多好的事情啊！

这里举一个例子。我们在中央电视台《第二起跑线》，做了几期《青苹果青春期教育》节目。有一次做完节目后，一个高二年级的班主任跟我讲了一件事。她说班上有一个男生，成绩特别优秀，是跟一个女生一起保送到重点学校重点班来的。但是，从高一下学期开始，由于这个男生的父母闹矛盾，影响了孩子的学习，男孩的学习成绩迅速地下滑，老师们也真的没想到他会这么快地掉队。到了第三学期，考试有四门不及格，其中有两门才得了二十多分。这个班本来在全年级八个班里是第二名，由于这个男同学，一下把全班的总平均分数拉下来了，变成了倒数第一名。你想想老师有多着急，同学们也都抱怨他。但是这孩子就没有改变的意思，到了寒假第三学期结束了，六门课全部不及格，准备补考。2月14日那天，西方的情人节，正好赶上学校组织返校。同学们在班会结束后，一窝蜂地涌进了情人卡商店，有的买三张五张情人卡，有的买十张八张的。这个同学跟大家一起转了一圈，他没那么多钱，在班里又没有好朋友，但还是买了一张情人卡。这张情人卡送给谁呢？他决定送给跟他一起保送来的女同学。这个女同学是他们班的学习委员，学习成绩一直很好，这个男生很用心地在情人卡背后写了两行字："很想和你做朋友，但愿你不拒绝。"趁女生在等车的时候，冲过去塞给她。女同学上车打开情人卡，看到背后两行写得很工整的字，觉得挺尴尬，不知道该怎么回答。那时候是寒假，她就把这个情人卡给她妈妈看。她妈妈是大学心理学教授，幸亏这个妈妈看了这张情人卡，对女儿说，你跟他一起保送到这个学校，他学习那么差，你学习那么好，你总是抱怨他拉班级后腿，不争气，那你为什么不去帮助他？你有责任帮助他。再说这两行字没什么毛病，人家求助你而已，你可以去跟他做朋友。

有了妈妈的鼓励，女孩决定勇敢地回赠男生一张情人卡，写了几行鼓励的话语，说我愿意成为你的朋友，从下学期开始，我要和你一起努力，希望你能够赶上班级的步伐，我相信你能够恢复你初中时代的辉煌。

她将写好的信放在信封里，塞到男孩家的门缝里。第二天早晨，男孩起来发现一张蓝色的信封，打开一看是这个女生回赠他的情人卡，上面还写了那么一串鼓励的话，这个男孩非常感动，他没有想到这个女生会搭理他。这个女生不仅搭理他，而且还鼓励他。他很感动，他就给这个女生写信。不久开学了，他把这封信交给了这个女生，女生打开一看，这信写的什么内容？这个男生说，高一下学期爸爸妈妈闹离婚，妈妈下岗，爸爸在外边有了女人，他们吵架，焦点是谁来付我的抚养费。

因为妈妈下岗付不起，爸爸又不愿意付，结果闹到了法庭，法庭判下来爸爸每个月给我三百块钱抚养费，我跟妈妈生活。但是没想到，三个月之后爸爸人间蒸发，钱也不给了，下岗的母亲没有办法给我交生活费和学费，只好把我推到爷爷奶奶家里。爷爷奶奶是退休工人，只好用他们可怜的退休金来给我交学费。从那个时候开始，自己很忧虑、很郁闷，自己怎么就成了爷爷奶奶的包袱？他想自力更生，看到麦当劳招工就去应聘，可人家要身份证，自己才十六岁没有身份证，人家不能聘他。后来到了第三学期，又出现了一件事让他雪上加霜。有一天在大街上碰到初中时候曾经跟他拉钩说"我爱你"的那个女生，跟另外一个男生很亲热地从他身边走过去，看都没看他一眼。他说那一刻我连活下去的勇气都丧失了，根本读不下去书，好像在一个十字路口徘徊，一条路就是离开这个学校，到一个陌生的、谁都不认识自己的地方打工养活自己，另外一条路就是提前结束自己的生命，像我这样的人活在世界上多痛苦。

你看，这个孩子在生死之间徘徊的时候，收到这个女生回赠的情人卡，起了什么作用？这个男孩在信的末尾这样写道：是的，我现在是班里最差的男生，我对不起老师，我对不起同学。但是请你相信，从下学期开始，为了你，我要成为班里最优秀的男生。这个女生看完非常感动，回家跟她妈妈分享这份感动。妈妈看完这封信很高兴地对女儿说，你还只是答应帮助他，你还没有付诸行动，刚刚开学，这个男生竟有了这样的感动，竟有了这样的决心。这个男生为了祖国、为了爹妈都没有立志成为班里最优秀的男生，为了你却要成为班里最优秀的男生，不值得你去帮助他吗？我多么希望在座的家长朋友和老师们，能有这位母亲的胸怀。

曾经出过一件这样的事情，大家在报纸上可能已经看到。河南有一所中学初二年级的男生给一个女生递了一张条，写的内容是什么没说。但是写了这个条后被班主任看到了，这个班主任恼羞成怒，立即把这对孩子叫了出来，到门外操场上去罚站，从第一节课站到最后一节课，还让家长来领回家。这还不算，每次到上课的时候，都用鄙视的眼光对待这一对孩子，时不时把挖苦的话甩给这两个孩子。这两个孩子终于承受不住这样的打击，于是他们约好一天到一个小河边殉情，两个人一块儿跳下去了。一对小朋友的生命就这样搭进去了，谁之罪啊？男孩上课的时候跟女孩递个条，固然是违反了课堂纪律，可以批评，但是要在个别的场合去批评，不能当众羞辱。我们很多的老师是忍不下这口气，导致的后果她却没有料到。由于老师羞辱孩子，伤了孩子的自尊，导致孩子得忧郁症，导致孩子辍学、离家出走、逃学、旷课，甚至不想回家去的，这样的故事在网络媒体上时有曝光。

我希望我们的老师们多一点爱，多一点关怀。少男少女之间可能出现一些友情交往和行为，老师们一定要懂得尊重孩子的隐私，尊重孩子的自尊。一定不能羞辱孩子，一定要因势利导去跟孩子交流，理解孩子，否则我们就不能够为人师表，我们就不够资格做现代的老师。由于老师的原因导致了孩子出问题的太多太多，法律上没有办法追究老师的责任，但是我希望我们的校长要跟老师，特别是班主任约法三章，不可以羞辱孩子。我上个月在云南保山，讲了青春期教育的课。讲完后，有一个男老师非常内疚地告诉我，说我听了你的课，有一种犯罪感。他说在初中当班主任的时候，曾经因为孩子早恋，开除过三个孩子。我问这三个孩子后来的去向，他说有一个孩子破罐子破摔，就成了社会上不三不四的流氓，酗酒、抽烟。另外两个孩子，也没有读下去，去做生意了。我问这三个孩子的功课，他说其中有两个孩子的功课还不错，但现在没有办法挽回，很有负罪感。我希望老师们不要在少男少女的交往中，做一些带有自责、内疚、犯罪感的事情。要保护孩子那点稚嫩的情感，要像那位妈妈一样来对待小朋友之间的眷恋、欣赏、喜欢之情。

所以我觉得，对少男少女的交往，要从积极的方面去解读，因为它的功能是青春期社会化不可以少的。人生是一条单行线，春夏秋冬不可以反复。完成第二次断乳，愉悦身心，提升智慧，解脱心理烦恼，都是青春期异性交往不可或缺的功能。这些功能是家长和老师做不到的，所以我们这样来理解孩子的交往，我们就不会那么愤怒，就不会那么去羞辱孩子，就不会那么不能容忍。

那么有些老师就说，是不是随便让他们去"练"？不是你不要管，而是你不能站在前面挡，你也不能站在后面拖，你要在两旁扶住。

我们在老师的沙龙、家长学校以及少男日少女日里边，就共同来讨论关于少男少女之间的爱。讨论完了我们办征文比赛，他们写了非常漂亮的文章，我们把它汇集成了书，这个书就在我们青爱工程里边。2006 年组织的青爱工程的"爱"本是艾滋病的"艾"。但是 2009 年，白岩松提出来说，能不能够把艾滋病的"艾"改成爱情的"爱"，说我们的学校太缺少爱的教育了，以至于孩子们不懂爱。错爱的结果之一就是艾滋病，因为那些感染艾滋病的人，是发生了乱七八糟不安全的性关系。因此"爱"的教育才是根本，艾滋病的感染是结果，于是青爱工程接受了白岩松先生的建议。

青爱工程最先在东北抚顺开了第一个新闻发布会，白岩松老师也去了，他是抚顺人，而且白岩松老师也是我们二十二个省市的青爱工程"空中联盟"的主席。今天，我们"空中联盟"的其他几个老师都到场了，无锡梅村中学也在 6 月份挂牌"青爱小屋"，我希望我们江阴的学校也更多地参加到我们的"青爱小屋"以及青爱工程里边来，对孩子实施爱的教育。孩子太需要爱的教育了，爱的教育做不好，既可能影响他们下一步的恋爱择偶，又可能影响他们的婚姻家庭，还可能伤及他们的身心健康。因此，心理健康也好，素质教育也好，生理卫生教育也好，预防艾滋病的教育也好，以及道德教育也好，我认为都可以综合在爱的教育的平台上来实施。

我们跟孩子讨论友情和爱情，让孩子能够认同一些观念。孩子们意识到，青春的友情是开放的、不保密的，不需要拉钩说永久。有的家长就说，我们不担心孩子的友情，我们怕孩子有了爱情怎么得了。爱情不是洪水猛兽，爱情不是丢人现眼，爱情不是下流无耻，爱情是非常阳光积极的力量，我们小的时候读了太多的爱情故事，有关爱情的诗、小说，爱情是非常美好的。孩子情窦初开，他们所探索和渴望的爱情其实是美好的情感，我们要让孩子知道爱情是心与心的交流，是精神烈火的燃烧，爱情不是性器官的约会，未成年人的爱情不需要用肉体来证明。爱情发生在什么年纪，没有办法规定，所有的国家都规定了法定结婚年龄，但是没有一个国家规定谈恋爱的标准年龄。爱情和友情的一个最大的不同是，爱情是排他的，但友情是可以跟任何人去分享的。我爱你就是我希望你更优秀、更完美，值得我爱。因为我爱你，所以爱的力量能够把我自己变得更优秀，爱是彼此精神成长最好的动力。

对于少男少女的成长，爱是最好的动力，当然也有父母之爱，老师之爱，但是来自异性的爱比父母和老师的爱更加珍贵，更加能够鼓励他们成长。如果我们好好引导孩子，我们就应该把孩子引导到这样的爱情之路上去。但是，我们要告诉孩子，如果你说了"我爱你"，结果两个人逃学、旷课、不思进取，甚至转入地下，做出伤天害理的事情，让你的女朋友怀孕打胎，那只能证明你不爱她。那不过是想利用爱的名义，在爱的幌子之下，利用对方的身体来满足自己，或者彼此满足生理需要，那不叫爱情。如果是健康的爱情，发生在什么年纪都值得我们祝福。我们不能说青春期的孩子就没有探索爱的权利，春天要做春天的事，春天可以播种爱的种子，但是爱的种子播下去，不一定粒粒都有收获，秋天才能收获爱的成果。尽管你爱她，但是不一定能达到你的理想，我们要跟孩子讲这样的道理。

我们在北京的高中生当中开设了婚恋课堂，讨论友情和爱情，其中有三个主题班会，我希望放在我们的网络上，让所有的家长去下载，让所有的班主任去下载。这样的主题，可以开始给初三年级的学生讲，早一点讲，因为青春期爱的教育要有超前性。我们不知道孩子会在什么时候发生恋情，早一点告诉他们，早一点让他们懂得爱。懂爱的孩子更自尊，更负责任。

最后，我讲一个悲剧的故事结束今天的讲演。前面提到的第三个问题，我没有时间讲，我希望今后我们青爱工程能来江阴，到时再讲建立防火墙，维护少男少女的性健康。

大家一定都听说过"马加爵事件"，因为他在教育界引起了一片哗然。这是五六年前云南大学一个三年级的男生，杀害了同寝室的四个男生，最后被处以死刑的悲剧。我们有一个老师叫郑小江，是江西师范大学的哲学教授，他研究生命教育。他觉得"马加爵事件"非常典型，就三去云南调查事情的真相。回来之后，我们一起参加了在苏州举行的一次宋庆龄基金会的生命教育论坛，他就告诉我这件事，让我把这件事写在博客里。所以在我的博客里边就写了"重新解读马加爵事件"。

我认为"马加爵事件"是一个青春期"爱的教育"缺失的悲剧，马加爵家里很穷，他的妈妈给人家熨衣服，来供他上学。但是，马加爵是一个非常优秀的学生，他很体恤父母，是个孝顺的儿子。他初中的时候读书很好，没有所谓的"早恋"，高中的时候仍然没有交过女朋友，到了大学人家都在交女朋友甚至同居了，他还两耳不闻窗外事，一心只读圣贤书。这个孩子够好吧？家长望子成龙，快成龙了，但他却做了杀人犯。他的高考多少分？六百四十多分，他可以上复旦大学，但他孝顺和理解父母，因为家里太穷，上海的生活标准太高，要用那么多钱去买火车票，他不忍心让他的父母付出。于是，他决定放弃复旦大学，留在了云南上了云南大学，这是西南的一所重点大学。他念大学的时候，荷尔蒙水平已经很高了，他已经再也按捺不住自己对异性的喜欢、好感和欣赏之情了，暗恋上他们班的一个女生。他不知道这个女生对他什么感觉，也不知道怎么去表达对这个女生的爱恋之情，于是他就写情书。他写了一封又一封，写到他最满意的一封。但是怎么去交，他也不知道。他没有跟女生交往过，没跟女生说过话，连拉手都没有过，但是他决心要把这封情书交给这个女生。有一次他们班举行聚会，这个女生踏进教室，他就冲上去，把情书塞给这个女生。这个女生觉得太突然，她拿到这个情书看都没有看一眼，就当众撕毁。这件事情当然对马加爵产生了很大的刺激，但马加爵没有因为这件事情去杀人。他也没有杀这个女生，因为他爱这个女生。他杀人的原因是什么？是四个同寝室的男生看到了这一幕，后来就不断地用这件事做把柄去嘲笑马加爵，去挖苦他，去讽刺他。在被判死刑之后有二十天的上诉期，他写了一首《长恨歌》，这首《长恨歌》当时挂在新浪网上，现在我看没有了。

他在《长恨歌》里这样写道："贫穷并没有把我击倒，我不能忍受的是人格上的侮辱，我不过是给这个女生写了一封情书，我没有做错什么，而他们玩弄女性，他们和女生同居，他们把女同学带到宿舍来乱搞，他们有什么资格来嘲笑我？我再也忍受不了人格的侮辱了，我决定举起榔头干掉他们。"他是在一个深夜，用一把榔头将四个孩子的脑髓都敲出来，杀人手段非常残忍，最后他被枪毙了。当初有几个上海的心理学家，想去替马加爵辩护。因为毕竟他是一个那么优秀的孩子，他家里那么穷，好不容易供他上了大学三年级了，快毕业了。但是，他杀人的手段太残忍了，民愤极大，死者家长绝不容忍他，所以法庭没有接受心理学家的辩护，最后把他枪毙了。马加爵死了，那四个孩子也付出了生命的代价，留给我们在座的老师和家长什么样的教训、什么样的警醒？

一个男孩长到了堂堂的男子汉，他一定会对周边的女生产生好感、喜欢、眷恋、欣赏之情，他可以去表达。他怎样表达才会让这个女生不觉得反感，才会让自己不觉得丢面子、不觉得伤自尊？他从来没有跟女生交往过，他怎么知道这个女生根本就不爱他，他的这种表达根本就是一个唐突的表达。那么，对于一个女孩，我们谁告诉过她，说你长到亭亭玉立，你周边的男同学对你表示爱慕之情，他们可以给你写情书、写生日卡。你可以接受，也可以拒绝。如果你接受的话，你怎样去跟这个男孩建立友情、探索爱情，怎样用爱的力量鼓励你们走向爱情之路；你也可以拒绝，如果你拒绝的话，你用什么方式才不会让对方伤面子，才不会让自己失去风度。像这个女孩，当众撕毁人家情书，跟人过不去，那么这一切我们在座的家长老师谁给孩子教过？这恰恰就是青春期爱的教育要做的事情、要负责的内容。

我去江西大学做讲座，他们就告诉我，有男孩喜欢一个女生，但是他并不知道这个女生喜不喜欢他，甚至这个女生已经明确表示不喜欢他。他就强迫这个女生喜欢他，就追着人家，人家不干，他就把人家杀了。这样的事情还有，北京有一年自杀了十个男生，其中七个是因为失恋。北京大学有两个博士生，因为共同喜欢一个女孩而争风吃醋，吃醋的男生把另外一个男生从四楼的窗户推下去摔死，自己也跳了下去。"富士康跳楼事件"大家都听说了，十四跳，其中九跳是因为失恋。由于情感的挫折导致多少人生悲剧，大部分发生在那些情窦初开的孩子身上。现在青少年的自杀率也在逐年地上升，情杀的、毁容的都有。

　　在座的老师们，你的班里可能有几个孩子考得不好，没有考取重点大学，那又怎么样？我认为有的孩子是不适合考大学的，适合早一点创业，为什么要逼着他们上独木桥？你这个学校有二十个考上清华北大，又说明什么？但是，如果青春期的孩子失去了健康，失去了人生的意义，在爱的路上出了问题，毁及自己的生命，甚至毁及对方的生命，那么就说明你的教育是彻底的失败。一个家庭只有一个孩子，如果孩子出了这样的问题，你就是失败的家长。如果我们因为青春期教育的缺失，导致了不应有的伤害，我认为教育者要负责任，而第一个教育者是谁？家长。青春期性健康教育，谁唱主角？家庭。希望我们学校的校长、班主任把这件事情传达给家长，希望家长自觉地承担起青春期爱的教育的责任。

　　生命是一条单行线，过了十六岁不再有十六岁。我衷心地希望，我们在座的家长，在今天这样信息爆炸的时代，这样用性做噱头去吸引孩子眼球的媒体时代，在这样无处不讲性的时代，以青春期的性教育作为主线和核心，让爱充满孩子们的心灵，用爱的阳光照亮孩子那条漫长的青春之路，让他们享有一个幸福的人生！

中国需要怎样的世界文化遗产

葛剑雄

各位下午好，很高兴又来到江阴。我记得是 2009 年的时候来过，因为汶川大地震刚刚过了不久，所以在江阴图书馆做了一场关于地震的讲座。我今天讲的这些内容，一部分是我的专业研究，一部分是我的业余活动。

世界文化遗产很热。今年新的世界文化遗产名录要出来了。一个国家一般每年只能申报一项文化遗产、一项自然遗产，我们国内竞争就很激烈。怎么报？报哪个？有的地方说"申遗"，实际上想在国内排上都不知道要等到哪一年了。全世界现在已经有九百多个世界文化遗产（包括自然和文化双遗产），每年开一次会，就增加一些。

到底世界文化遗产有什么意义？特别是我们中国，今天怎么来看已经有的世界文化遗产？或者我们要不要积极去"申遗"？这一次丝绸之路就是几个国家联合"申遗"

的，比如大运河联合"申遗"，是跨了好几个省市。我们怎么来看？我想，还是应该从它本身的标准来看。

标准：独特的艺术成就，创造性的天才杰作

这标准不是我们定的，是联合国教科文组织定的。它是 1972 年 11 月 16 日在法国巴黎召开的联合国教育科学文化大会第十七次会议上通过的《世界遗产公约》规定的。这个机构设在巴黎，简称教科文组织。习近平主席出访法国的时候，就专门到这个组织访问过。《世界遗产公约》执行遗产公约操作的准则，这些标准不是我们提出来的，不存在中国特色，它是世界统一的。它规定这个项目必须能够代表一种独特的艺术成就，是创造性的天才杰作。一定要独特，要反映一种创造性的天才的杰作，也就是一般的人或者项目是达不到的。

如果说这个标准还不够具体的话，那么第二个标准就是：能在一定时期内或者世界某一文化区域内，对建筑艺术、纪念物艺术、城镇规划或者景观设计方面的发展产生过重大影响。为什么有些时间不太长的建筑，也成了世界文化遗产？比如澳洲悉尼歌剧院，照理说是现代建筑；再比如巴西首都迁到了巴西利亚，巴西利亚整体被列为世界文化遗产。就是因为它们符合刚才说的第二个标准。

还有一种情况也可以入选世界文化遗产，那就是一种已经消失的文明或者文化传统，能提供独特的至少是特殊的见证。很多的文明或是文化传统现在已经不存在了，但是却提供着一种独特的、特殊的见证。如果没有消失，那么这条标准就不存在。因为消失了，所以要找到这样有代表性的、独特的见证。或者可以作为一种建筑、景观的杰出案例，展示出人类历史上一个或者几个重要的阶段。比如苏州园林就是这种建筑群和景观，它跟其他地方的园林相比的确有特点，展示了明清以来或者更早时候江南文人、贵族等阶层的生活方式。这就体现了重要阶段和一种文化的特殊性，可以作为传统的人类居住地或使用地的杰出案例，代表一种或几种文化在不可逆转的变化影响下，变得熠熠生辉。

我们来解释一下什么叫不可逆转的变化。因为有些变化有反复。中国历史上一个朝代灭亡了，另一个朝代兴起，它可以反复可以逆转。但有些变化不可逆转，比如我们从农业社会进入到工业社会，那是没法逆转的。即使将来把城市变为农田，

也已经不是传统农业社会了，是用机器或者融入了现代物质文明的。在这个不可逆转的变化过程中，有些原来人类居住或者使用的东西就很容易被损坏。比如现在的古村落或者古建筑群，代表着历史的生活方式，不容易被保存下来，就要把它作为遗产。

最后一条标准，是与具有特殊普遍意义的事件或现行传统、思想、信仰和文学艺术作品有直接或实质性联系的。这一条是有规律的，只有在某些特殊情况下，或者该项标准和其他标准一起作用的时候，才能列入遗产目录，单独这一条是不够的，必须兼顾上面的一条或者多条。奥斯维辛集中营为什么是世界文化遗产？因为它跟一个重要的事件——德国法西斯迫害、屠杀犹太人的史实联系在一起。光这个还不行，还要与前面说的具有代表性、如果不保存的话或者毁灭等几种情况合起来，才能成为世界文化遗产。

每次公布遗产名录的时候都会有一段文字介绍，认定它是上面这几种情况的哪一类。正因为这样，我们现在很多地方申遗，首先要看一下从哪个角度来申报。有人说不要遗产，我们认为重要就行。但那是自我遗产，没有资格叫世界遗产。而对我们这些发展比较落后的国家来讲，要想办法融入世界，跟国际接轨，或者参与世界某一项协定，就不得不面对这样的形势。这些规章制度和游戏规则，大多数是西方或者当时的发达国家所制定的，只有参加以后，将来才有资格依靠你的影响力，去改变这些规章制度。

1972 年通过这个协议的时候，中国还在搞"文化大革命"。照理像中国这样的大国，有悠久历史、丰富文化，我们完全不是一个参加者，而应该是作为发起国，并且应该是参与制定规范的国家，可惜我们没有。一直到改革开放以后，北京大学的教授侯仁之先生，也就是现代中国历史地理这个学科的奠基人之一，才把世界文化遗产带入中国人的眼帘。对于世界文化遗产，我们有三个重要的奠基人：一位是我的老师谭其骧先生；一位就是侯仁之教授；还有一位是陕西师范大学的史念海先生。侯先生 2013 年去世，享年一百零二岁。他在二十世纪八十年代到美国去访问，一位大学校长陪他参观学校文物陈列，其中就有装在玻璃盒里的北京城墙的城砖。"文化大革命"时北京城墙都拆了，他们就搞到一块几百年的历史城砖陈列着。侯先生很感慨：你看我们到处乱扔，人家当宝贝。因为这个出访，他才知道世界文化遗产的存在。回来后与其他两位全国政协委员一起递交提案，要求中国参加世界文化遗产的申报。这样，中国才开始知道有世界文化遗产，才开始参与。

现在有人说中国有这么多遗产，为什么每年只能申报一项？因为全世界有很多国家，而且从保护的角度讲，没有一个绝对的标准。比如非洲和亚洲的文化遗产，就不要比较；有些国家文物特别多，保留下来特别多；有的国家虽然多，但没有特色。所以世界机构只能做这样的规定：每个国家一年报一个！我们国家有很多遗产，那申报时就有技巧了，可以采取打包的方式申报。比如丹霞地貌，全国六个地方一起申报，成功了。苏州园林不分哪个园，可以把这一类的独立进去。明清帝王陵墓申报成功后，南京明孝陵作为补充，包括明朝的十三陵，也包括清朝的东陵、西陵。不仅这样，还把明朝迁都以前的帝王陵也包括进去了。湖北嘉靖皇帝的生父，后来也被追封为皇帝了，还把沈阳清朝进关以前皇帝的陵也包括进去了。丹霞地貌如果有新发现，今后也可以采用这个办法。中国虽然参加申报的时间晚，到八十年代才开始申报，但中国现在列入名录的项目已经居世界第二。而且，有些国家已经找不出新项目，我们中国可以慢慢来，今后绝对是一个世界文化遗产的大国。

珍贵：反映一段历史、一种文化的特点

那么，世界文化遗产已经有九百多项，在座各位肯定有人也到过不少地方，我自己也去过很多地方，但是统计一下，离全部到达还差多了。有些遗产一般人是到不了的，还有即使到了那里，也未必能看到它最合适的景观。比方说到埃及看阿布辛贝神庙，神庙里有个奇特的景观，每年有两次太阳可以通过一道道门，最后照到里面的黑暗神像。总不可能正好赶在那两天去，如果去了没有太阳，也看不到。所以我们对世界文化遗产的了解，不要指望什么东西都靠自己去看，一般人做不到。最近有个华人摄影家，已经跑了很多地方，准备编一本他拍的摄影集叫《世界文化遗产》，要我帮他一起编。我说，你既然编了做了就要尽可能全，这才有意义。要全的话就不能靠一个人，可以找人合作，也可以买人家的知识产权。这样大家拿到这本摄影集，就可以看到世界上全部的遗产，或者某一国家全部的遗产。正因为这样，我下面给大家看几个实例，是我到过的，而且是一般人还没有机会去的。我们看看，到底这些遗产珍贵在什么地方！

首先是博尔戈尔山及纳巴塔地区。2003 年，中央电视台邀请我去拍一部纪录

片——《走进非洲》，我才有机会到那里的。这个地区位于苏丹的北部，撒哈拉沙漠的边缘。去的时候，它还没有被列为遗产，是回来之后那一年的世界遗产大会上被列进去的。大家看，它为什么会被列为遗产。它的位置在沙漠里，我们从埃及坐轮船，从阿斯旺高坝上的纳塞湖水库一直走，走过水上尼罗河，看见阿布辛贝神庙，再往上一直走到苏丹，穿过边界，尼罗河的航运到这里停了，我们就上岸，离开小镇到沙漠里了。整个遗产都散布在撒哈拉沙漠里，如果当时这里就是沙漠也不会造在这里，证明这些沙漠在扩大，气候在变得干燥。这里的石柱，时间已经很久，虽然不是所有的都有精确的记录，但是我们看到的这些遗迹、这些建筑、这些雕刻，最早的都已经四千多年，比我们商朝还要早，一般的也在两三千年，和我们周朝差不多。这地方到处是文物，每个石柱都有一段历史。

这里散布着很多金字塔，比我们现在看到的埃及金字塔还早。但比较小，里面也是当时的法老用来作为自己墓葬的地方，很多顶都已经没有了。长期的风化，以及沙漠里昼夜温差热胀冷缩，使得坚硬的花岗岩出现碎裂。原来顶上都标有神像或者珍宝，也早已丢失。我们在那里拍照，风吹过来，沙打在脸上，再转过来，一堆新的沙就出现了。进去塔里有卧室，上面刻着浮雕，里面还有文字、神像，墓室都封着，历史上曾被打开过。

从高的地方看，这里还有很多古代的宫殿以及建筑遗址，现在只能看到墙基。这些建筑范围很大，而且并不是埃及法老居住，而是努比亚人或他们的祖先留下的遗址，有点像黄土堆积的，仔细看上面都有一层层模板，像中国夯土的遗址。里面本来都是空的，现在已经堆起来了，非常高大。这里原来肯定是在绿洲范围里，现在却在沙漠中间。有个埃及的建筑，里面有文字、有图画，门锁上面刻着埃及著名的女王，女王手里拿着一把剑，一手抓着俘虏的头发，脚底下踩着俘虏，象征着敌人魔鬼的形象，原来非常完整，现在已经残缺了。

意大利导游告诉我们，他做导游十几年了，早期看到的比这个要完整，这已经属于濒危状态了。柱子的表面不断地有东西在剥落，在我们拍摄过程中，经常听到"噼噼啪啪"的声音，以为是风吹沙子的声音，结果是柱子上面的一个小点在爆裂。我们还看到，整个建筑都在沙漠中，这也反映了人类的活动跟自然之间的一种互动关系。当时是不可能在沙漠中建这些建筑物的，这里曾经有一定的人口或者环境适合人类生存。刚才讲到的神庙的内部，每个神都有故事，有文字记录着他的事迹。这就比较好地反映了历史，反映了书本上可能没有记载的真实的历史。

这是一个墓群的地下墓室，是四千多年前留下的，看起来颜色还很鲜艳。当地人告诉我们，前几年被洪水浸过了，受到了损失。我们可以想象要是没有被水浸过，可能就更鲜艳了。四千多年前的壁画，当时用的颜料都是天然矿物或者植物，反映了当时文明的高度发达。我们去的时候根本不知道怎么到达，虽然已经被保护起来了，但这个保护明显不够，如果再经历几次这样的洪水，墓群就毁了。画面与文字都是人类当时经历过的事实，一定是重要的历史，或者是这里某个人物的重要事迹。

这个地区范围很大，我们没有地方可以住宿，只能搭帐篷，旁边停车。帐篷的位置要靠着山，万一有事还可以往上面跑。这样的地方已经有不少考古学家在工作，那天正好是五月四日，在我们拍摄的过程中，发现一大群的中国游客过来，原来是苏丹北部中石油的工人，那天正好搞青年活动，就到这里来旅游。随着工业的开发、交通的发达、周围人口的增加，以后来的人会越来越多，如果不加以保护，恐怕很多很脆弱的文物就会遭到破坏。所以整个这块地方，都作为一个世界文化遗产被保护下来了。

下面我们再来了解埃及圣凯瑟琳修道院。一般在埃及旅游的游客，都在尼罗河流域、亚历山大、开罗、罗克索、阿布辛贝神庙。能穿过苏伊士运河到西奈半岛的人不多，即使去也是在沙姆沙伊赫等海滨城市。圣凯瑟琳修道院是在西奈半岛的中心，如果从附近的旅游城市过去的话，大概要三四百公里，中间全部是沙漠。修道院周围都是光秃秃的高山，旁边只有几棵树。这里的地下有个泉眼，要是没有泉眼这片树就不会有，修道院也没法生存。但是光有这个泉眼，最多可能只会有牧民的场所或者沙漠里人经过的驿站。为什么在这里会出现修道院，有什么魅力？这个修道院在公元初就开始建了，但是却出现了清真寺和基督教的钟楼并列的奇特景观，这就很有象征意义，因为按道理，这两种宗教是不相容的。尽管现在已经没有伊斯兰教徒到里面去做礼拜了，但是，它的存在是有典型的意义，说明不同的宗教、不同的文化是可以相容的。

事实也是如此，当初部分教徒选择在这里建这个修道院，据说是得到了神的启示。它的周围并不是基督教信徒生活的地方，它要远离欧洲宗教信仰地。相当于明朝崇祯年间，有一个教徒从欧洲出发去寻找这块圣地，路上走了二三十年，到达的第二年，在那里见上帝去了。这样一种象征性，不仅在于它的历史悠久，还在于它反映一些人的信仰，反映了在特殊情况下，自觉地与其他宗教、其他文化相包容。也正因为这样，在周围已经归伊斯兰教，成为穆斯林文化孤岛的情况下，同样受到穆斯林教徒的保护，能够幸存下来。统治这块地方的主人变更了很多，奥斯曼帝国时归伊斯兰教，以色列也占领过它，英国也控制过它，而且它在周围那些游牧的是贝多因人，他们曾经把这个修道院作为抢劫的目标。为了防御他们的抢劫，筑了很高的围墙，采取特殊的安保措施。我们去参观的时候，保安就是贝多因人，当年他们也是被防范的对象，但现在都依靠他们在做保安，他们已经和睦相处了。

圣凯瑟琳修道院图书馆收藏的文物以及基督教的书籍数量仅次于梵蒂冈。因为早期为了宗教的传播，为了这些文物的收藏，人们不远千里把它们运到这个孤点。里面有早期的手稿，我们看了其中的一部，觉得受到很大的震撼。孔子说："礼失而求诸野。"文物的保存也是这样，偏远地方反而保存下来。这里还反映一种特殊的对宗教的献身。里面有个奇特的传统，教徒离开这个世界以后，留下他们的头颅骨和骨骸，藏在小房子里。我们只能通过很小的一个缝隙或者很密的栅栏看到，没有办法拍下清晰的照片。房子两边的墙上都是头盖骨，说明了这里曾经有许多的殉道者。

我们再来看看埃塞俄比亚的拉里贝拉凿岩教堂，整个建筑是在岩石上雕琢凿空构成。我们中国的乐山大佛，山体就是个大佛；昆明西山的龙门石雕，整个都是从岩石上凿出来的，不是靠拼起来的。这里的规模更大，这个地方要建成很不容易。它离埃塞俄比亚的首都亚的斯亚贝巴很远，交通不便，去的人也少。到那里的第一个感觉就是苍蝇多得不得了，我在做节目的时候感觉声音不对，原来一个苍蝇钻到嘴巴里了，随手一摸又是一个苍蝇。教堂本身是整块岩石凿出来的，进去后就像个礼堂。整个建筑一千多立方米，台阶也不是另外铺的，也是整块岩石留出来的台阶。这样的建筑，现在还有二十八座，比较完整的有十几座。其实这是一座从平地上往下开凿的教堂，教堂有三层，由台阶往下通，全部在岩石上凿出来，包括教堂里供的神像，上面的雕塑、房间、楼梯、门上面的挂钟，简直是工艺品宝库。上面还有一个个地道、一个个气孔，像迷宫一样，一个教堂连着一个教堂，小的像窑洞，大的又是一座教堂。不得不感慨，鬼斧神工！

当时为什么要花那么大的精力？看世界文化遗产，要理解它的独特性，它为什么反映了一大历史、一大文化？就以这个教堂为例，为什么会在这个地方产生？

　　首先是因为当地的国王笃信基督教，要是没有信仰做得出来吗？而且主持的人都有一种献身的精神，历史上很多建筑跟当时人的信仰有关。同时他又是国王，如果是普通的信徒，没用，也造不起来。以前的和尚，发愿要建个宝塔，要去化缘，没有钱是不行的。他是国王，所以他可以调动人力和物力，动用了五千工匠，连续修了三十年才建成。但是更主要的原因是当时的形势：伊斯兰教扩张，基督教没法生存。现在苏丹的南部，才是天主教和基督教的地方，苏丹北部已经全归伊斯兰教了。埃塞俄比亚北部面临着伊斯兰教的扩张，所以在这种情况下，宗教冲突很难避免，基督教已经没有办法保证自己的安全，所以不得不把教堂造成像迷宫一样，造得像碉堡。用岩石建造教堂，火烧不掉，弓箭也不容易攻击。我们在埃塞俄比亚北部，曾经看到山上高高的像城堡一样的建筑，当地人告诉我这其实也是一个教堂。如果伊斯兰教不扩张，谁不愿造在平原，同样的精力可以多造几座。我们在希腊看修道院造在山顶上，其中一个原因是为了安全，当然还有一个原因：为了能够静修。

　　偏偏这个地区没有树林，虽然也是在山里。我们中国长期以来都是发展土木建筑、砖木建筑，这些建筑的好处就是成本比较低，挖的泥可以烧砖，木材也不缺乏。我们的古代建筑中真正的石结构建筑很少，我们的石料柱子和台阶没有完整的。而他们那里偏远，缺乏其他材料，但是当地具备完整的火山岩。有些是石灰岩，边凿边坍下来，花岗岩太硬也不好。正好这里的火山岩石比较完整，才使得能够有这样的建筑存在。

　　这几个例子很好地阐述了世界文化遗产的标准，即能反映宗教信仰、生产能力、社会以及宗教关系、本身功能和自然环境。比如中国当时在申报世界文化遗产的过程中，有人不看好广东开平碉楼，觉得时间太短，地方也太小，影响也不大。但是它被选上了，什么原因？某种程度上，它跟刚才说的拉里贝拉凿岩教堂有点类似。我当时就说，选中的主要原因不是在中国有多大影响，而是因为这个建筑"不中不西，不伦不类"。当地人听了很生气，说我贬低他们，我说不是贬低，要是这个建筑纯中纯西都轮不到你。就是因为它不中不西、不伦不类才被选上，它有代表性。开平碉楼谁造的？是华侨。华侨在当地人数多、比例高、分布广，在开平一带相对集中。早期的华侨传统观念强，并不想在外国待一辈子，他要衣锦还乡，荣宗耀祖。在外面发了财，其实也没有发财，就是比国内的人富了点，或者平时省吃俭用，要让家乡人知道不是白出去的！回来了荣宗耀祖，修建祠堂。还要讨老婆，有的已经有了老婆还要娶小老婆，还要买地建房。好多华侨回家建房子，显示自己在国外富有。但是这些特点每个华侨都有，也成就不了开平碉楼。

开平当地人本身是很穷的，华侨回来后这么铺张宣传，就成了强盗和盗匪抢劫的对象。树大招风，加上政府根本不提供保护。以前民国时期，政府能管到县城就不错了，乡下的盗匪根本管不到。那么这就麻烦了，你露富炫耀，那就会成为盗匪的目标。所以，就为碉楼的出现提供了条件。碉楼以下就像碉堡，有非常厚的墙，往往第一层没有窗户，门也开得很小，有的还有枪眼，从第二层开始才有阳台和窗户。如果周围强盗来了，不仅自己家里，村里的人都可以一起躲进去，趴在楼上。火烧也不怕，打也打不进，等强盗跑了再出来。所以开平碉楼的底层基本不用，进去就是楼梯。

还有一个就是自然条件。这里天气热，经常有洪水、台风。既然建成楼房，最高的有八层，就必须要坚固，要抗台风。底楼不用，一方面为了保安，另一方面洪水来了淹了也不要紧。那么，它的文化特征又是怎么体现的呢？按理说它是居民的房子，但上面有的有罗马柱，有的有钟楼，有的上面是西式的，一进去又是中式的，前面供着祖宗牌位。完全是中西合璧，需要什么就建什么，变成了不伦不类的独特建筑。还有一点，因为早期的华侨没有什么文化，回来又要炫耀，看到什么好就造起来，所以既不像典型的西式建筑，又不像完全中式的建筑。如果是受传统文化影响较深的，都要符合中国传统的大院大宅；要是完全接受西方文化的，比如，厦门鼓浪屿就是西式别墅。所以从建筑的角度上根本谈不上美。

那么为什么开平会保留那么多的碉楼呢？这又有另一个特殊原因。那些华侨原来准备回来住的，但实际上国内战乱，回不了了。我们在里面还能看到喝过的可乐，有的回来了，后来又跑了，特别是新中国成立以后都跑了。因为没有人住，这些房子长期空在那里。空在那里为什么不占用？因为侨产动不得。新中国成立初期，有人提出把华侨财产分掉，后来惊动了中央，就规定华侨东西不能动。而且开平一直到改革开放，经济还是落后，要是在发达地区，乡镇企业早就占用了。经济长期停滞，这么一片建筑也长期保存着。也是像刚才的教堂一样，这么多原因缺一不可，使它成了世界文化遗产。

价值：记录历史、文化传统和先民的智慧

接下来，我们看看中国为什么需要文化遗产。一些文化遗产保护需要很大的费用，且并不一定有很强的观赏性，为什么需要？它的价值又体现在哪些地方？

首先最主要的是保存历史的记忆，能够去记录历史。历史通过什么来保存？有了文字，主要靠文字；有了印刷，主要靠书本。在这以前靠什么保存？最早的人类是靠口耳相传，一代代人讲故事传下来，缺点是讲到后来变成了神话，讲错了也不知道。有的为了巩固记忆，结绳记事，这里发过大水就打一个结，发了两次打两个结，可惜这个结最后都没有了！于是人类想出来把一些图画、符号刻在石头上。世界上有好多岩画，中国也有，像阴山、贺兰山等山上的石头上刻的画。古人想传递一种信息，或者想传给后代，传给神让老天知道。不但刻还有画，广西有名的花山岩画，有的跳舞，有的打仗。中国人还有一个本事，把重要的文字铸在青铜器上面，好多青铜器都是有铭文的，都是有文字的，这文字就是记录的历史。最早"中国"两字就是在一件青铜器"何尊"上面发现的，这就是传承历史。中国最早的文字是金石文，刻在石碑上，很不容易保存下来。而且有保存下来的往往只有这一条记录，没法核对是否正确，也不知道真实含义。现在留下的甲骨文里，还有不少字解释不出来。

真正要保存历史记录，除了文字以外，还必须尽量保存原物。那这个靠什么？靠世界文化遗产或者我们中国自己的文化遗产，全方位地从各个层面来记录历史。历史上的一句话或者一个事件，都可以通过建筑、艺术品、非物质进行记忆。比如刚才讲的开平碉楼，就反映出当时华侨曾经有过的这段历史。华侨后人就不理解，爷爷为什么回家乡还讨个小老婆，为什么他们有钱自己不花，造那个从来不住的房子。还有鼓浪屿上的别墅，很多楼的主人都是当初的佣人。当初华侨在外面发了财，回来造了房子又不回来住；有的本来想回来，到了后来又不回来了；这幢楼就让看房子的佣人住了，每年还寄钱回来给他保养；有的主人从来没来过，有的看房子的佣人已经第三、四代了，祖宗就看着这个房子，现在变成了他的财产。对于这样一种历史，现代人如果不是有这种实例，根本理解不了为什么这样。

再比如说奥斯维辛集中营，很多人去看过了，回来说让人感到很压抑，世界上

还有这样的暴行：犹太人被毒气毒死，头发都要被拔下来织毯子，脂肪被做成肥皂。对于这样的暴行，如果不是保存这些实际的东西，也许我们后代想都想不到。现在跟有些年轻人讲"文化大革命"的情况，他们说你们怎么这么蠢，为什么不反抗？可是，事实就是如此！所以，巴金就主张建"文化大革命"博物馆，现在虽然没有整建，但已经有一部分人，在成都一些博物馆里，收藏一些人写的遗书和笔记。当时成都有峨眉电影制片厂，里面好多演员自杀或被迫害致死。如果没有这些，后人怎么相信、怎么了解？我们大家都知道"票证"，当时有各种票证，我看到还有当时妇女买卫生巾的票子，凭票买一份，计划供应到这个程度。我们在上海知道买草纸是要草纸票，买煤的叫煤球票，在成都的博物馆里也保存着。所以世界文化遗产也好，地方文化遗产也好，都起到一个保存历史记忆的作用，让大家不忘记这段历史，不忘记生活中的各方面，大的历史是由各种小的具体事件构成的。

第二个价值就是能够继承优秀的文化传统。有不少文化遗产是人类的杰出贡献，代表一个时期的高峰。一般来讲，物质文明是可以逐步进步的，今天用的杯子可以用机器生产，比原来的质量高。景德镇是工业生产瓷器的地方，以前是把坯做好烘干，放在一个窑里，往往同一炉烧出来的瓷器有的碎了、有的是好的，成品有色差。而在德国的连续窑，毛坯放在里面热风吹干，顺着流水线往前，一路温度加高，等到从流水线出来，产品也好了，色差也很小，器皿也很完整。从物质上讲，现在的质量远远超过原来的。今天不管多廉价的手机，都比当初港台剧里的大哥大强，这就是进步。但有一点大家要注意，精神层面是不是一直进步？一个人的精神世界，整个社会的道德风尚，以及人的想象力和创造力，是否一定就是一代比一代进步？未必！人的天赋，在历史上某个时候某个人达到了高峰，也许在可以预见的未来永远没有人越过他。比如现在拉小提琴的有那么多人，但未必有人能超过帕格尼尼，中国现在的钢琴家一定比当初上海的顾圣婴弹得好？不见得！因为人的天赋从遗传结构上讲是不同的。历史上一些优秀文化所达到的高峰，今天未必能超过它。印度泰姬陵的修建时间相当于中国明朝后期，但现在去看，能够找到它的大理石接缝有裂纹吗？能够看到有不平吗？可以说整个是完美无缺的。我们国家有很多精美的工艺品，今天未必能达到那个制作水平。比如台北故宫博物院的"红烧肉玉"、"翠玉白菜"，即使现在有这个工艺，也未必能找到那么好的材料。

当然，继承优秀文化，并非说以前的文化都是先进的，并不是今天要全部照搬下来。我们的继承是一种抽象的继承。比如"忠"这个概念，我们继承它，不是学以前大臣对皇帝的忠：君要臣死，臣不得不死，死了还要吾皇万岁。但是"忠诚"的精神是需要的，忠于谁，怎么忠。这实际上不是机械地模仿，而是抽象地继承。

另外，中国自己的文化遗产也好，地方文化遗产也好，并不是我们今天保存它，就是先进，有的恰恰代表落后和残暴，是被人类唾弃的。比如奥斯维辛集中营，它有什么先进性？但是，我们如果从抽象继承的角度来讲，是可以的。在那样残酷的环境里，犹太人有求生的欲望，千方百计写下了记录，有面对死亡表现出的人类的尊严。这就是抽象地继承，而不是具体地继承。再比如说明清的故宫，我们也不是具体继承。一方面，要看到这些高大豪华的建筑，是费了多少人的血汗，用的楠木大多是云南和四川山里面运过来的。要动用大批人力物力，没有大的吊车，没有道路，要靠人力从山上弄下来，然后从水路运过去，到了没有水路的地方，在地上泼水，在平地上拖才可以推过去。这先进在什么地方？但是在具体的建筑工艺方面，体现出了它的艺术。千万不要以为列入文化遗产的就是先进的，也不要以为我们的传统文化有特色就是先进的。比如说中国以前妇女缠小脚，世界上很少有，这是国粹，要不要继承？把骨头弄成畸形很残酷。但是，是不是因为缠小脚不好，跟缠小脚有关的文物、有关的记录就不要了？需要的要保存下来，这样后面的人才知道。

第三个价值，就是有利于我们发掘先民的智慧。先民的智慧，其实有很多是我们今天想不到的。在当时的条件下，他们找到了适合生存发展的办法，而且往往是节能环保的。举个例子，从先秦开始到西汉，基本上把二十四节气配全了。二十四节气意义很大，现在我们用的农历或者叫阴历，其实不是真的阴历，是阴阳合历。为什么叫阴阳历？真的阴历是阿拉伯的"回历"，是完全根据月亮的规律制定的，发展到后来跟太阳历差距越来越大。中国的日历是根据月亮绕一圈，纪年又是根据太阳的运行。中国是阴阳历，两个复合用。根据月亮不是三百六十五天，时间是三百四十九天，怎么平衡？公历里是通过一年中二月二十八天变成二十九天，四年一闰。农历是十九年闰七次，要么不闰，要闰就一个月，所以农历闰年是十三个月。这样的话，每年就平衡了。

这种情况下，怎么指导农业生产？古人又想出一个办法叫——节气。二十四个节气，是很严格地根据地球绕太阳每十五度一个节气划分的。我们查日历，节气是精确到几点几分几秒的。也正因为这样，节气不仅是在阳历上固定，而且基本上跟气候是一致的。每年冬至是一年当中北半球白天最短的一天，夏至基本上是在六月二十二日左右，是白天最长的一天。那么定下这个有什么好处？要知道以前没有什么传播手段，不像今天我们有广播通知，也不能够让政府动员大家赶快收麦子，但是有个简单的办法，把节气固定下来。一直到清朝，每年政府都要颁布历法，动员老百姓、地方县官或者基层官员按照二十四节气去执行农事就行了。中国的农业生产能够顺利进行，很大程度上与二十四节气的规范引导作用有关。这就是古人的智慧。成本很低，每年发份日历，地方上去安排农事。在没有天气预报的时候，历法起的作用很大。我以为这些是我国独特的，去年我在东京开世界地理大会，一个以色列学者告诉我说，以色列犹太人也是这样的。原来犹太人也是运用类似我们的节气安排农事。这两个民族的先民智慧有很多接近的地方。

如果继续发掘，可以发现古人有很多奇特做法，我们现在可能不了解。我们把这些保存下来，将来等到我们具备某一方面知识时才会明白，可以有什么用。比如，我们在地震中发现了很多古建筑，全部是木结构的，一直没有倒。现在不倒的只能是钢筋水泥，用了大量钢材。为什么木结构建筑也不倒呢？中国最大的木结构建筑塔——山西释迦塔。尽管大地震使它产生损坏，但这个结构在地震中就非常有利。还有我们的一些小工具，在工业化的过程中，最早出现的是蒸气，现在的电气、核动力，往往不考虑节能。但是，要节能，手工的工具就一定超得过古人的？未必！我们只有把遗产保存得越多越完整，才越容易发掘先民的智慧。

今天我们可以通过3D打印，通过先进技术把文物表面做得惟妙惟肖，但是那不是原来的，原来的是没有办法复制的。世界文化遗产不仅是我们的财产，也是全人类的财产，找不到第二个。比如对于我们古代的书画，日本的复制技术世界第一，连纸和绢的质地都可以通过电子扫描办法精确复制出来。很多复制品连专家都分辨不出来。但最好的复制品也只是复制品，还不是原物。现在被列为遗产的文物是世界上独一无二的，是不可复制的。正因为这样，我们中国需要有文化遗产，需要保护文化遗产。这不能作为今天有些地方官员搞政绩的途径，更不是我们地方上的摇钱树。但必须承认世界文化遗产是能开发旅游的，有它的应用价值。一些石建筑、运河申遗，既是世界文化遗产，也还有使用价值。还有一些是观赏性的遗产，的确是可以开发旅游的，只要适度，而且开发旅游也能解决维修成本，解决进一步保护的费用，这不排斥，因此并不是说要保护就不能动。

文化遗产只要使用适当，都是可以作为旅游资源的，只要适度就可以了。这也是一种传承，通过旅游让人们去了解它，也是一个很好的学习途径。还有，一些本来自然的东西，如果加上人为因素，就成为景观，成为人们所追寻的记忆。比如，有两棵树其实是被雷劈死的，在台湾阿里山。现在给它起个名字叫夫妻树，就成为一个故事。如果就两棵枯树，也许没什么好看的，或者死掉一棵就不行了。叫夫妻树人家还要考虑哪个是丈夫，哪个是妻子。高的当然是丈夫，比较粗犷，另一棵比较娇小，是妻子。编的故事可能是不同的，当然也不一定让人相信，但听故事本身也是一种文化的享受，所以这里成了一个景点。

三峡地区巫山的神女峰，是十米左右高的一根柱子。不管能不能看见，因为有了高唐云雨，有了楚王会神女的传说，再加上三峡多云雾，哪怕看不见，都以为是神女峰。这就是故事产生的魅力。重要的是神女故事，而不在于哪个是真的神女峰。再比如锁龙柱，为什么产生这个名字？龙在不少民族，包括南方少数民族眼里是祸害。山洪暴发，叫蛟龙出水。当地认为龙不好，要有一个锁龙柱把它锁住。但要是放在北京就不可以了，龙怎么能锁？这样的存在，如果说是一个风化形成的石柱，讲科学原理没多少人听，把它命名为锁龙柱，有一段故事，它就成为旅游景点了。旅游中的人文因素，特别是文化遗产是很有吸引力的。

保护：修缺如故、适度利用

那么，我们怎么来对待世界文化遗产呢？

第一必须明确保护是第一位的。不保护，把它当摇钱树，把它毁了，那今后怎么办？怎么保存记忆？任何遗产文物，必须把保护放在第一位，不为人家也要为你的子孙后代，甚至为以后老了考虑，如果像现在某些地方这样破坏，再过十年就看不到真的东西了。

第二要修缺如故。我们中国没有这个传统，我们的传统就是要焕然一新。《大学》："苟日新，日日新，又日新。"新才是好，旧是不好的。革故鼎新，就是把旧的去掉，不要说毛泽东是这样，以前都是这样。范仲淹的《岳阳楼记》上来就是："增其旧制，刻唐贤今人诗赋于其上。"对于滕子京，范仲淹赞扬他修得好，还比原来增加了，可能扩大了，房子建高了。那么从现在的角度讲，这就是破坏。对遗产不能整旧如新，修缺如旧也不好，要修缺如故。

什么叫修缺如故？比如这个建筑经历了七百年，今天你去修它，最好是修得它如现在真实的样子，而不是修缺如故。我修到它刚刚建的时候，这不行，也用不着。实际上你的整修是保护，而不是去改变它的现状。如果你把七百年的建筑修得像刚建一百年的样子，也是破坏。关于这一方面，国际社会《威尼斯宪章》说得很明确，要严格按照它本身的样子保存。一些西方的文化遗址，比如火山爆发后的庞贝城，也是世界文化遗产。庞贝城里可以看到一部分墙，有几块砖是原来的，旁边补上去的就完全是两个颜色，让你清清楚楚知道原来的墙是怎样的，现在为了加固，它是什么样子的。不会像我们这样，颜色涂得差不多。这就是一个修缺如故的原则。不要你去做假，也不要做旧。当然，有的人说，能够利用一点也是可以的。比如我们现在有些古建筑，把一些同样的建筑拆掉的料用起来，这是可以的。但是这个必须还是没有列进遗产的。如果列进遗产，列进国家以及世界保护遗产，连这个都不应该去做，只能保存。坍一半就让它坍一半，而不是你去重建。如果坍了一半，可以做个支撑，可以建个围墙，但必须要把它原来留下的东西区分开。

第三个原则要依法保护，我们现在的法律还不完整。上海有个明朝建筑叫苏影楼。危楼要修，就碰到问题了。楼是私人的，叫私人修，他修不起。那么要买它，人家不卖。那么大家说政府看它坍下来？凭什么私人的要我们拿钱呢？他又不肯卖给我。这里就有法的问题了。法国、德国这些国家是怎么做的呢？它是有法律的，按法律来。楼是私人的，可以，如果是列入文物保护的，必须找文物保护单位来修。没有钱的，适当补助，拉赞助或找政府补助都行。如果没能力修，楼又不安全，政府有权强制收购。又保护不了，又没有能力，政府又管不了，那就有法律，我们没有这个法就麻烦了。

在法国、德国、意大利，有时政府出让城堡，只要一个法郎、一个马克就可以拿走。你不要以为捡了一个便宜，是要签合同保证修复的。修复有标准，保证保护好。如果一旦孩子不喜欢，或者你破产了，没有能力保护，无条件收归国有。有本事三代八代地住下去，这是你的。但是政府定期要派人来看，不能原来养马的改成了酒窖，没有钱了就要收回。上海有个画家朋友告诉我，他在法国买了城堡，买时很便宜，后来发现维修受不了，总算他是画家，他想办法在城堡里办夏令营，交多少钱都可以在那里住两个礼拜，他供应住宿，一起画画。要一年办两次活动才能挣到维修的钱，日常都要维修，这就是照法律办事。

我们现在没有法，开平碉楼的维修怎么办？去找到业主请他写委托书，委托当地政府代管，你来经营。所以现在政府拿钱修，再委托你代管，修了以后开发。问题又来了，后代如果不同意怎么办？这是私人财产，已经有人提出来你卖票应该分成，你的收益要分给我，我们是主人。还有的是出现了几个继承人，摆不平，大家都争继承权，产生了产权问题，被冻结了。如果有这个法，就完全能解决了。你不维修好，那就收回，要依法保护。

上海外滩那么多的建筑物原来都是外国银行，怎么现在都变成工厂了？有人说是没收的，不是没收，而是靠法律收回的。新中国成立以后，这些荷兰银行、法国银行都是大楼，我们也不没收。第一，中国当时规定外资不许办银行，银行关掉了；第二，这些都是重要地方，都要收很高的税，那么现在不仅挣不到一个钱，税还越来越重，他们愿意上缴国家。但我们也不要，可以交给我们看管，我们收管理费。改革开放后，他们要来收回了。可是一看，这么多年我们的管理费，买个房子都买得到了，他也不要了，自动放弃。五十年代，西湖边有很多花园，有的主动要求交公，因为养不起了。他的来源本来是租金，现在租金没有了，每年怎么去维修呢？另外还要交管理费，交物业，所以还是主动交掉算了。

现在国家对遗产、对文物都缺少这样的法律。还有一个很奇怪的现象，庙里归宗教局和和尚管，庙外面是旅游局管的。少林寺为了门票，大家互相攻击。旅游局管门票，外围的；里面的是宗教，是庙里的，说缴费应在里面。产权也不明确，管理也不明确。

第四是适度利用。刚才也讲过，开发旅游是没有问题的，但要适度。有些建筑物一直关着也不行。适度地利用，使我们公民能够享受这些遗产，能够感受传统文化。应该让大家有权去看、去参加，但不能过度。比如说故宫，一度把门槛都踩陷进去了。故宫里面的太和殿现在不能随便进去，因为地面的金砖是苏州一带专门烧制的，现在技术都已失传了。一边烧一边涂油，最后光洁晶亮。而进去的人多，很多砖被踩得凹陷了，再凹下去怎么办？现在就不能再放游客进去了。国际上很多文化遗产都是限制人数的，每天只接待多少人。还有很多文化遗产为了保护，规定不许个人参加，必须编组。

　　还有一个原则就是要谨慎申报。有些地方不知外面的真相，不知天高地厚，随便一个都要申报。有个地方官员告诉我，为了申报已经从银行借了几千万的债了。我说怎么还呢？他说申报成功后外国人会给钱。他根本不懂，世界文化遗产除非是贫穷国家遗产濒危才能申请保护资金。像中国这样，根本没资格申请保护资金；还有的遗产没有观赏性，或者地方太偏僻，旅游成本太高，一旦列为世界文化遗产，有很严格的保护标准。比如说张家界曾经被黄牌警告，原因是建了太多的宾馆酒店，后来一定要全部拆掉，损失十几个亿。你以为一定就是好处吗？曾经，"三江并流"申请世界文化遗产的时候，有个县委书记要求退出。人们觉得很奇怪，我们挤都挤不进，他却退出。他说如果参加进去，矿不能开了，水电不能造了，每年还要花经费保护，我们本来就是贫困县。他这种话当然很片面，但如果真不具备条件，又何必急匆匆地去申报呢？我刚才讲，现在规定每个国家每年只能申报一项，某种程度上也抑制了申报的过分冲动，申报要做好充足的准备。

　　最后一点，世界文化遗产是全人类的共同财富。中国的遗产首先属于中国，当然也是全人类的，外国的遗产也是如此。这个方面我们要以一种宽阔的胸怀，来对待人家的文化遗产。韩国申报江陵祭成功了，应该是个好事情。为什么？最早当然是中国的端午节，但在端午节的基础上又有了发展，它能够申报到遗产，那么实际上追根溯源的话，它的文化来自中国，节的原型来自端午节，有什么不好呢？我们说它被偷了，其实没有，它是公开的。反过来，我们的端午节为什么不能够弄出那些新花样？现在江陵祭，又是祭山，又是祭神，又玩现代艺术，成为一个狂欢节。

　　那中国，我们的端午节做什么了？吃粽子，舞龙舟，还有什么新的花样？还有多少吸引力？粽子越卖越贵，已经没有原来的好味道。放艾草，起不到作用，现在的蚊子久经考验，放艾草照样有。点雄黄，又不好，里面有汞，雄黄酒还能喝吗？喝了汞中毒怎么办？有屈原，现在又搞诗歌节，诗歌现在还有多少吸引力？不是没有诗人，而是诗人写出的东西没人欣赏没人产生共鸣。以前诗人怀念家乡，是这辈子到不了家乡。现在马上坐飞机、坐汽车就到了。有什么怀念的？再不行打个电话。小孩在美国，家里安装个摄像头，妈妈在干什么都能知道。再怀念家乡就是假的了，谁听了还感动啊？我一直这样讲，如果苏东坡有个手机，他就没有时间去创作"但愿人长久，千里共婵娟"。他打个电话就好了。因为没有，因为不知道，到底是活着还是死了，到底怎么样。这时候我们要怀念，真实的感情出来了，就写出了好的作品。有人说我们把端午节搞成诗歌节，一是搞不成，谁吃饱饭天天写诗歌，二是搞成了也不可能产生效益。又比如我们很多节日，真正的吸引力其实是一种信仰，是跟宗教信仰联系在一起的。但我们这个也没有，人家有。我们应该以愉快的心情看到它被列入世界文化遗产，因为这个遗产是全人类的。

还有很多遗产是跨越国界的。比如这次我们申报的丝绸之路，你能说这些只能是我们申报，而不能让中亚申报？还有些像新疆的馕，我以为就新疆有，可一路过去一个比一个大，到了乌兹别克斯坦，馕就更大了，到了阿富汗也有。很多文化是全人类共同的，或者至少是某个区域的人共同的。

所以我们的心态千万不要狭隘，外国的跟我们同类的申报成功了，我们也应该感到高兴。韩国申报金属活字印刷的藏品，我们国内有些人非常愤怒，这明明是我们的，怎么抢走了。是你的，但你拿得出来吗？至少他们保存下来了，我们没有保存。但是，从另一方面讲，它是汉字，是汉传佛经里的内容，这明显是中国传播过去的。我的看法，它申报成功，是我们中国文化的光荣，说明中国文化在这么偏远的地方还保存得那么好。同时也激发促使我们更加珍视自己的文化，我们要反思，我们的文化都是谁毁掉的？这才是正确的意义。

我们珍视自己的文化，但是更加要看到这是全人类的共同财产。中国需要世界文化遗产，我们怎样对待文化遗产，实际上关乎我们未来真正的生活质量，也关乎我们的历史能不能真正得到延续，更关系到我们的子孙后代能不能过上一种物质跟精神同样丰富的生活。所以我们应该重视。

问：葛教授，您的讲座很精彩。我有个问题，文化遗产是一种信仰的体现，除了文化遗产之外，信仰有没有以其他的方式在我们古代或现代生活里体现？谢谢！

答：信仰最普遍的就是宗教信仰。但是除了宗教信仰之外还有道德信仰、伦理信仰，或者某种价值观的信仰，或者政治信仰。比如我们年轻时把毛泽东当成神，我们就信他。我们相信他老人家万寿无疆，讲话都是对的，一句顶一万句。那也是一种信仰。所以文化信仰也是一种，是通过多种形式表现的。比较起来，宗教信仰影响大，也比较简单。政治信仰还要去想它是对的还是不对的，容易动摇。宗教信仰，特别是那种从小就形成的，上帝真主是用不着怀疑的，用不着证明他的存在，容易在世界上普及。政治信仰就不容易了，比如我们崇拜毛泽东，但"文化大革命"搞得乱了，我们就不崇拜他了。一个人总会犯错误，神才不会犯错误，你不能说上帝犯错误，上帝永远不会犯错误。因为他不存在你周围，他通过神职人员以及他的解释，让你跟上帝在一起。而且他更多的追求是精神的，追求来世，追求天堂。中国的老百姓有信仰，以前都相信善有善报、恶有恶报。这样一来就很容易过日子。他为什么富，你为什么穷，因为人家前世做了好事，祖宗积的德，我的祖宗没有积德。怎么办？活好今世，今世不行有来世，如果今世再不做好事，那就完了。不要去嫉妒人家，你将来自己到了阎罗王那里可以享受上宾待遇，子孙可以发达，自己投胎可以投个富贵人家。这样一来，心态不就平衡了吗？反过来，如果这也看不惯，那也看不惯，都恨不得杀了他，那就麻烦了。

在印度，一边是豪华的别墅，另一边是贫民窟。乞丐带着两个孩子，他从来不会想不公平。他的孩子将来还是乞丐，说不定晚上多的钱还得交给婆罗门。我们现在正在考虑的是，怎样才能找到一条不是宗教信仰，但能够让大家恢复或者重建信仰的道路。这个在人类历史上还没有，真的能够成功了那就了不得了。我们的执政党提倡社会主义核心价值观，希望大家把这个形成一种信仰。

问：昨天是一个重要的纪念日。1944 年 6 月 6 日诺曼底登陆。法国总统奥朗德接待二十国元首，在纪念大会上发表讲话，讲到要把诺曼底申遗。我看了上海台的电视转播，节目嘉宾发表了一个看法，说这个用不着"申遗"。我想听听葛教授的看法。

答：如果把它对照刚才讲的世界文化遗产标准，应该讲从类型上是符合的。但是否成功，跟我们人类现在的一种精神追求有关。同样纪念战争，我们明年（2015年）抗战胜利七十周年，能设想我们的纪念也会有日本的首相参加吗？不可能！来了我们大概也不欢迎！但在法国纪念"二战"就出现了德国的军队也参加阅兵，你看诺曼底附近有美军的公墓，也有德国军人的公墓。我到非洲阿拉曼战场去，那里既有战胜国盟军的墓地，也有战败国意大利和德国的墓地。这就是不同的文化以及不同的政治经济背景下的结果，如果要申遗，我觉得它是符合资格的。是否一定成功，那是由各种因素决定的。

任何事情都要看到前因后果，我们现在要充分肯定抗战胜利日。诺曼底一直在纪念，苏联从 1945 年就开始每年都举行阅兵纪念胜利日。我们呢？为什么 1949 年开始不是每年都纪念？为什么等战争过了快七十年了，才重新想到要肯定它、纪念它？我们自己分析一下到底是什么道理？我建议抗战七十周年要隆重纪念，要举行一些活动，要进行胜利大阅兵，邀请当时的盟军一起来参加，邀请海外的当时国民党将领以及后人来参加，邀请日本的反战人士来参加，今后逢五逢十要进行大阅兵，这才是对历史负责的态度。虽然我没有办法具体回答这个问题，但我想大家关注这个问题，这是应该的。与抗战有关的文物，也要把它好好地保存下来，作为我们这个民族的永久纪念。我们自己要有尊严，才能指望日本人低头。我们只有自己对历史采取正确的态度，才能指望其他人包括日本人在内能够正确对待历史。

曾国藩的人生启示

郦波

江阴的父老乡亲，大家下午好！为什么说父老乡亲，因为我的爱人是江阴人，我是江阴人的女婿。去年我在这里讲张居正，时隔一年，我又在这里讲曾国藩，这让我想起刘禹锡的那句名言：前度刘郎今又来。改一下就是"前度郦郎今又来"。

我从南京师范大学来，来到江阴图书馆，这个起点和终点，让我心里特别感慨。有一位江阴人，一位国学大师缪荃孙，他是著名的版本目录学家、金石学家、训诂学家、国学大师。为什么说这个起点、终点和缪荃孙关系这么大呢？我们坐在一个重要的历史节点上——江阴图书馆，缪荃孙是中国近代图书馆的开山鼻祖。

1907 年，他在南京奉命组建江南图书馆，就是现在的南京图书馆，他是第一任馆长。1909 年又受张之洞的委托到北京组建京师图书馆,京师图书馆就是现在的国家图书馆,他是第一任馆长。所以他是近代图书馆的开山鼻祖。

另一方面,1902年他受两江总督刘坤一委托,在南京组建三江师范学堂,后来改名叫两江师范学堂。我们南京师范大学、南京大学、东南大学的前身就是三江师范学堂,明年就是一百一十周年了。中国文化教育史上的几个重要里程碑,都和我们江阴人缪荃孙有关,作为江阴人的女婿,我提议为我们有这么伟大的祖先鼓鼓掌!

为什么两江总督刘坤一和张之洞都要找缪荃孙来办图书馆和大学呢?因为缪荃孙是张之洞洋务运动过程中的一个重臣。洋务运动,是中国近代史上重要的一场改革运动,对当下特别有借鉴意义。它不是戊戌变法,戊戌变法一百天,只提了一个口号,没有什么实践。中国近代史上最重要的一场改革,是长达三十三年之久的洋务运动。

我们改革开放到今年也是三十三年,所以以史为鉴,洋务运动对当下有许多借鉴意义,我们对洋务运动,包括中国近代史有很多误区。比如说,我们学中国近代史,有一个宽泛的概念就是:中国近代史充满着屈辱和沉重。这个概念对不对?没错。但它是一个模糊的概念。我负责任地告诉大家,如果在清晰的时间节点上看,并不完全是这么回事。因为洋务运动取得了丰硕的成果,丰硕到什么程度?洋务运动后期,中国的GDP已经超越了英国,成为世界第一。当时中国的军事力量世界第七、亚洲第一,如果开七国会议,我们也应排在七国里面,那为什么后来洋务运动失败了?我们起步也不晚,向西方工业文明学习的脱亚入欧改革运动为什么失败了?

洋务运动始于1861年,正是两次鸦片战争的时候。这时候国门洞口,被西方人打得一塌糊涂。但是你要看看其他国家,就觉得这个时间不算晚。日本脱亚入欧始于明治维新,明治维新始于1868年,比我们整整晚了七年。1868年之前,日本号称德川幕府时代,他们又称为战国时代和封建社会。事实上日本当时生产力和生产关系低下,政治经济文化在世界上没什么影响,基本可以忽略不计。你只要看看黑泽明拍的《七武士》,了解一下幕府时代,你就知道日本有多落后。比我们晚了整整七年,但七年之后迅速脱亚入欧,并超越了我们。我们还有一个虎狼之心的邻国——俄国,1861年才废除农奴制,农奴制是奴隶社会典型的生产关系,原来的经济文化生活也非常落后,这让我想到林则徐临终时说的一句遗言:"英法具不足畏，中国永远之大患，俄罗斯也。"与这句话类似，四十年后，又有一位名人李鸿章的遗言："英美俱不足畏，华夏永远之大敌，小日本也。"美国人离我们十万八千里，你跟他较什么劲，中国永远的两个危险敌人是你的邻居，只有你的邻居离你这么近，才会觊觎你的土地，觊觎你的资源，所以中华民族到了最危险的时刻，抗日战争也是要亡国的时候。

我在吉林做讲座说，你们可能都不知道，吉林省现在只有十八点九万平方公里，原来的吉林省占地一百万平方公里，不算外蒙古，还有一百五十万平方公里的国土沦为俄国之手。所以你看看前人的提醒，日本和俄国起步都比我们晚，却迅速地超越了我们。

在当时世界范围内看，我们起步并不晚。全世界范围内向工业革命学习的国家，改革基本上都成功了，为什么独独我们中国失败了？如果洋务运动搞成功了，我们也许就是资本主义强国了，为什么独独我们失败了？这是我个人很纠结的一个问题。我经常想这个问题半夜睡不着觉，或者半夜突然清醒。为什么晚清的时候，有这么多优秀的政治家，比如曾国藩、李鸿章、左宗棠、张之洞、沈葆桢等，就是斗不过慈禧一个女人家？所以，我觉得中国近五百年来有两大遗憾，一个是晚明资本主义萌芽我们错过了，还有一个就是晚清洋务运动这个时机又错过了。当然说到这场改革，它是一个大的历史问题，我没必要在这展开。

另一个让我疑惑的地方，就是我研究中国的变法史和改革史，发现中国历代变法的领袖都是大政治家，都是很有气魄、很有天赋的。唯独一个例外，就是晚清洋务运动的开辟者是曾国藩我就很纳闷。为什么？因为曾国藩这个人浑身都是缺点。

我总结了一下，他身上大概有三大缺陷，第一：智商有问题，我讲这个话题，在湖南经常被人问，我在湖南讲曾国藩笨小孩的故事，说曾国藩十三岁那年腊月，快要期末考试，在家里背《岳阳楼记》。相信不管成人还是孩子，背这样一篇课文都是没什么难度的。我前一段到湖南岳阳，给他们市政府的公务员做讲座，他们书记跟我说，我们每个人都把《岳阳楼记》倒背如流，这是我们岳阳的文化名片，不相信郦老师你问。我当时真的请一位先生背，背得非常流畅。然后我问你背了多长时间？一个小时就会背了。另外一个先生说半个小时，结果一个妈妈带着小孩在现场，小孩实在忍不住了：老师，我三分钟就会背了。

但曾国藩却是例外。说曾国藩晚上背课文时，有个小偷到他们家去偷东西，趴在他家房梁上，打算等他背完睡觉后再下去偷东西。这贼打算得挺好，听这小孩在背书，也不长，想想也用不了多长时间，等他背好去睡觉就可以下去偷了。谁知曾国藩背了半夜，一篇《岳阳楼记》就是背不下来。在房梁上睡了一夜的小偷眼见天亮了，发火了，我在房梁上守了一夜，这加班还有加班费，大冬天的我在房梁上守了一夜。贼是"是可忍孰不可忍"，跳下屋梁指着曾国藩骂道："你太笨了，简直笨得要命！"曾国藩看着贼从房梁上跳下来，搁现在的小朋友肯定大喊抓贼，至少也要去打110。但是曾国藩反应不过来，愣愣地看着贼发呆，还问："先生你是姓范呢还是姓滕啊？"结果这贼劈手把书夺过来，说："你笨成这样还读书？这篇课文有什么难的？"说完贼就把书"啪"地往桌上一扔，一张嘴犹如滔滔江水，绵绵不绝。极其流畅地就把《岳阳楼记》背了下来。不是说湖南的贼都是文盲吗？难道还是职业技术学校毕业的？这样有文化？不是，道理很简单，用我们现在的话说叫"被背诵"，在房梁上听了一夜了，这篇文章本来就不长，连睡觉和做梦都在听《岳阳楼记》。大概金庸先生笔下的郭靖的原型就是从这里来的。贼都会背了，曾国藩还背不出来，你说他有多笨。贼背完了说，笨成这样，不要读书了你，说完扬长而去。湖南民间经常讲这个故事，是说这个聪明的贼到最后不过还是贼，笨蛋的曾国藩后来却成了历史上一个重要的人物。

经常有朋友问我，这个事是真的吗？我说有材料证明。曾国藩手下有一个学生，号称"晚清天才预言家"的赵烈文，在他的笔记《能静居日记》中记载，1867年，太平天国已经被扑灭了，洋务运动也取得了成果。这时候他跟他老师，也就是洋务运动的开辟者曾国藩说，大帅，你不要看现在一片欣欣向荣，大清王朝撑不过五十年。曾国藩不相信，眉头紧锁，心情很沉重，一句话都不说。（1911年辛亥革命清王朝覆灭，离赵烈文说的话整整四十四年，所以赵烈文被称为"晚清天才预言家"。他聪明绝顶，和曾国藩的关系很好。）我估计赵烈文还学过心理学，他一看气氛很沉重，就转换了一个话题，就问：曾老师，听说你小时候很笨，背书背不过贼，有没有这回事？如果曾国藩回答有，这事就落实了，如果回答"没有"也好办，我们就不说这事了。可是曾国藩当时的表现很有意思，赵烈文记载八个大字：嘿嘿一笑，不置一词。所以，我猜大半有默认的可能。不仅有这样的材料，还有当事人的材料，比如说，梁启超是曾国藩的铁杆粉丝，粉到什么程度？梁启超推崇曾国藩，写了篇文章——《有史以来，未睹之一二大人》，说他是华夏五千年文明史以来的一两个杰出人物之一，推崇至极致。但这样一篇推崇曾国藩的文章在第一段，说"曾国藩是并时诸贤杰中最称驽钝、最称钝拙"。什么意思，"钝"就是笨蛋的意思，那个驽和拙比钝还过分，不仅有笨蛋的意思，还有"二百五"的意思，这是曾国藩的铁杆粉丝说的。

不光别人评价，曾国藩自己也这样说。曾家五兄弟叫"晚清如狼似虎五兄弟"，除了老二在家做乡绅，剩下的四个都出来带兵打仗了。《曾国藩家书》很有名，他写信给四个弟弟说：你们四个不要自以为是，你们必须认清一个惨痛的事实，我们兄弟五人，除了老三曾国华，剩下四个全是笨蛋。

我读这个文章的时候也纳闷，我们常说要笨笨一窝，要熊熊一锅。为什么老三曾国华是例外呢，难道是私生子，或者捡来的？我回去一考证，这个曾国华是有血缘关系的亲兄弟，为什么曾国藩就说老三曾国华是一个例外？再考证，发现曾国藩不是假笨，是真笨，是遗传基因决定的。他们笨，他爸比他们还笨。他们上学的时候，由于他爸是私塾先生，就亲自教他们。古代科举考试，分为乡试、会试、殿试三级，就像现在的高考、考硕士、考博士。高考必须先取得一个资格，这个资格就是我们常说的考秀才，这就相当于中考。他爸笨到什么程度？不要说高考了，就光取得秀才的"中考资格"就考了整整十七次，古代的秀才考试三年考两次，举人是三年考一次。到后来，他儿子都考上举人了，他还没考上来。他爸教他们也不讲究办法，就是死背书。曾国藩为什么一夜都不睡觉在背书？曾国藩后来在家书里面回忆说，他小时候背书，经常他睡到一半，他爸突然把他晃醒："起来，把《岳阳楼记》背一下。"他走路跟在他爸后头，他爸就突然一回头："把《岳阳楼记》背一下。"把曾国藩搞得很紧张。后来曾国藩给他儿子曾纪泽写家书，有一篇很有名的家书，我读到其中一句，又感慨又好笑。曾国藩当时跟儿子说："书易含咏。"不必勉强背之，书多读就行了，背不下来就别为难自己，就不要背了。他当年就是这么受罪的，切肤之痛啊。

所以，笨爸教笨儿子，很难受。但这个笨人，也有急中生智的时候。他爸有一次突然想了个好办法，就和邻村一个也考好多次秀才考不上的私塾汪先生说："你儿子我来教，我儿子你来教。"汪老师一听有道理，而且这个方法符合市场自由经济原则，虽然汪老师那时候只有女儿，心想将来我有儿子送到他那里教。但是，也不能把五个都送到人家那里去，太过分了，于是他爸就把老大曾国藩和老三曾国华送去。汪老师答应得很爽快，教了一个月后，肠子都悔青了。汪老师说：老曾，你们家老三曾国华还是个正常人。这就是为什么说除了老三其余都是笨蛋的原因。汪老师说：你们家老大这个曾国藩那叫一个笨呐！

　　这事也不是我栽赃曾国藩，这个事明确记载在《湘乡地方志》上，所以曾国藩笨是人所共知的。所有的同学里面他最笨，所有同学都比曾国藩聪明，但问题是一到考举人，大家全落榜，只有他一个人考上。考进士，也就曾国藩一人考上。后来曾国藩读了很多名校，比如最有名的天下四大书院之一的长沙岳麓书院，读了那么多名校，从过那么多名师，他都没去感谢。第一个先去谢汪老师，去的时候是一个大晴天，曾国藩特意带了一把雨伞。曾国藩到了汪老师家，一阵寒暄之后，老师把他送出来，不仅送出家门，还要送到小村口。这真不是当年那个戳牛屁股的笨学生了，这是曾举人。在古代，举人可以接着往上考，考进士，考了进士之后就容易做京官，考了举人不往上考，也可以做地方官，最小的官职是县令，可以当县长、县委书记。那还得了，汪老师不过一个考了多少次都考不上的穷酸秀才，现在的学生是曾举人了。出门的时候，曾国藩做不经意状就把伞落在老师家，到了村口挥手作别时，又做恍然大悟状：哎呀汪老师，我把伞落在你家了。说完装模作样地就回去拿。汪老师说你留步，我去拿，一溜小跑回家，把伞拿回来交到曾国藩手上。

　　这就是我要说的第二大缺陷：心胸狭窄，气量小。

　　成大事要海纳百川，你说这个人气量多小。老师十年前说他一句话，他却君子报仇十年不晚，最后还要还给老师，还要折腾老师。你说已经折腾过老师就已经算了。他接过伞来还要"嘿嘿一笑"，比较奸诈的样子，又说了一句话："谢谢汪老师，您总算实践了当年的诺言，给我背伞了。"汪老师一听这话，一下子就想起了当年戳牛屁股的名言了，愣在当场十分尴尬。说他气量小一点不为过，自己的老师当年骂你一两句还要还给老师。

　　不光是对别人，对自己气量也小。后来他出山办团练，做到了五部侍郎。他妈死了，他要回家奔丧。古代朝廷命官要给父母守丧三年，刚好太平军起义了，从广西打到两湖，打下武汉后，石达开建议直捣龙庭"夺了鸟位"再说。洪秀全没有斗志，攻下武汉之后想过两天皇帝瘾，所以转头顺江而下舳舻千里打南京去了。

　　当时留守湖北的太平军，分出一部分由林绍璋带领回攻湖南。太平军一路势如破竹，清政府一点战斗力没有。这一路从广西打过来，只有一个地方没打下来——湖南长沙。不仅没打下长沙，洪秀全的妹夫萧朝贵还战死在长沙。因为号称天下第一聪明人"今亮"的左宗棠在长沙帮着守城，所以没打下来。这时候，曾国藩本来在家给母亲守丧，当时咸丰皇帝实在没办法，死马当作活马医，就让退休的有名望的朝廷大臣出来办团练，团练就相当于现在的民兵组织。曾国藩被任命为湖南团练大臣，当时全国有四十三个地方在办团练，团练的编制一般是五百到一千人，曾国藩一开始不愿意出来，后来出来了就要做出点样子给大家看。他本来是湖南团练大臣，就相当于人武部长，他不干。到了长沙就说，不仅民兵要归我管，野战军也要归我管，绿营政府八旗也要归我管。结果绿营哗变，差点要了他老命。

由于他心胸狭窄，长沙官场没人出来帮他说话，结果他败走长沙，很难堪。但是他有一个优点——"忍"。决心要报仇雪恨，就带着七八百人的团练退到老丈人家衡阳去了，悄没声息地在衡阳练了一万七千人的团练出来，这就是后来的湘军。一万七千人而且水陆两师，很强大，很厉害！

话说林绍璋带五千太平军回攻湖南，打下了湘潭，长沙官场就急眼了，看到曾国藩练了一万七千人的湘军，就求他出来。曾国藩死活不出来，你们当初赶我走的时候是什么样子的，现在求我，我才不搭理你们。长沙官场没办法，只能让皇帝下圣旨，咸丰皇帝连下四道圣旨让曾国藩出来。我是研究文牍学的，圣旨相当于现在的主席令，是最严肃、最庄重的公文。但是我去看了文献后，发现很有意思。咸丰四道圣旨每一道圣旨曾国藩还要有奏折回复圣旨，这都是最高级别的公文。两个人在最高级别的公文里面像小孩子吵架一样，咸丰皇帝让他出来他不出来，后来咸丰皇帝火了，在圣旨里面说：你个胆小鬼，缩头乌龟，平常吹牛怎样怎样，现在让你出来看你吓得那个样子。曾国藩回复圣旨说：皇上你说得一点不错，我就是胆小鬼，我就是缩头乌龟，打死我我也不出来，就是这样的，我就是不出来。

直到咸丰皇帝下第四道圣旨的时候，曾国藩才出来。为什么出来？因为探子来报，说太平军不过区区五千，他有一万七千人。信心满满，就写了一篇有名的《讨粤匪檄》（历史上把它比作骆宾王的《讨武曌檄》），然后出师了。杀气腾腾，杀向湘潭，走到一半有个谋士来投奔他，给他出主意说："大帅，我觉得您不应该去打湘潭，因为林绍璋的主力在那，太平军很难打，况且，您这是出山第一仗，不能输，士气很重要。"曾国藩一听有道理，但是太平军在湘潭，我不打湘潭打哪里呢？谋士就说："我刚刚从靖港来，那里只有一两百人，不如偷袭靖港。"曾国藩一听有道理，就派手下前锋主力塔齐布率绿营五千人去打湘潭，他率领所有水师和余下的陆军去偷袭只有一两百人的靖港。

结果开仗那天，湘江边上，天时地利人和，江上刮大风，顺风顺水，不费吹灰之力就攻到城下。然而曾国藩没想到的是，投奔他的谋士余则成是林绍璋派来的奸细。林绍璋没有大船，把缴获的火炮都放在靖港桥头，准备了很多火船和火箭。当曾国藩的大船攻到城下，突然间重炮齐攻，火船火箭齐飞。所以曾国藩在他的一部兵书中写道：水战最忌顺风。这是他的名言，来自他惨痛的教训。太平军虽然不止一两百人，但最多一两千人，湘军第一次作战，虽然人多，但被火烧得乱作一团，太平军大开城门在后面追杀。曾国藩火了，在船头上心一横牙一咬，拿了令旗和七星宝剑爬上浮桥，把令旗往桥头一插，抽出宝剑，大喝一声：过令旗者斩。没想到没人理会，大家愣了一下就跑了。史料明确记载曾国藩当时一个都没有斩着，两个原因：一是他是文官，不会用剑；二是大家绕令旗跑。

"不能再砍了。"手下过来说，"大帅，后面是太平军，再不走走不掉了。"把他拖到令船上，曾国藩看着熊熊燃烧的江面、溃散的湘军，眉头紧锁，怒发冲冠。其实湘军只是败象很惨，伤亡并不重，但曾国藩急眼了，领导心情沉重，后果肯定很严重。没人敢跟他说话，坐了半天，突然站起来，"扑通"跳水里去了。一开始大家以为大帅要游泳，一想不对，秋寒料峭，大帅是跳水自杀，大家赶快救起来。被手下捞起来的时候，他官服上浑身都是江泥和水草。曾国藩摇摇晃晃站起来，接着往船边走，手下以为他还要跳，一看真是不能再在江面上待了，大帅明显的是国家跳水队出身的，最起码也是省队出身的。上岸到长沙附近的妙高峰扎营，还不换衣服，就是不换那个江泥水草的纪念装。拿了二两银子，让他最小的弟弟去买一口薄皮棺材，咱死也要死得廉洁自律。然后埋头奋笔疾书写遗书：死志已决。你们别劝我，我非死不可。结果他的好朋友，号称天下第一聪明人的左宗棠在长沙听说了之后，赶快跑来，把他臭骂一顿。

曾国藩平生有两大克星，自己这边的人就是左宗棠。左宗棠这辈子最喜欢跟他吵架，而且左宗棠口才好，曾国藩吵不过他。左宗棠为什么老是跟他吵架？很简单：既生瑜何生亮，自己号称"今亮"（今天的诸葛亮），曾国藩这家伙一个猪头，结果曾国藩高考一考就考上了。左宗棠考了五次都考不上。考到第五次勉强过了，本来是又落榜了，幸亏古代科举考试有一个制度叫拾遗。这是一个很合理的制度，主考官在发榜之前再检查一下试卷，看一下有没有勉强是人才的人，把他拽上来，这叫拾遗。左宗棠就是这么被拽上来的。拽上来之后再参加进士考试，人家曾国藩考两次就考上了，结果左宗棠考了一辈子都没有考上。后来收复了新疆的左宗棠到西北作战，打仗打到一半最关键的时候，左宗棠给中央拍了一封电报。这封电报很有意思，说你们赶快另派一个司令员来，这个仗我不打了，我不能打了。那一年是三年轮一次的北京进士考试，我现在还没有考上进士呢，我不打这个仗，我要回去参加考试。慈禧太后一看这还得了，军国大事重要还是考进士重要，赶快颁旨让礼部御赐一个进士给左宗棠，左宗棠这才算是个进士。

当时左宗棠就把曾国藩臭骂一顿，你说起来也是湘乡一号人物，宰相肚里能撑船，你曾国藩肚子里就装不下那几艘烧毁的大船吗？曾国藩吵不过他，随他骂，还是埋头写遗书。结果，老爹在老家知道了急得不得了，紧急地送了一份家书来，只写了一句话骂他：你死在湖南我不为你哭，你死在湖南我不认你这个儿子，有本事你死出湖南去，打出湖南去你再死，我认你这个儿子。

就这样他还是不换衣服，还是埋头写遗书。一直到第二天午后，换衣服了不死了。因为到第二天午后前方战报传来，塔齐布全歼林绍璋主力，一举夺下湘潭。这场战役不叫靖港战役，叫湘潭战役，主战场在湘潭，靖港只是个局部战斗。他率领着上万人浩浩荡荡偷袭人家一两百人，打输了，作为三军主帅都不等主战场的消息传来就要死要活，气量多小。但他擅长反思，所以他后来也反思说：我当时死得是有点仓促了。

这话说完打出湖南，打到江西鄱阳湖，碰到他平生第二大对头石达开。在鄱阳湖又被石达开杀得大败，水师又给烧了。看着熊熊燃烧的湖面，他又急眼了，又紧走两步要往湖里跳，结果这次没跳成，因为手下有经验。他跑到湘军大营门口，大喝一声给我牵匹马来，手下都很奇怪，他是文官平常坐轿子，很少骑马。但是他是主帅，要牵匹马，手下就牵匹马来。他费了老鼻子劲骑到马上，一句话都没说，仰天一声长叹，策马狂奔，冲着太平军军营就冲过去了。大帅要撞死在太平军军营前，结果马术不行，三步两步就给人拽回来了。所以说这个人不仅气量不大，还喜欢作秀。你说你要真想死，可以晚上找个没有人的地方抹脖子上吊，所以他后来又反思了：我这个死法是有点不妥。

但是过了两年，到了安徽祁门，他把湘军的大本营扎在祁门。喜欢喝茶的朋友都知道祁门红茶很有名，因为祁门是一个盆地。曾国藩就把大本营扎在盆地里头，李鸿章反复劝他，这是兵家之谓死地也。我们经常说打破砂锅问到底，那个盆地就是锅底，你把大本营扎在锅底里面，而且祁门那个地方只有南北一条大路相通，太平军一围你不是死定了？但他死活都不听。果然他大本营只剩三千人，后来被李秀成二十万大军团团围住，必死无疑。连李鸿章也说这下没希望了，自己先溜了。结果他又给他弟弟二两银子，去买口薄皮棺材，开始埋头写遗书。后来为什么没死？李秀成、陈玉成的情报工作没做好，不知道曾国藩把大营扎在锅底里。太平军离曾国藩的大本营最近的时候只有十里路。李秀成、陈玉成为什么走掉了？那是因为湘军围困了安庆好几年，他们要去围魏救赵，去偷袭武昌，所以不知道曾国藩的大本营在这个地方，他要知道曾国藩就彻底完蛋了。这是曾国藩平生三败——三次自杀之谜。

我们评价一个人要做大事，首先要有胸襟、气量要大，而曾国藩动不动就要自杀，所以说他不仅智商低，还有性格缺陷。

第三点，除了智商低、有性格缺陷，他还有很多生活恶习。

他考上进士，把他爹请到北京住了几天，他老爹很高兴，最后住了半年就不高兴了，非要回老家。到了老家之后写了封很有名的家书给他，叫"三节"——节欲、节劳、节饮食。后两条是劝他不要天天在外面胡吃乱喝。什么叫节欲？我们现在用欲望这个词指所有的欲望，但是在古代"欲"这个词是专指色欲。曾国藩看到老爹的信立刻脸红了，当天晚上写日记就给自己立了一个"三戒"。李安先生拍了一部电影叫《色戒》，第一条就是这个"色戒"。所以我说曾国藩年轻的时候好色，不能详谈，只能简单地说一下。

举一个小例子，考中进士之后，他有一个朋友叫汤朋，家里也不怎么富裕。中国当时的文人官员都会纳妾，汤朋就纳了一个小妾，据说这个小妾长得很漂亮，沉鱼落雁。汤朋纳妾以后，怕人家知道，尤其是怕曾国藩知道。但是没有不透风的墙，曾国藩还是知道了。曾国藩知道了在家里坐不住，想了一个办法，约另外一位同学到汤朋家蹭饭。这帮狐朋狗友经常在一起混吃混喝的，汤朋也不好意思拒绝。酒过三巡菜过五味，曾国藩突然提出一个非礼的要求，建议汤朋借着酒兴，搞一场"审美活动"。听说你小子刚纳妾，据说长得非常漂亮，请出来我们搞搞审美活动。汤朋一听就不高兴了，我老婆请出来给你搞审美活动？死活不干。曾国藩搅啊闹啊，后来汤朋实在没有办法，说"看三秒就回去"。结果把小妾叫出来后，不要说三秒钟，三十分钟都回不去了。搞完审美活动曾国藩死活拽住人家不让回去，不仅拽住人家不让回去，还让人家坐下来陪自己一起吃饭喝酒。不仅让人家陪酒，还跟人家聊天。问题是聊天也就算了，还聊了很多史料记载叫"狎邪之语"，这个词语在古代属于专业术语，属于红灯区专业术语。

曾国藩不光这样，年轻的时候除了好色，烟瘾还很大。这就说到一个终极问题，这样一个曾国藩：智商不够高，胸怀不够开阔，还有很多的陋习，怎么能成为晚清名臣之首？号称中国近代史上最后一代大人物，凭一己之力扑灭了浩浩荡荡的太平天国农民起义，又凭一己之力开辟了中国近代史上最重要的一场改革——洋务运动。

没道理啊！这样的一个人怎么有那样的成就？这样的一个人怎么能拥有那样的铁杆粉丝：一位叫毛泽东，一位叫蒋中正。毛泽东佩服曾国藩有一句名言：愚于近人，独服曾文正。就是说，近代以来的人物，我毛泽东只佩服一个曾国藩。那古代的人，他佩服谁？"惜秦皇汉武，略输文采；唐宗宋祖，稍逊风骚。一代天骄，成吉思汗，只识弯弓射大雕。俱往矣，数风流人物，还看今朝。"古代的人我没有一个佩服，近代的人我只佩服一个曾国藩。

大家可能不知道，毛泽东井冈山练红军，主要就是用曾国藩练湘军的方法。派指导员下连队，要办有主意的军队啊，最早这都是曾国藩的思维。举个例子大家就知道了，毛主席练红军写过一首著名的军歌："三大纪律八项注意"。最有名的一句是：不拿群众一针一线。学术界普遍认为，毛泽东这首"三大纪律八项注意"有模仿曾国藩为湘军写的"爱民歌"的嫌疑。曾国藩"爱民歌"中写的是："不拿百姓一门一板"，大概毛泽东觉得门板太大了，与时俱进发展到针线。毛泽东只是学习曾国藩的军事，而蒋中正那是亦步亦趋，从军事到政治都学曾国藩。蒋中正在黄埔军校时，指定军事教材是蔡锷编的《曾胡治兵语录》，而且嫌蔡锷编的十二章不过瘾，自己再编了第十三章。如果你知道当时黄埔军校有哪些人，比如政治部主任周恩来，黄埔一期有位叫陈赓，黄埔四期有位叫林彪，你就知道这些人都是读着曾国藩的兵书成长的。而且，八路军军政杂志社 1943 年的时候，给八路军也编了一本军事教材，叫《曾胡治兵语录白话文》。

毛泽东、蒋介石这么崇拜曾国藩，但恨他的人也不少。曾国藩是中国近代史一百五十年以来争议最大的人。国学大师章太炎说曾国藩：誉之则为圣相，厌之则为元凶。翻译一下就是，爱他的人爱得要死，恨他的人恨得要命。

孙中山就恨曾国藩，说他是千古第一大汉奸。曾国藩打下南京后，要是反了清朝就是汉人第一大功臣；要是不反清朝做清朝的大臣，他就是千古第一大汉奸。关于曾国藩造反，是近代史非常有名的一个疑团，史学界争议也很大：清政府军已经设防了，粮饷不够了，还有内讧不断，左宗棠、李鸿章跟他不一条心，等等。

我不同意这些观点，我认为当时曾国藩造反，"万事俱备东风不欠"。清政府对他驻防有什么用？湘军建立就开始提防他，他打下武昌后，咸丰皇帝说："才走了一个洪秀全，又来了半个曾国藩。"一直提防着他，提防了十几年了。况且，清政府军绿营八旗，就是纨绔子弟，一点战斗力都没有。而且太平军攻破江北歼灭清军二十万主力，清军也就剩三五万人，湘军有近三十万。要打，根本不是一个重量级。再一个说他没有粮饷，政府不给他拨饷。但是一打胜仗就有粮饷了，因为有地盘了，我的地盘我做主。曾国藩后来任两江总督、兵部尚书兼钦差大臣，主管东南五省军政大务。东南江浙地带，包括两湖也是他的大本营，天下财富，半出东南，一点都不夸张，当时的赋税有四分之三在这个地方，你说他没钱？还有说他内讧是演戏给慈禧看，慈禧这个女人喜欢玩心计，手下人必须演给她看。他打下南京的时候，左宗棠跟他吵了一阵子，打下安庆的时候，左宗棠派人送了密信给他，信上有八个大字："鼎之轻重，或可问焉！"曾国藩看了半天，沉吟不语，拿起笔，改了个字，连夜让人送回杭州，当时左宗棠是浙江巡抚。他打开信件一看，哼一声，把信放在火上烧了，后来见到曾国藩骂得更凶了。曾国藩改了一个字，改了哪个字呢？"鼎之轻重，未可问焉！"不要迷恋哥，哥只是个传说。你别跟着我造反，打死我也不造反。

但是曾国藩为什么坚决不造反呢？这个我们等会儿再说，还是回到那个终极的疑问。这么一个智商不高，性格有缺陷，甚至还有不良生活习惯的曾国藩，连我们一般人都不如，为什么后来能成就那么大的事业？甚至有学者称他为近代史上的"华盛顿"。当然，克罗齐说："一切历史都是当代史。"学历史就是为当下提供思考和借鉴。我就觉得曾国藩的人生，对我们一般人来讲，有很多值得借鉴的地方。

我在《百家讲坛》讲曾国藩家书整整讲了四十集。内容太多，我只讲最核心的几点，值得我们普通人去学习，去借鉴。

第一点：他是中国儒家知识分子最典型的实践修身哲学的一个人。如果说关键词是：反思与学习。这个人特别擅长反思，别的都不行，但反思能力特别强。他自杀完了就反思一下。他晚年曾经说过一句话，很有意思，他对他儿子说：我这个人跟你左伯伯比不怎么样，跟那些同学比我最笨，但是有一点我觉得比其他人做得好一点，就是《论语》里的一句话，叫吾日三省吾身。为什么这一点我做得比其他人好一点呢？是因为这句话虽然出自《论语》，但不是孔子说的，这是我们曾家的老祖宗曾子说的，所以说他非常擅长反思。最有力的一个例证，就是我们刚才说了曾国藩这么多的糗事，这么多见不得人的事，你知道吗？大多数不是别人记下来的，那是他自己写下来的。他的日记号称"东方的《忏悔录》"。

这个人非常擅长学习，学习能力超强。他浑身都是缺点，但喜欢拜别人为师。

到北京之后，先拜理学大师唐鉴为师。唐鉴教了他一个月，告诉他，你每天要静坐半个时辰，不是练气功，也不是练瑜伽，也不是和尚打坐。就是找一个没有人的地方静坐半个时辰。曾国藩立刻照做，当然一开始也不行，跟唐鉴说静不下来，一坐在那里就心猿意马。

　　一个月后又拜倭仁为师。倭仁是唐鉴的学生，这下辈分全乱了。倭仁教他：你只在心里头反思没用，这种自我反思没力度。你得写下来，把你那些肮脏的事都写下来，痛骂自己。所以他经常在日记里骂自己禽兽不如。这一写就是整整三十年，死前一天还在写，所以这个人的精神毅力不得了。我考证了一下，其中就断了二十九天，因为后来生重病握不住笔了。倭仁教他这个办法，自己都不写这种日记，但他写了整整三十年。儒家最讲究修身与学习，我觉得曾国藩的这个特点，是儒家思想文化的一个精髓。儒家文化首倡修身，修、齐、治、平。第一位就是修身，反思自己，真正的勇士敢于直面惨淡的人生，敢于正视淋漓的鲜血，最早是打曾国藩那儿来的。

　　孔子弟子三千，孔门七十二贤人，孔门十哲则又有四圣四贤之说，但是孔子最喜欢的学生是谁？子贡能力不得了，有一个成语就是因为子贡来的，叫分庭抗礼。春秋战国的时候，使臣到了诸侯国去见人家的国王，国王坐在大殿上，你要在殿下行礼，这是正常的外交礼节。子贡到哪一个诸侯国去见国王，礼节都是特殊的，他到大殿之上，国王要从大殿上下来，国王站在大殿的左边，子贡站在大殿的右边，大家互相拱手行平等礼，这叫分庭抗礼。

　　为什么子贡能这样呢？因为子贡是福布斯世界富豪排行榜第一位，春秋战国的比尔·盖茨，富可敌国。所以孔老师带着学生周游列国十四年，这是庞大的旅行团。我经常跟我的学生讲，我也希望带着你们到欧洲、到美国旅游，不要说周游十四年，就是四十年不回来，我也愿意。问题是咱没有子贡这样的赞助商啊！

　　子路就更不得了，子路没拜孔老师之前，孔子经常被人欺负。自打子路拜了孔老师，就再没有人敢欺负孔老师了。为什么？子路原来是混黑社会的。子路功夫不得了，如果子贡体现了一个词叫做能力，那子路就体现一个词叫勇气。《孔子家语》里记载，子路听说孔老师很有名，就去见他。那一天子路打扮很古怪，头上插了两根野鸡毛，身上文了两条带鱼（那是郭德纲说的），人家说是青龙，腰间插了两根野猪牙，赤着膀子去见孔子。什么意思呢？孔老师，怕不怕我啊？我厉害不厉害？结果孔老师说了一句话："子其人乎其野人乎？"子路一听就愣了，想了半天扑通一下跪下了，拜孔子为师。据史料明确记载，中国古代的人里，唯独两个人可以赤手搏虎，一个是子路，另一个是商纣王帝辛。商纣王的第一爱好很多人以为是妲己，其实是打虎。后来一个人一只虎已经不能满足了。据说他后来是一个人一群虎，还有狮子，一个人在笼子里头打虎打狮子玩。

子路力能搏虎、勇气超人，后来舍生取义，这个故事太长了，我就不讲了。

子路这么勇，子贡这么能，孔老师最喜欢谁？是颜回！颜回肩不能挑担，身体羸弱得要命，四十岁就生病死了。后来回国的时候，鲁哀公问孔子手下有什么特别出色的好学生，孔老师回答：以前有个出色的学生叫颜回，自颜回死后，我就再也没有好学生了。

"一箪食，一瓢饮，在陋巷，人不堪其忧，回也不改其乐。"不改学习其乐，颜回最大的特色，就是学习能力强。

儒家思想最实际的是树人！现在很多学校讲百年树人，我们现在也经常讲树人，这和儒家文化提的树人不是一回事，我们现在讲的是树人才。你细想一下"树人"和"树人才"是不是一回事。树人才从起点到终点，无不充满鲜明的功利主义色彩。而树人就是张艺谋拍的《一个都不能少》，不放弃每一个人，不论你有什么样的出身、什么样的起点，只要你努力，只要你学习，只要你不断地超越自我，都能成贤成圣。所以曾国藩家书里有一句特别有名，我经常讲给我的孩子听：热爱人生，不要跟别人比，跟别人比你比不完，最重要的是跟自己比，跟前一刻的自己比，跟昨天的自己比，只要你能超越自我，你一定会实现人生的价值和成就。老爹我不就是最好的例子吗？我只跟自己比，埋头苦干，比到最后，会当凌绝顶，一览众山小。这就是人生境界。

第二点：就是行动力与执行力。行动力是你得去做，执行力是什么呢？以前我们政府比较提倡行动力，但是现在企业更提倡执行力，你不仅要去做，还要做到底。曾国藩这个人的执行力非常了不得，就像写日记一写就是三十年。他跟胡雪岩不一样。胡雪岩很聪明，他平生有三场商战，大获全胜，奠定了中国近代史上第一商的地位，但最后一次，满盘皆输，所以说他是赢了一时，输了一世。曾国藩三败，输得很惨，要自杀，但走到后来最终胜了，这靠的就是大智慧。所以我经常讲，一个人不能太聪明。聪明和智慧不是一回事，有时候甚至相反，越聪明越没有大智慧。

虽然曾国藩有很多的恶习，但后来三个恶习都改掉了。比如说戒烟，他十八岁时染上烟瘾，当然他抽的不是鸦片。我仔细考证了一下，确实不是鸦片，他抽的是湖南的土烟，比鸦片还厉害的。后来到了湘乡"涟滨书院"，这个书院的校长叫刘元堂。刘老师学过教育心理学，别人都看不起曾国藩，唯独刘老师很赏识曾国藩，平常对他鼓励有嘉。但是，有一次刘老师发现他抽烟，不高兴了，很火，当时痛骂了他一顿，平常刘老师都是赏识教育他，偶尔骂一次犹如醍醐灌顶，佛门狮子吼。说你这个要是不戒烟，算我看走眼你一辈子。曾国藩第二天把好朋友和同学都叫来，召开了盛大的新闻发布会：我要戒烟了。搞了一场单机版的虎门销烟，当着所有人的面把烟具给砸了，把烟叶给烧了。决心不可谓不大，戒烟不可谓不长，你猜他第一次戒烟戒了多长时间？两个月，两个月之后又犯了！曾国藩擅长总结，总结为什么失败了，说戒烟环境很重要，涟滨书院不是戒烟环境，这帮小子他们不戒烟，天天劝我来一根来一根，多大的事，来一根！没有一个良好的环境，曾国藩痛下决心为戒烟转学。

　　人生的际遇就是这样，一转就转到天下四大书院之一的岳麓书院，这下环境好了，可以戒烟了吧？曾国藩又痛下决心，又当众开了新闻发布会，又把烟具砸了、烟叶烧了，又搞了一次"虎门销烟"。但是，我们说这多没创意啊，你上次已经搞了一回了，你再这么搞一回，多没创意！所以曾国藩搞了一个更有创意的，不仅砸烟具了，烧烟叶了，而且为了表示要痛下决心戒烟，把名字给改了。曾国藩原来不叫曾国藩，曾国藩原名曾子城，字居武。曾国藩他爹好歹是个秀才，在古代也是大知识分子，取一个名字把十三经都翻烂了，后来取了一个经典里面的一句话，是《孟子》里面的一句话，也不是特别有意义，但是这句话是孟子记载当年曾子（他们曾家老祖先）曾经住在山东武城这个地方："曾子居武城"。他爹多有文化，就把这五个字拆散了重新排列组合，取了一个名字叫"曾子城，字居武"。所以曾国藩这个时候把名字改了，但不是改成曾国藩，"曾国藩"这个名字是后来他的老师大奸臣穆彰阿给他取的。他这时候把字号改了，"居武"改成"涤生"，所以他的手下都称他为"涤帅"。他自己解释，涤生是什么意思呢？从前种种譬如昨日死，以后种种譬如今日生。一个人永远要和昨天的自己、和前一刻的自己不停地较劲。所以这次决心不可谓不大。你猜他这次戒了多长时间？还不如上回，一个月之后破戒了，又总结教训，很有意思。

　　所以曾国藩戒烟的时候痛苦啊。他说如婴儿失乳，你不知道刚戒烟的时候多难受啊，如同婴儿没有奶吃，甚至没有三聚氰胺的奶粉吃，戒了又破，破了又戒，反反复复。所以你说他多痛苦啊，不停地给自己找理由，最后支撑不住又破戒了，整整戒了十二年。

期间他的好朋友都劝他，老曾啊，算了，谁没有点恶习啊！不是有一个段子吗？说一个病人去看医生，忧心忡忡问自己还能活多久。医生说你抽烟吗？不抽烟。喝酒吗？不喝酒。吃喝嫖赌样样不干，医生说那你活那么长干什么呢！所以朋友都劝他，人无完人抽就抽吧，戒了十几年戒不掉那就算了。他不，一直到后来，他做了翰林院五品侍讲学士。有一天湖南老家来人，给他带了湖南上好的土烟烟叶，然后送了他一个精致的玉烟壶。当天晚上他在书房里面写文章，写到一半突然心有所思，到卧室拿出烟具烟叶端详了半天，看样子又要戒烟，一想想以前的戒烟的动静，最后这一次于无声处听惊雷，深夜一个人默默地走到院子里面，拿把榔头把烟壶砸了，把烟叶倒了。回来以后写了一篇文章，但奇怪的是这个文章和戒烟一点儿关系没有，一个字都没有提到戒烟。从此以后，他就没有再抽过烟。所以说这个人的毅力、执行力、行动力不得了，不死不休。认清自我，然后跟自己较劲，这是最难做到的。但凡你做到这两点，无论在各行各业都会有大成就。

第三点：在家靠父母，出门靠朋友，要做事业，还要有一个团队。曾国藩一开始心胸多小，连老师都要记恨。但是后来逐渐超越自己，我刚才说祁门被围的时候，连李鸿章都一看大势不好。当时关系远的，都悄悄打背包溜了，关系近的心腹，这时候要给领导表忠心，要同生共死。当时，李鸿章不好意思走，但老是给曾国藩找茬。

有个著名的历史公案，话说李元度丢了徽州，怕死就没回来。曾国藩向朝廷写奏章，弹劾李元度，剥夺李元度的所有官职。李鸿章就说：曾老师，你不能弹劾李元度。曾国藩就纳闷，为什么？李鸿章就说：你连最近的人都这样下狠手，不是寒了我们的心吗？曾国藩一听这是什么鬼话，他丢了徽州，我只是按章办事，就没搭理李鸿章。李鸿章为什么要替李元度出头？似乎两人关系很好，其实两人关系很一般。这时候他只是找个话头，一看曾国藩不搭理他，不理他就没戏啊，曾国藩还是埋头在写表章，然后他就来了这么一句：曾老师，你要弹劾李元度，这个弹劾的公文我不写。他当时是曾国藩的机要秘书，曾国藩的所有公文都应由他起草。问题是这篇公文曾国藩没让他起草，正在自己起草。曾国藩一听就火了，就说了一句，你不写，我自写之。他一听顺杆子往上爬：老师，我是你的机要秘书，公文应该我来写，现在你不让我写，你自己写，说明我在你这里没用了。曾国藩一听火了，指着门就说：大路朝天，各走一边。老师，这可是你说的，李鸿章掉头就走，一秒钟都没耽搁，背包早就打好了。李鸿章贼精贼精的，所以曾国藩讲，李鸿章不能同患难。李鸿章走了之后也不投靠别人，他觉得老师肯定死了，但是，没看到老师死之前他不去投靠别人，他就在七环外面晃，晃了三个月，一看老师没死，就给曾国藩写了封信：老师，我还能回来。老师说：回来吧！这就是曾国藩的胸怀。

那个时候，苏锡常一带是李秀成的小天堂，兵力达四十万，挥兵江浙，直达上海，当时上海滩的规模已经形成了，富商云集。富商都急眼，派人带了十八万两白银让曾国藩救上海，并保证每个月提供六十万两军饷。当时上海是最富的地方，肥水不流外人田，曾国藩先让自己的弟弟曾国荃去。曾国荃当时在南京，他是比较犟头的，就轻兵冒进率两万人打到了南京。为什么呢？因为他要抢，当时谁打下南京谁就是首功。这个肥缺曾国藩要让自己弟弟去，可曾国荃死活不去，他不去，要去的人可多了。但曾国藩谁都不让去，晚上踱步到李鸿章的房间问：少荃，上海你可去否？李鸿章一听那个激动呀，扑通一声给他跪下了。李鸿章困顿小半生啊，都是在别人手下做秘书，叫幕府，他没有机会出幕啊。自己带兵就是出幕了，自己可以打天下了。就说：让我去，我一定要把这个事情办好。曾国藩就问他，你的手上有兵吗？你没兵怎么去？李鸿章就说：老师，我马上回合肥老家招募团练。后来招了两千土匪兵。曾国藩一看都乐喷了，说这就是你招来的兵啊。后来，总共十四个营，有十个营都是曾国藩调给他的，包括把自己的亲兵卫队都给了李鸿章，李鸿章那个感激啊，当年背叛过老师，老师你这个胸怀啊！曾国藩微微一笑，权作嫁子耳。就当嫁女儿，总要有嫁妆。

所以蒋介石最佩服他这一点，说曾国藩的胸怀从古到今，有一句话，曾国藩做得最好：立人达人。不仅自己要做得好，还要达别人。领导要让别人起来是最难的，所以他的幕府后来号称"神州第一幕府"。王闿运让曾国藩造反，曾国藩不造反，他就到处骂曾国藩。但是即使这样，他写《湘军志》的时候也不得不佩服地写了句话：天下英才，净归曾公。天下的人才，都在曾国藩那里。当时清朝的时候有十八个省，最后有十三个省的省长都是曾国藩的学生。那曾国藩为什么能做到这一点呢？

这就要谈到我们借鉴的第四点，用关键词就是"信仰"。人生最重要的东西是什么？不仅要有能力、执行力、行动力，还要有自我认识的水平，有朋友帮助。但是人生要成事，会面临坎坷和困难。有些东西是生命中不能承受之重，有些东西是生命中不能承受之轻。你怎么承受？曾国藩在他的家书里，教育他的儿子说：人生需有根底，方可驰骋世界变化。如果你和我一样也认为当下是一个精神危机、道德危机、信仰危机、教育危机的时代，那么，这个时代重提"信仰"就非常关键了。

如果五年前谈信仰还是口号，那么当下重提就非常有必要了。为什么？因为老人不敢去扶了，因为富二代横行，因为食品不安全了、果汁喝死人了、沙琪玛都不能吃。这个社会的道德底线完全丧失。我们现在讲一个民族的崛起，你去看人类文明史的发展，没有只靠经济增长而崛起的。它一定要伴随着思想文化的崛起，要靠文化的引领。思想文化一定要有民族特色，拿来主义是一时的。所以，曾国藩的人才队伍里靠什么来吸引人？这就是信仰。他开的工资都很高，他是第一个提出高薪养廉的人。

晚清四大才子薛福成说过这样一句话：曾国藩手下八类人才，有一类人才只有曾国藩才有。哪一类人才？科学家和教育家。因为这些人不是看中钱，他要看你的追求是什么。所以曾国藩最终能打败太平天国，我个人认为，根本还在"信仰"两字上。曾国藩起兵之初，湘军和太平军作战，绝大多数是失败。曾国藩一碰石达开就完蛋，而且只要他亲自上场指挥，那场仗一定失败。所以他后来不敢上前线，又着急得不得了，他心痒难熬。但是，最后为什么太平军不行了？祸起萧墙，自乱阵脚。曾国藩起兵的时候，没有一句说要救这个晚清朝廷，他说我要救儒家传统文化，他靠儒家知识分子的信仰号召着。所以，曾国藩的湘军，是中国军事史上唯一的例外，百分之九十五的带军将领都是知识分子，是读书人。

你说曾国藩有信仰，太平天国也有信仰，人家拜上帝教。问题是，连基督教都不承认他们是基督教，太平天国在南京定都后，他们想寻求西方的支持，说我们也是接受上帝的旨意。罗马天主教教主高兴坏了，说在遥远的东方有上亿人信上帝，就派了个庞大的考察团。考察了半年，回去特使跟大主教说：他们的基督教跟我们一点关系没有，咱们别理他。洪秀全是"拜上帝教"，他是怎么来的？洪秀全自负天下聪明人，跟左宗棠一样。问题是考秀才考了好多次都没考上，最后一次，在广州又落榜了。落榜之后，穷困潦倒，在广州街头病倒了，发高烧四十摄氏度，在这个过程中他被一个传教士救了，这个传教士救了他之后，给了他一本小册子——宣扬基督教教义的小册子，洪秀全有关基督教的所有知识储备，都来源于这本小册子。所以四十七天之后，病好了，人疯了。当然是装疯，他冒充上帝的二儿子，冯云山是老三，杨秀清是老四，大家就这样排下去，这就是"拜上帝教"。洪秀全这个人，虽然从革命起义这方面看，他有他的历史贡献。但是，从文化角度来看，中国文物史有两次浩劫，一个是"文化大革命"，另一个是太平天国。尤其我们江阴这一带，苏锡常、南朝四百八十寺，还有吗？多少楼台战火中啊！都被烧了。以前的文昌庙、文昌阁、孔庙，不要说这些了，关帝庙都给推翻了。"文化大革命"的那句话"打倒一切牛鬼蛇神"，就是从他这里开始的。

所以，曾国藩说要挽救东方文化，这是东西方文化之战。大思想家冯友兰就说，在那场浩劫中，是曾国藩挽救了东方文化。后来，太平天国的实权不在洪秀全手里了，而在杨秀清手里了，他架空了洪秀全。权力这个东西带来的就是欲望的膨胀，他一看，洪秀全控制教众的方法不就是装神弄鬼吗？发疯谁不会啊，我也会啊，不过是行为艺术而已。他也装疯，洪秀全装疯说他是上帝的二儿子，杨秀清比较坏，他一疯就直接装上帝，这下好嘛，爹来了。洪秀全面临一个逻辑难题，爹来了没有办法也只好跪下。一开始，洪秀全还可以忍，杨秀清开始比较克制，他平均一年发两次疯，洪秀全说行我让你当两回爹。后来，发展到平均每星期发一次疯，洪秀全受不了了，你不能老是当爹，就密召韦昌辉发动天津内乱杀了杨秀清，灭了东王府，然后株连八千多人。然后韦昌辉做大了，洪秀全又密召石达开回南京灭了韦昌辉。石达开这个人还是比较仁义，就劝大家不要打了、不要杀了，大家都是上帝的儿子。韦昌辉打不过石达开，就先下手为强，连夜来杀石达开，石达开一听到消息，孤身一人从雨花台坠城而出，结果上到八十的老母、小到八岁的孩子，满门被杀光。所以石达开发火了，从江西战场带五万子弟兵，回来打南京，灭韦昌辉。结果洪秀全又不信任他了，石达开带二十万大军，负气出走，最后死在大渡河。太平天国就这么夭折了！

对于太平天国的灭亡，最有说服力的一个人就是容闳。他是第一个在美国耶鲁大学获得学士学位的中国人，你去耶鲁大学名人堂和校史陈列室都能看到容闳的巨幅画像。时任总书记的胡锦涛访美，耶鲁大学校长送给胡锦涛的就是那幅画像。容闳当时获得学士学位的时候，美国的大学生也很少。布朗牧师劝他留下，他要回来，他要回来教育救国。他死了之后，《纽约时报》一篇社论说：容闳这个人身上每一根毛细血管里头都流淌着一种叫爱国的血液。

容闳回来之后，跑到清政府那边一看，太腐败。然后跑到太平天国提出了七条救国主张，石沉大海，没人理他。他一看当时的南京城里就整整有一千两百个王，这样的组织有希望、能够救国吗？容闳一看没指望就走了，然后他的好朋友李善兰、华恒芳、徐寿不停地写信劝他，说你来看看曾国藩，曾国藩这个人真不一样，你要看了不满意你再溜。

后来容闳勉强到了安庆。李善兰为什么要拼死给他介绍？李善兰也是不得了的人物，是中国近代史上最伟大的一位数学家，是中国人里面最早演算到微积分的。他一个人翻译了九卷《几何原本》，翻译出来以后，好不容易出了书结果又被焚于战火。他就带着刻本来求曾国藩，那时候李善兰还没有名，曾国藩亲自接见他。曾国藩为什么要帮助他？因为他要推崇李善兰。所以，李善兰誓死报答曾国藩，引容闳进来。

曾国藩真是有识人之明，知道容闳是人才，而且有信仰，知道他在南京提了七条救国主张，就问他容先生你见过世面，怎样才能救国？容闳上次在南京吃亏了，交了底然后被软禁了，还走不掉。这次他不敢交底，也不敢把七条救国主张都说出来。他就糊弄曾国藩，随口说大帅据我的经验，西方那些国家要救国的话，首先要有工厂，要有能够生产东西的机械。曾国藩就问：怎么样才能够有生产东西的机械呢？容闳很正式地回答，大帅，首先得要有能够生产机械的机械。请教先生，什么叫做能够生产机械的机械？容闳很严肃地回答，大帅，这个东西叫母机，能够生产机械的机械叫母机。这不是我瞎编，你去看看容闳自传，他写的真的是"母机"。曾国藩一听，"母鸡"？哪里买得到这种"母鸡"呢？容闳就说，我可以替你到美国去买母机，曾国藩立刻就问，需要多少钱啊？六万两白银。当时这些钱可以建一个小型水师了！曾国藩当即拍板：我给你六点八万两白银，请先生给我到美国买母机！为什么多给那么多呢？因为当时中国人不知道美国在哪里，以为在火星呢。那时没有外交关系，中国人都不知道美国人在哪里，容闳不相信曾国藩会把一笔六点八万两的巨款，委托给一个第一次见面的人，而且跑到一个据说远在火星的地方买一种叫做"母鸡"的东西。靠谱吗？非常不靠谱！所以容闳不相信，以为曾国藩只是说说而已。结果一个月后，曾国藩真的筹了六点八万两白银给他。这时候他还不相信，一直到曾国藩把他送到安徽安庆的码头，他还是不相信。一直到他上了船，在夕阳的余晖里给曾国藩挥手作别，容闳转过身来热泪盈眶，心中暗暗发誓，要为此人抛头颅洒热血。结果容闳跑到美国买母机非常不顺利，因为美国刚好在打南北战争，非常艰难。

一去去了两年，一个初次见面的年轻人，携六万八千两白银跑到一个传说中叫美国的地方。两年没回，所有的人都跟曾国藩说，大帅你上当了，那小子就是个骗子，跑到一个叫美国的地方买什么"母鸡"，别说"母鸡"了，我们这里公鸡也有啊！所有人都说曾国藩上当了，只有曾国藩淡淡说了一句，"容闳此人定不我欺"。看一个人要看他有没有追求、有没有信仰。果不其然，两年之后容闳历尽万苦，带着从美国底特律购买的一百台母机跨越重洋回来了。曾国藩就在这一百台母机的基础上，在李鸿章、徐寿、华恒芳这些人的运作下，在上海成立了中国近代企业史上第一个标准的里程碑式的江南制造局。第二年，在容闳的主持下，在曾国藩的领导下，在江南制造局的旁边，建立了中国近代史上第一家官办的江南制造局翻译馆及学堂，翻译西方科技名著。日本人的明治维新比我们晚，日本人英语很差，所以没有办法，就跑到上海来，把容闳带领翻译的这些西方科技名著全部抱回去了。他们英语不好，但是中文好啊，日文本身就是中文生的种嘛，所以日本明治维新的科技储备来源于此，我们做得如此的苦，却为他人作嫁衣裳。悲哀就在这儿。所以说有信仰才可以驰骋世界变化。但是我们谈了这么多，我觉得不是光谈历史，要结合当下思考。

李鸿章年轻的时候喜欢冒险，他长得不像南方人，一米八几的大个，史称南人北相。后来就是因为曾老师的谆谆教导，做了求和派，变成了卖国贼。晚年，曾国藩在南京做两江总督，1871年，江南制造局造出第三艘铁甲军舰，他很高兴，去给他们开庆功宴并视察。开完庆功宴谈判，问科尔、傅兰雅你们有什么要求，一定大力支持！傅兰雅说了一段话，他说大帅你可能不知道，江南制造局的硬件设备比我们美国的工厂还要好，甚至比德国的克虏伯还要好，但是效率之低下，连印度的工厂都不如。曾国藩一听就纳闷了，既然这么好的条件为什么效率低下呢？弗兰雅一句话就把曾国藩打蒙了：大帅您不知道，你们大清帝国的机制太落后了，你们的体制太落后了，这个东西不改，你再好的条件也没有用。

我估计曾国藩听了突然意识到了什么，他听完了一句话也不说，当夜就赶回南京，回到南京第二天就一病不起。三个月后，1872 年 3 月 19 日溘然长逝。为什么我对那个日子这么清楚呢？因为一百年后，我也在那个日子出生。所以我们的身上和我们的先人，都有血脉相连的地方。我们只有知道过去，知道我们从哪里来，才能知道我们将要往哪里去。谢谢大家！

吃喝之中求健康

谢英彪

我今天花一个半小时的时间，跟大家交流一下健康话题。

吃喝之中求健康，这是一个大家关心的热点话题！中国有句古话：民以食为天，食以平衡为先。我们南京流行一个口头语：吃不愁穿不愁，就是血黏稠；学历不高就是血压高，职务不高就是血脂高，工资不高就是血糖高；住房不大就是肚皮大，成绩不突出就是腰椎间盘突出。这个口头语大家觉得很好笑，但是说明一个问题，营养失调已经向普通老百姓倾斜了。

大家知道城市居民的第一健康杀手是什么吗？是心脑血管疾病。我们知道侯耀文、马季、高秀敏这些笑星，还有毛泽东的特型演员古月，都是头一天晚上还是好好的，大家在一起演出，一起吃饭，一起谈心，一觉睡下去第二天就去世了。什么原因去世的？十之八九是冠心病、心肌梗死。我们国家心脑血管病、心肌梗死、冠心病的患者每个小时都会死掉三百多个人，发病率非常高，所以心脑血管病是城市居民的第一健康杀手。现在不光是心脑血管病发病率、死亡率高，像糖尿病患者我们国家也有九千万人，糖尿病前期患者有一点二亿人，高脂血症的有一点二亿人。得肿瘤的人也很多，发病率都在逐渐升高。

大家思考这么一个问题：为什么现在经济条件好了，物质丰富了，病反而越来越多？其中最主要的一个问题，就是和"吃"有关。而我今天这个课题，就是跟大家探讨吃喝之中怎样去求健康。我这堂课讲了一百五十场，为什么大家都关心这个课题？因为这个和大家的生活密切相关，贴近我们的生活。

食物当中含有四十多种营养素，我们国家从食物化学性质来分，把它们称作七大营养素。第一个是水，然后是蛋白质、脂类、碳水化合物、维生素、矿物质，还有第七大营养素叫膳食纤维。我们国家的食物有成千上万种，我们提倡食物多样化。十年前，日本的劳动厚生省（相当于我们的卫生部）发了一个"红头文件"，文件上写着每个国民每天要吃三十种以上的食物，午饭要吃十四种以上的食物。这个文件一发，把日本的家庭主妇害得很苦。因为丈夫下班回来会问："今天吃的食物有没有三十种以上？"连生姜、葱加在一起算也不到三十种，然后主妇脸就红了。有时候孩子回来问："妈妈，我的午饭有没有十四种以上的食物？"一算也不到十四种。

日本政府在六年前意识到这个问题，一味地规定三十种、十四种太直接了，所以他们也跟我们中国学。中国居民膳食指南提倡食物多样，不提多少种，所以我们的医生营养师最反对挑食和偏食，因为一旦挑食和偏食，吃的食物品种的范围就有限，我们号召大家吃得越广越杂对健康越有利。所以什么菜上市了，你就要买，荤的素的粗的细的，各种各样的食物都要广泛地摄取，因为绝大多数食物的营养都是不全面的。只有一样食物是全面的：母乳。所以小孩半岁以前吃母乳就能满足各种营养素的需求，但成人不可能天天吃母乳。除母乳以外，其他的食物是不能替代别的食物的，各种食物有各种食物的营养素。比如牛奶，牛奶的营养价值很高很全面，但是它也有缺点，缺点是铁的含量不足，维生素 C 的含量不足。鸡蛋的营养价值也很丰富，但是铁的消化吸收利用率也不高。

我举这两个例子说明什么问题？说明没有一种食物可以替代其他食物，你必须吃得广而杂，这样对健康才有利。国际上流行"十个网球原则"，这个原则我们可以作为参考。我们吃的肉不要超过一个网球大小，吃的主食是两个网球大小，水果要有三个网球大小，蔬菜要有四个网球大小。我们说的第七大营养素是膳食纤维。现在的富贵病、心脑血管病、糖尿病就和膳食纤维摄入量过少有关系。膳食纤维对消化道疾病有预防作用，膳食纤维可以调节胆固醇，可以降血糖，可以控制体重，可以防止高血压、冠心病、糖尿病的发生，对癌症也有一定的预防作用。现在大肠癌发病率很高，而且逐渐年轻化，这也跟膳食纤维摄入不足、大便不能保持通畅有关系，我们后面还要讲到膳食纤维。

平衡膳食有八句话，其实古代就有这样的话：食物多样，谷类为主；多吃蔬菜，果蔬相辅；奶类豆类，常备左右；适量常吃，鱼禽蛋肉；经常运动，进食适度；清淡少盐，少吃肥肉；如若饮酒，应多限量；饮食卫生，防病益寿。健康饮食还有十句话：一是一杯牛奶，二是两勺烹调油，三是三两水果，四是四份蛋白，五是五个蔬菜，六是六克盐，七是七两饭，八是八杯水，九是九成饱，十是十分卫生。

我以前讲课的时候，有人跟我提过这个问题，他认为个人饭量不同，你怎么知道是八九成饱呢？所谓八九成饱，就是当你放下碗筷的时候，还想再吃一点，这就叫八九成饱。如果吃得胃发胀了，吃得打饱嗝了，这就是十成饱了。我们每一餐吃八九成饱就行了，到下一顿饭的时候要微微还有一点饥饿感，这就是最好。不要到下一餐吃饭的时候肚子还饱饱的，还不想吃，把吃饭当任务来完成，这就对健康不利，容易造成营养过剩。中国的营养餐有几个缺陷，我在南京营养学校是教学顾问，在一个旅游烹饪学校我也担任指导老师，南京很多大餐馆的厨师长都是我的学生，我给他们讲过药膳，讲过营养。有个大厨准备到美国去工作，临走前特意来拜访我。他说：谢老师，我到那边要开个中餐馆，中国菜到底有什么缺陷？我跟他分析了有八大缺陷。

这里我就讲四大缺陷。第一是用盐过量；第二个是油太多；第三是强调火候，牺牲了营养；最后一个就是肉类单一。中国老百姓吃猪肉太多，其他的禽类动物吃得太少。那么洋快餐能不能吃？能吃。洋快餐有洋快餐的优点，洋快餐比较卫生，油用到一定时间会丢弃，不像我们街头炸油条的油发黑了都不丢弃，加点油再炸，甚至用地沟油。洋快餐也有缺点，缺点是高热量、高脂肪、高蛋白，不能常吃，偶尔吃下无妨。

下面我讲一点，就是贵的食物未必是最好的食物。当一个人在沙漠里行走的时候，最需要的营养物质是水，而不是食物。鱼翅、燕窝在餐馆是比较上档次的菜，价格又很贵，但是它的营养价值不高。鱼翅的主要成分是胶原蛋白，它的氨基酸结构不全面，不符合人体的需求，它的营养价值还不及牛奶、鸡蛋。燕窝也是这样，燕窝不完全是蛋白质，难以被人体消化吸收。所以鱼翅、燕窝虽然很贵，但是营养价值并不高。全球有十大垃圾食品：油炸食品、腌制食品、肉松、香肠、饼干类、汽水类，尤其是方便食品，我在南京邮电学院给大学生、研究生讲课，花了二十分钟时间讲方便面。有的大学生一天吃两包方便面，它里面含有几十种添加剂，对健康非常不利，偶尔充饥可以。还有罐头食品、果脯、冷冻食品、烧烤食品，烧烤食品含有几种致癌物，烤羊肉串甚至烤鸭里面都含有致癌物。另外，地中海饮食值得推荐。西班牙那一带的人都长寿，身体健康。最后专家总结出五大特点：多吃鱼少吃肉，多吃蔬菜水果，吃全麦类的食物。当地居民每天晚上喝一至两杯葡萄酒，他们认为有好处。另外，建议大家按照血糖生成指数来选择食物。血糖生成指数对糖尿病病人很重要，所以要根据这个来选择食物。现在对肥胖、脂肪肝、高血脂患者甚至我们每一个健康的人来说，最好都按照血糖生成指数来选择食物。血糖生成指数大于七十的是高血糖生成指数食物，低于五十五的是低血糖生成指数食物。我今天带来的一本书是我根据讲稿整理的，里面有几十种食物，把血糖生成指数列了一张表公布出来，选择食物的时候尽量选择低血糖生成指数食物，这样对健康有利，这是我讲的关于食物平衡的问题。

第二个跟大家讨论的问题是：水是生命的摇篮。人体的水分非常重要，人体百分之七十是水，连骨头里面也含水，所以水分很重要。水是人体的砥柱，是人体最基本的营养素。大家不要忽视饮水，虽然我们吃的饭、菜，喝的汤都含水分，但建议大家要主动饮水。什么叫主动饮水？就是不要等到口渴才饮水。如果你在办公室上班，应该准备个茶杯，空下来就喝两口水。如果等到口渴再喝水，就说明你的身体已经轻度缺水了，尤其是老年人。老年人出去带瓶矿泉水，到哪里都要带着水，如果脱水了对健康很不利，甚至于影响肾功能。除了饭菜、汤以外，还要喝到八杯水，尤其是夏天在没有空调的房间，人体容易出汗，要注意补水。还有就是早上起来和晚上睡觉前要喝一杯水，我把它称为救命水。

如果水喝得少，血液黏稠度增加，形成血栓，堵到头脑就会得中风，堵到心脏、冠状动脉就得冠心病、心绞痛、心肌坏死，有时候到医院抢救都来不及。所以晚上睡觉不要怕夜里起来上厕所，夜里起来一两次不要紧。另外，早晨起来为什么要喝一杯水？因为夜里会隐性出汗，夜里会排掉水分，早上喝一杯水可以弥补夜里流失的水分。医学上把早晨六点到九点称为"魔鬼时间",因为这时候心脑血管疾病发病率最高。如果早上起来喝一杯水,就可以稀释血液的黏稠度,可以通便,减少心脑血管病的发病率。最好的水是什么?最好的水是白开水。茶不主张喝浓茶,浓茶里含好几种对胃有刺激的物质,对身体健康并不利。如果减肥可以喝浓茶,一般的人要喝淡茶,一天喝两杯都不要紧。白开水是最好的水,现在外面的水有几十种,矿泉水、纯净水、净化水等,有的桶装水是二次污染,有的水实际就是自来水。所以喝白开水最好,白开水里含矿物质,含有很多对人体有利的东西。

第三我介绍一下合理地选择饮料。饮料,我们国家有很多种,一共有十一大类,我这里不详细讲,但我认为还是白开水最好。果汁、蔬菜汁不能代替吃水果、蔬菜,尤其是饭店的果汁,我建议你们不要点。饭店卖一杯真的木瓜汁,要多少木瓜才能榨出来?所以木瓜汁不是现榨出来的,是用香精勾兑出来的,木瓜香精一勾兑比真正的木瓜汁味道还要浓,加了很多添加剂、防腐剂,对健康不利。饮料不能代替白开水,我遇到过一个小病号,上小学六年级,被自行车撞了一下,双腿四根骨头都断了。医生给他打钉子,但是钉不住,钉子一上去,骨头就开裂。医生就觉得奇怪,小孩的骨密度应该很高,韧性很大,怎么一上就开裂呢?原来这个孩子从小不喝白开水,把甜饮料当水喝,甜饮料喝多了,不想吃饭,正常的营养得不到,所以骨质疏松。六年级小孩就得骨质疏松,就是饮料惹的祸。

第四我跟大家讲讲谷类好处多。谷类包括五谷杂粮,比如南方人喜欢吃的大米,北方人喜欢吃的面粉,包括燕麦、荞麦、小米、高粱、玉米、豆类等,这些都属于五谷。现在吃主食有两个误区,一是觉得主食吃得越少越好,二是觉得大米和面粉越白越好。我记得我们小时候,家里买五十斤米,姐妹比较多,没有几天就吃光了。现在家里买二十斤米,很长时间都吃不完。我们小时候吃饭是大碗,后来就改中号碗,再后来就改小碗,现在很多人小碗也不能吃满一碗,只吃半碗。主食对人体很重要,主食不能少吃,少吃对健康不利,富贵病就会产生得多。不知道江阴人吃不吃糙大米,在我们南面是不吃了,连乡下农民都不吃了。江苏泗阳有农民来看病,我问他们吃不吃糙米,他们说不吃了,尤其是小孩子不愿意吃。我问他们吃什么米,他们说把中糙米卖掉买白大米吃,认为米越白越好。

大米加工得精细了,把外面的一层米糠、胚芽去掉了,大量的矿物质和维生素也都损失掉了。面粉也是这样,不是越白越好,越白的营养价值越差,所以我们提倡吃糙米,要吃黑面粉。那么如何去吃粗粮和细粮?我提出来一个口号叫"二八开"。二成是指粗粮，虽然粗粮很好，但是有缺点，缺点是粗粮里的蛋白质、氨基酸含量不足，吃多了粗粮对食道有损伤，不能多吃。如果你有糖尿病、肥胖症、高血脂、脂肪肝、大便秘结，我建议你"三七开"，粗粮占三成，精米白面占七成。

　　我这里讲三个故事：一个是杂粮煎饼油条。十五年前，南京有个患者来看病，我给他开了七十多块钱的药，他付不起。我说七十多块钱的药是小处方，很多医生一开都是一百多块钱。后来他跟我讲："我下岗了，在街头卖煎饼包油条。本来我一家做，一个月能赚七八百块钱，现在四家做，我一个月只能赚两百块钱，所以很困难。"我给他提了个建议："你做煎饼油条不要全用白面粉做，做杂粮煎饼油条。"我随手找了张白纸，给他写了几个字：杂粮煎饼油条里面有小米、高粱、小麦，能够预防冠心病、肥胖症、脂肪肝。他回家把我写的纸穿了两个洞，用麻绳挂在摊前。结果老百姓有自我保护意识了，知道杂粮有好处，再加上做得费事，所以他的生意越来越好，旁边三家没有生意，他那里却排队。结果隔了一个星期，那三家全跟他学，也做杂粮煎饼油条。

　　第二个例子是二十八年前，有个淮安的农民来看病，也说付不起钱。他说："我又不识字，又不懂技术，我就会发个馒头卖。"我说："你做什么馒头？"他说："做白面馒头。"我说："我给你提个建议，你做个黑馒头、黄馒头再做几个白馒头。"他说："黑馒头是什么意思？"我说："加四分之一的高粱粉。"他说："我知道了，黄馒头就是加四分之一的玉米粉。"他回家按照我的办法做了一个星期，跑来跟我讲："谢教授，不能卖。"我问为什么？他说："高粱粉和玉米粉每斤比白面粉还要贵一毛钱。"我说："现在杂粮是贵，你坚持薄利多销。"他听我的话回去做了，生意越来越好，周围三个小区的老百姓晚上吃稀饭，给小孩两块钱，叫他买馒头，都要关照一句，"不要到别人家买，你要到黑馒头那家去买"，周围三个小区的人都知道他的馒头店。有一次，我路过去看看他，他高兴得不得了，拉着我的手说："谢教授，你一句话挽救了我一家。"赶紧拿了塑料袋装了很多黑馒头、黄馒头给我带走。

　　第三个例子，我今年不在金陵老年大学教课了，前面教了十几年。金陵老年大学给我开了个"食疗药膳"班，每期第一堂课我也是讲这个，"二八开、三七开"。有两个老太太有顽固性的高脂血症，吃了很多西药都降不下来，后来照着我"三七开"的方法回家吃了一学期，五个月，顽固性的高脂血症降下来了。怕我不相信，到学期结束的时候，还把病历和化验单全部带给我看。我一看，原来胆固醇、甘油三酯、低密度脂蛋白全部高，现在全降下来了，降到了正常水平。这两个老太太很高兴，到学期结束的时候，我请她们上台，跟大家介绍学习的经验，这都是真人真事。

不吃主食减肥不科学，恐怕很多上了年纪的人，很头疼孙女减肥不吃饭。我女儿也是这样，说她也听不进去。有个故事：南京九中的一个学生，就是因为明明是稍微胖点、体重没超标，我叫她不要减肥。结果她不吃主食，也不吃早饭，减得免疫功能差，经常感冒，骨质疏松，最后月经都不来了。所以不吃主食对健康危害很大。减肥最好的办法是控制饮食，再加运动，"管住嘴，迈开腿"。主食提供的热量不大，要控制的是脂肪的摄入量，控制荤菜的摄入量，脂肪提供的热量是碳水化合物的三倍。回去要劝你们的孩子不要不吃主食，主食热量小，不会增肥的。

第五个探讨的问题，就是多吃蔬菜保平安。一般来说，深颜色蔬菜优于浅颜色蔬菜，叶类蔬菜优于瓜类，野生菜优于种植的。所以，我们提倡深颜色蔬菜要占到二分之一以上，采购的时候要多买深色蔬菜。举个例子，江苏人都爱吃青菜，叫"三天不吃青，两眼冒金星"。菠菜、韭菜这些都是深绿色的菜，像西红柿和胡萝卜都是红色的蔬菜，还有紫甘蓝是紫色的蔬菜，这些都是深色蔬菜。魔芋我就不多介绍了，在家做馒头加点魔芋精粉，现在有的卖。魔芋吃到肚子里，喝点水体积能增大八十倍，让你有饱腹感，有糖尿病、肥胖病、脂肪肝的人吃点魔芋有好处。另外就是远离毒蔬菜和毒水果，现在农药、化肥、除草剂、催熟剂大量使用，产量是提高了，但是对健康造成了危害。有的农药化肥，在土壤里三四年都清除不掉，现在农药越用越多，剂量越用越大。

我亲眼看到过弟兄两个人走到路上又呕又咳，原来他们在农村的菜地里一人偷了两根黄瓜，没用水洗，在裤子上擦两下就吃起来了。那个弟弟第二根黄瓜还没吃完就昏倒了，口吐白沫，我一看是食物中毒，就赶紧打了120。一个农民从家里跑出来，说"不得了了，我昨天才喷的农药"，兄弟俩到医院抢救差点没命。现在乡下农民都不敢吃他们自己种的蔬菜，农民来我这看病，我说你们用这么多农药化肥，你们种的蔬菜自己敢不敢吃？不敢吃。那你们吃什么蔬菜呢？他说我们专门有块自留地。我说不是分田到户吗？还搞什么自留地啊？他说，这你就不懂了，大田里的菜我们上菜场，是卖给你们城里人吃的。我当过四届人大代表和政协委员，第一届的时候我们检查夫子庙的一个餐馆，它的菜包子是用青菜做的馅，你不吃光闻闻都要流口水。这话一点都不假，菜包里有麻油、黑芝麻、黑木耳，这些东西跟青菜拌在一起，非常好吃，生意也非常好。我们到后场检查他们怎么洗菜的，我说了你们可能不信，他们根本不洗。我们在家吃青菜，一棵棵掰开粗洗下，细洗下，有的还要泡一泡才敢吃。他们不洗，就用开水烫一烫，烫过以后一大筐子几百斤青菜就往大池子里一倒，池子很高，负责的工人用长棍子捣个十来下，不负责的工人捣个三五下就洗好了，然后把青菜拿起来放在另外一个清水池里过一下。我把他们的一个老师傅喊到旁边，我说你们青菜这样洗，你们敢不敢吃？他连连摇手说不敢吃。他说他们要肚子饿了，就把包子掰开来，把里面的馅去干净，吃外面的皮子。后来，我们监督他们，采购的时候就要采购无公害蔬菜，洗一定要一个叶子、一个叶子掰开洗，后来他们在我们的监督下就改进了。

所以我讲课的时候经常说，在马路边上，你肚子饿了宁可吃肉包，也不要吃菜包。个体摊贩的菜包也是这样不洗，吃肉包的话如果肉变质了能吃出味道，吃菜包的话农药化肥洗没干净你吃都吃不出来。尤其是夏天喷的农药多，因为虫子有耐药性，今年用这个农药能杀死，明年再用杀不死，就像医生用青霉素和抗生素是一样的。我今年七十岁，我当医生已经四十六年了。我们刚工作的时候，青霉素用二十万单位，最多用四十万。现在输液用青霉素用八百万、一千万，甚至一千二百万，是以前的一百倍，因为细菌越来越凶。现在吃苹果也要削皮，你没到果园看过，农药的用量非常吓人，你根本就不敢吃。所以吃黄瓜最好要去皮，现在的农民在种植蔬菜的时候，事先把种子和农药化肥搅拌在一起，所以蔬菜从芯子开始就含有毒素，防不胜防，好在国家有《食品安全法》开始重视了，但是我们也要提高保护意识。你不要去看菜场检测，滴个一滴水看看过不过关，那个都是假的。早几个月，安徽有个报道：一根豆角喂了四十七种农药化肥，三道检测关一路开绿灯，所以要从源头抓起。我上课的时候经常跟学生讲，夏天最好不要吃小青菜，因为小青菜虫子比较多，农民隔两天不喷农药，小青菜就会被虫子啃的全是洞，就卖不掉了。清除农药残留有什么特殊方法？除尘法，就是菜买回来明天再吃，让它挥发一下；浸泡水洗法以及加热法、综合处理法，这个就不细讲了。

再讲讲薯类，薯类包括甘薯、马铃薯、木薯、薯芋等，这些都是好东西。山芋含有糖，可以软化血管。山芋里含有膳食纤维，可以帮助通大便。南京有句话：一斤山芋两斤屎，回头望望还不止。这话一点都不假！如果大便秘结，建议你吃山芋；过去把山芋当成贫困山区的代名词，哪个地方穷，就是吃山芋；哪个地方富，就是吃白大米。实际上这个说法是错误的，山芋是个宝，是个好东西。我们提倡搭配着吃，不是叫你整天吃。

第六我讲讲五果为主益健康。水果含维生素 C、胡萝卜素、β 维生素、矿物质、膳食纤维，所以要吃水果。我们有个口号：顿顿有蔬菜，天天有水果。蔬菜每顿都要吃，最好早上就要吃点蔬菜，拌个黄瓜、西红柿、芹菜，中午更要吃。另外就是天天有水果，水果既不能不吃，又不能吃太多。现在有的老年人在家吃太多水果，因为人家送水果一送就送一筐、送一箱，不吃就烂掉，所以就多吃，其实多吃也不好。吃水果的最佳时间是什么时候？是餐后两小时。现在我们请客人吃饭，饭菜吃完了，最后会剥个大香蕉或者削个大苹果给客人吃。我们在餐馆吃饭，经常是饭菜吃完了上个果盘，餐后上果盘是不对的，这时候血糖已经很高了，再吃果盘等于火上浇油，血糖更高。但是有一样水果不能空腹吃，就是柿子，柿子空腹吃会使胃酸浓度升高，它和胃酸结合后会引起胃柿石症，胃石小的像红枣核一样大，大的有乒乓球那么大，在胃里会胀疼排不掉，会导致十二指肠、胃穿孔，甚至要开刀。另外，吃柿子不能跟醋、山楂等酸性的东西一起吃。

第七我们讲讲终生不要断奶。牛奶是个好东西，第二次世界大战以后，日本政府出资，给日本的孩子从婴儿开始一直到十八岁每天免费供给一袋奶。我们发现日本孩子的体质越来越好，个子越来越高。过去我们称日本为"小日本"，称日本鬼子为倭寇，在日本篮球队和排球队里也找不到高个子。我八年前到日本去讲课，我带着夫人一起去的，我们在电车、地铁上注意观察，发现日本孩子的个子不比中国孩子矮，到中小学的操场边上去观察，发现日本孩子体质很好、个子也很高。这跟喝牛奶有关，所以我建议大家终生喝奶。

听过我的课以后，不喝牛奶的从明天开始要喝。小孩断奶以后要培养他喝牛奶的习惯，牛奶是一种营养全面、容易消化吸收的食品。中国人改善体质、改善营养状况要增加牛奶的消费量。牛奶是中国人补钙、补充营养的重要途径，所以我主张多喝牛奶。中国人的人均牛奶消费量和欧美发达国家比差得很远，和日本比也差很远。所以我建议不管老年人、中年人、年轻人、小孩都要养成喝牛奶的习惯。另外，大家要记住牛奶应该"吃"，不应该喝，更不应该空腹喝。很多人不理解，牛奶怎么吃？我所说的"吃"牛奶，就是吃一口馒头喝一口牛奶，把馒头牛奶混在一起嚼，嚼个二十多次，和唾液、淀粉充分接触，这样容易消化。每天喝一至两瓶奶会不会导致蛋白质过量？我可以肯定地告诉大家：不会！晚上喝牛奶比早上喝意义更大，因为夜间人体血液里的钙处于最低状况，血钙下降就要从骨头里取钙，骨头里的钙取多了以后容易得什么病？骨质疏松，骨质疏松容易导致骨折。我曾经看到一个老太太，打了两个喷嚏，肋骨那疼得不能动，到医院一看断了三根肋骨。

另外，吃酸奶也可以增强抵抗力，有益肠胃、防止癌症、降低胆固醇。中国人有相当一部分有乳糖不耐症，是什么原因？因为体内缺少乳糖酶。有些人喝牛奶就是容易胃胀，如果小孩从断奶开始就给他"吃"牛奶，就不容易出现乳糖不耐症的症状。如果有这个病症怎么办？你就照我讲的不要喝，改为吃。如果吃牛奶仍然不舒服，就改为吃酸奶，如果吃酸奶仍然有乳糖不耐症，那你就只能改喝豆浆了。

第八我们讲讲金豆银豆不如大豆。豆类包括大豆、蚕豆、豇豆、绿豆、黄豆、豌豆、芸豆。它们的蛋白质含量和营养价值都很高，矿物质、维生素含量都很高，碳水化合物含量反而低。中国人补充蛋白质离不开豆制品，几千年以来豆制品对中华民族的健康做出了很大的贡献，我建议大家每天都要吃点豆制品。豆腐、百叶、腐竹都属于豆制品，还有豆浆等都是非常好的东西，每天要吃一点。

第九讲讲水产品。人体是离不开水产品的，尤其是鱼，它是优质蛋白质，比家禽和红肉好。它含的蛋白质氨基酸比较全面，尤其是鱼油含大量脂肪酸。脂肪酸分两种：一种是饱和脂肪酸，一种是不饱和脂肪酸。比如鱼肉，尤其是海鱼含不饱和脂肪酸比较多。我们提倡每个礼拜吃两次以上海鱼，对预防心脑血管病尤其有好处。吃海鲜要注意安全和卫生，死掉的海鲜就不能吃，海鲜不能跟啤酒一起吃。青岛请我去讲过一次课，反响很好。我着重讲了青岛的居民的饮食习惯：嫌烧菜费事，称点儿外卖，打点儿鲜啤回家，一边喝酒一边吃外卖。结果得痛风的人特别多，痛风在青岛是高发病。

第十说说家禽肉。家禽肉是优质蛋白质的来源，蛋白质氨基酸种类很全面。荤菜不能不吃，但也不能过多，过多以后胆固醇高。现在很多人谈胆固醇色变，其实胆固醇不是坏东西，它对人体有利有弊。人体的维生素D、胆汁酸都是要靠胆固醇做原料的，过低了对健康不利，过高容易造成心脑血管病。我们城市居民胆固醇低的人少，高的人多。胆固醇有四种，其中有个低密度脂蛋白，这是最坏的胆固醇，最容易造成心脑血管病。胆固醇含量高的食物有哪些呢？动物内脏，如猪肝、猪腰、猪肾。尤其是猪脑，它的胆固醇是猪肝的二十倍。另外，蛋黄、鱼子、鱿鱼、蟹黄、黄油、奶油巧克力都属于高胆固醇食物。有句话叫"吃四条腿的不如吃两条腿，吃两条腿的不如吃没长腿的"。这是什么意思？就是叫你少吃猪肉多吃鱼，猪肉哪怕是瘦肉也含有很多脂肪。还有一句话叫"吃两条腿的不如吃一条腿的"，"一条腿"指的是什么？是菌类。菌类蛋白质含量高，又防癌抗癌，维生素等各种营养素含量都高。但是"四条腿"这个说法不适合少年儿童。少年儿童什么都能吃，要多吃猪肉，猪肉能健脑；也不适合农民，农民不吃猪肉等荤菜，爬到房上血糖低，头晕要摔倒的。

第十一我说说鸡蛋。鸡蛋虽然涨价了，但仍然不算贵，鸡蛋是大众化的食品，什么人不能吃？严重的高脂血症患者、胆固醇太高的人要限量。一般的人都能吃，哪怕胆固醇稍微高点，一天吃一个中等大的鸡蛋也不多。鸡蛋营养丰富、价格便宜，不吃太可惜。吃鸡蛋有几点要注意：生鸡蛋肯定不能吃，溏心蛋也不好，鸡蛋一定要煮透。

第十二我讲讲食用油要健康。油是脂肪，人体不能缺少脂肪，很多维生素是脂溶性维生素，像胡萝卜就含 β 胡萝卜素，就是脂溶性维生素。所以不能生吃胡萝卜，拌胡萝卜一定要加麻油，胡萝卜一定要跟羊肉或者别的肉一起烧，这样里面的 β 胡萝卜素才能被吸收。

吃油要注意几个问题：最大的问题就是植物油摄入严重超标。吃油每人每天不能超过二十五克，最多只能三十克。现在我们都是用大油壶烧菜，晚上四菜一汤，每样都过点油，油多不坏菜，最后吃下去的油就超标。我在南京调查过，超两到三倍甚至于有超八倍的，超标同样会造成富贵病。很多人的心脑血管病就是太多油造成的。我建议大家吃亚麻籽油，这个是最好的油。亚麻籽油在市场上没有什么供应，原因是太贵、产量太少。它的比例是最适合人体需求的，对健康有利。除了亚麻籽油，还有山茶籽油、橄榄油也很好。如果你不吃亚麻籽油，建议大家在超市里买调和油，调和油就是把两三种以上的油调和在一起；如果你不吃调和油，建议你这个月吃花生油，下个月吃菜籽油，每个月换一换。要少上餐馆，多在家用餐。餐馆里的厨子用油量大，虽然菜的色泽漂亮、菜的口感好。

第十三我们讲讲清淡少盐。世界卫生组织规定每人每天不要超过六克盐。如果你有高血压病，每天的用盐量不要超过四克，如果控制在这个标准以内，血压可以自动下降五毫米汞柱，比起吃药效果都好。那么盐怎么估算呢？矿泉水瓶子平平的一瓶盖是六克盐，啤酒瓶盖子平平的一盖子是四克盐，你不会估算就用这个办法。对于运动量大的人、出汗多的人不要受六克盐的限制，可以放宽。

第十四要管住嘴、迈开腿，保持健康体质。吃和动要平衡，就是讲进食量和运动量保持平衡。怎么知道平衡？就是看体重。如果体重超标了，说明不是运动太少就是营养过剩；如果太瘦了有几个原因：一是有病，糖尿病、甲亢、结核病、胃病、吸收不好等会消瘦，另外就是营养不良。现在老年人比较重视运动，在公园里锻炼的都是老年人，年轻人很少。运动还有一个口令叫"一三五七"，一天运动一次，一次三十分钟，一个礼拜至少运动五天，七是什么？就是一百七减年龄，算出来的就是心跳，也就是运动的时候不能超过这个数字。还有就是有氧运动，我们不主张运动量太大。你们不要看运动员拿奖牌、奖金很多，但是对身体很不好，没有一个运动员没有伤病，运动太激烈以后对身体是有损伤的。比如在家拖地、骑自行车、去菜场买菜都是有氧运动。我总结了四句话：呼吸能交谈、心脏跳得欢、精神更饱满、睡觉睡得酣。如果能达到我这四句话就叫有氧运动。现在我们要讲的是注重腰围，现在人偏胖一点不要紧，我们主张女同志偏胖点，偏胖点有什么好处？脸上皱纹少，人显得年轻。不超过正常体重的百分之十都在正常范围内，但是腰围不能大，腰围一大说明脂肪堆积在内脏和血管。男同志超过九十厘米就到黄色警戒线，女同志超过八十厘米就到黄色警戒线。

另外一日三餐分配要合理。西方国家有个说法，早餐要像国王，中餐要像绅士，晚餐要像乞丐。这指的是我们城镇老年人，如果你晚上要看书，都十一二点睡觉，晚上也要吃好。我主张要分餐，用公筷公勺。除了防止甲肝、肺结核传染病以外，现在还有一种胃病，叫幽门螺杆菌，发病率很高。幽门螺杆菌可以通过食物传染，所以尽量分餐。饮酒要限量，我们最反对嗜酒、酗酒。

最后我要讲讲安全问题。青番茄、烂白菜、无根的豆芽、生豆浆、发霉的茶叶、有毒的蘑菇、变颜色的紫菜，千万别让这些变质的东西成为健康杀手。长期吃霉变的东西容易得癌症，我们江苏启东是胃癌、肝癌的高发区，什么原因啊？地上潮湿，食物很容易霉变。

另外隔夜的剩菜，尤其是蔬菜不要吃，还有凉拌菜放得时间长了也不要吃，刚腌的泡菜不腌透也不能吃。还有食品添加剂有功劳也有过错，食品添加剂不是坏东西，但要合理使用。现在存在的问题是很多商家用了非法食品添加剂，还有过量使用食品添加剂，对人体是有伤害的。我们吃水饺，如果你买了面粉、肉、韭菜回来包，那这就是食物；如果你买了现成的水饺，饺子皮、饺子馅里面就会有十多种添加剂，这叫食品。所以我们有个口号叫"多在家吃饭，少上餐馆；多吃食物，少吃食品"。去年双汇出了问题，国家十多年前就有瘦肉精事件，广东发生过三次，几百人瘦肉精中毒。瘦肉精本来是用于治疗哮喘的药，叫盐酸特伦克洛，现在不是光这一种，有六种添加剂。这个猪饲料里面，拌个药下去，花五块钱可以增加二十五块钱的效益。瘦肉精好卖，但是对人体、对心脑血管的危害很大。

《三国演义》之问天下谁是英雄

潘知常

朋友们，大家好！我讲《三国演义》可能和其他人讲的不一样，特别是与中央电视台的那种讲法，有比较大的差别。前段时间在南京图书馆做讲座，我就提出一个问题：如果站在全世界的角度来看，在经历四百年之后，我们的民族是否有新的文学作品取代老的四大名著？但是，很遗憾，我们没有发现！

从全世界美学名著的角度去看，必须老老实实地说，过去的四大名著，可能要发生很大的转移。《红楼梦》没有问题。《三国演义》、《水浒传》和《西游记》，我坦率地说：这三本比不上另外一本《金瓶梅》。我不知道大家对学术界是否了解，现在世界学术界基本上肯定说：在中国长篇小说里，写得最好的是《红楼梦》和《金瓶梅》。但是，我们很有意思，在明朝《金瓶梅》是四大奇书之一，但到了清朝我们就把《金瓶梅》拿掉了。

中国人都很熟悉《三国演义》，但是进入现代社会，对它的评价不是水涨船高，而是水落石出。《红楼梦》随着时代的发展，我们发现它越来越好，就好像茅台酒一样。但四大名著里的《三国演义》和《水浒传》，它们的地位开始逐渐降低，我们对它们的负面因素有了越来越清醒的认识。当然，我们也要实话实说，就影响中国社会来说，《三国演义》和《水浒传》比其他几本要深刻。

何为乱世？《三国演义》写的是什么？

中央电视台讲三国，特别喜欢讲"乱世出英雄"，说三国是出了很多大英雄的，英雄们如何的有智谋。可是却忘了一个最基本的东西：三国共乱了九十六年，"铸就"了中国历史的"公元三世纪"。中国历史上，有两个阶段必须记住：一个是公元755年安史之乱，乱了十年，导致了中国历史一千年的大倒退，唐玄宗和杨贵妃的那场恋爱是人类有史以来代价最高的恋爱；第二个是"公元三世纪"，一个民族打了九十六年仗，这还不算，三国归晋，十一年后中国的很多动乱好战分子说：不行，我不要和平，我要战争。结果又开始天下大乱，一共乱了三百九十四年，在历史上就叫魏晋南北朝。

我讲三国，是要追究历史责任的。三百九十四年动乱的魏晋南北朝，是从魏开始的。谁是魏的第一个创始人？是曹操，是曹操开创的三百九十四年的乱世。他要不要负责任？我们要不要追究动乱分子？当然，动乱分子他也有智慧，动乱分子他也有权谋，但是我们一定要注意一点，如果一个人的智慧导致了中国几百年的大动乱，那我们就一定要去重新思考这个现象。

无锡有一个史学大家叫钱穆，他在二十世纪的史学地位上，相当于中国的司马迁，他写得最好的书叫《国史大纲》。钱穆曾经说："中国这个民族是没有宗教的，中国人以历史为宗教。"中国人特别喜欢修史，喜欢写历史，因为要在历史中总结经验。对于《三国演义》，我们就把它理解成：中国人通过总结三国的经验，来回答中华民族该向何处去。我们在看《三国演义》的时候，我们要去想：罗贯中是如何解释历史的？

当我们重新审视《三国演义》的时候，我觉得《三国演义》是解释了中国历史上的一句话："乱世出英雄"。罗贯中的"乱世出英雄"是什么英雄？他的答案是：

谁能够结束乱世谁就是英雄！然后他在《三国演义》里回答了这个问题。在这个意义上，罗贯中说：曹操不是英雄，刘备才是英雄。在"文革"时期《红灯记》里有这样一句词叫："做人要做这样的人"。罗贯中就是教后来的中国人："做人要做这样的人"，只有做这样的人，才能不造成乱世；只有做这样的人，才能拯救乱世！

何为乱世？罗贯中的想法是：我们这个民族是怎么弄的？为什么乱了这么多年？乱世又是怎么形成的？乱世一旦形成，我们如何结束它呢？罗贯中的答案是：乱世的形成原因是贪官污吏和农民造反。乱世的解决方案是把贪官污吏全杀光，由那些清廉的官员来打理朝政。这样中国的乱世就会结束。应该说，他说的这个问题到我们今天都存在。

我们现在看小说，特别想给大家一个善意的提醒：你千万不要把它当小说看。一本书它影响久远，一定是因为它和我们现在生活的时代有关系。其实罗贯中面对的问题，和今天我们改革开放面对的问题是相似的，就是贪官污吏很多，我们怎么去做？当时三国之所以产生了九十六年的动乱，罗贯中总结了两个原因，一个原因叫黄巾军起义，就是当时农民造反，导致汉家王室的崩溃；第二个原因是中国历史上第一次出现了宦官当政。

我经常说，《三国演义》最有价值的是它的开场白。所有的中国人都会说，但是我可以断定，所有的中国人都不懂。罗贯中开篇说："话说天下大势，分久必合，合久必分。"我为什么要写《三国演义》？因为我看到了一个典型的现象：中国社会一直就是统一与分裂交替的状态。就好像我们今天改革开发中的拆迁一样，总是拆了又盖，盖了又拆。于是，罗贯中就问了一个问题，为什么我们中国总是要改朝换代？而且在罗贯中之后，我们清楚地看到中国有二十多个朝代，这些朝代都是"拆了又盖，盖了又拆"！

那么，我们就要来解释，现在讲"分久必合，合久必分"是什么意思，这是《三国演义》中最深刻的地方。但是他的总结不对，他说因为中国有些官员道德不好，当官就贪污，贪污就激起民愤，所以全国开始造反，然后弄得倾家荡产，全国都归零。经过一百多年的休养生息，又有一点成本了，然后又折腾，然后又把它推翻。但是，后来我们发现，这不是全世界的规律，是中国才有的。所以，我们一定要记住：《三国演义》所总结的答案是错误的。为什么三国会乱九十六年，罗贯中总结就是当时有"十常侍"，十个宦官在宫廷里操控着那些儿皇帝。东汉十三个皇帝，有十一个是儿皇帝，有十二个没有活过四十岁。所以皇帝身体不好，身边的人就帮助其执政，结果这十常侍一共统治了中国三十一年。罗贯中总结：就是这"十常侍"造成了东汉末年的大动乱。

导致乱世的原因何在?

1. 顶缸替罪的"十人帮"和坏心办坏事的"愤怒英雄"

罗贯中在《三国演义》中说，导致乱世的原因是"失德"，所以我们要"补德"。如果让那些有道德的人来当官，中国社会就不会乱，汉朝的江山就能稳定。这和我们今天的观点是非常一致的，我建议大家把视点放在这里。你不要去看曹操多聪明，诸葛亮多聪明。好人聪明，坏人也聪明，你不能说，聪明的人就是好人。我们要看的是：谁给中国造成了动乱，谁给中国带来了和平。那么我们就要问：导致三国动乱九十六年的原因到底在哪里？我们先来看看中国三位历史大家是怎么总结的。

第一个就是钱穆，他在《国史大纲》中说：罗贯中总结三国为何乱，是因为有贪官，所以曹操起来是整肃贪官的，刘备起来是整肃贪官的，但是曹操和刘备崛起的时代，距离贪官横行的时代已经过去很远了。三分天下的时候，贪官早就死了几十年了。农民起义的黄巾军已经被平定了，而且董卓也已经死了很多年了。

钱穆先生很聪明，他在《国史大纲》中提醒我们说，罗贯中这样总结不对。中国为什么会动乱九十六年，他发现了当时中国离心势力的增长。他说：有一个很重要的特色，就是有很多中国人想乱，有很多中国人想发战争财和国难财。我今天把话说得尖锐些，《三国演义》里的曹操、诸葛亮、刘备都是发国难财出身的。如果抛开历史的发展趋势不看，如果不看他们造成的三百九十四年的大动乱，你会说，这帮人真厉害，主宰了中国历史？但是如果主宰中国历史的背后是造成九十六年的动乱，然后又导致了几百年的大动乱，你一定要问：曹操你为什么要来作乱？诸葛亮你为什么要来作乱？曹操已经平定天下了，你出来乱什么呢？

钱穆先生的历史眼光比罗贯中要进步，他说中国有一股离心势力在增长，什么叫离心势力呢？就是有些人要浑水摸鱼，有些人要乱中篡权、乱中取胜。所以这些人就是要中国乱，不是中国乱，而是乱中国。不是因为中国乱了，我出来平定叛乱；而是这些人出来了，把中国搞乱了。这才是《三国演义》真正要总结的。我经常说，我们今天应该有人出来写一本新的《三国演义》，主题就叫作：谁弄乱了中国，或者说谁动了中国这块蛋糕？谁动了中国的奶酪？而不是他们给中国送了奶酪，可惜罗贯中没有意识到这个问题。

我们再看第二个，宋代著名历史学家叶适。他总结三国历史时，发现了一个问题：三国的动乱和任何一个朝代都不一样，三国的动乱是"兵民未叛，而吏士大夫先叛"。就是说，老百姓不想乱，当官的先要乱。其他朝代都是老百姓过不下去了，例如：明朝是老百姓过不下去了，李自成带着他们乱。三国的时候老百姓没有想乱，是曹操先乱刘备再乱，诸葛亮乱了再乱，这就叫做"兵民未叛，而吏士大夫先叛"。所以他说，这是造成中国"分久必合，合久必分"的深层次原因。

叶适和钱穆先生就比罗贯中看得深刻。

再来看看司马迁的说法。司马迁总结中国历史时曾经说过，中国历史有一个很重要的现象，农民起义是亡不了中国的，中国的大患在于土崩而不在于瓦解。"土崩"是指那些所谓的时代英雄，比如说曹操、刘备、诸葛亮。因为这些人的捣乱，然后再出现农民起义，才会把中国搞乱。其实李自成、张献忠等人是不可能把中国搞乱的，中国之大患，在于土崩，不在于瓦解。土崩是那些军事将领要捣乱，瓦解是手无寸铁的农民进行起义。司马迁也说，中国最重要的问题是，有人要发国难财。

我们从这个角度，回过头来看三国。我们会发现，《三国演义》揭露的问题很深刻。"合久必分，分久必合"，这是中国人非常熟悉的一句话，也是《三国演义》的第一句话。中国二十多个朝代偏偏就是如此，它使得漫长的历史类似于劳而无功的建筑工程：刚刚建成又拆毁，刚刚拆毁又去搭建……但是我觉得《三国演义》在这个问题上的回答是肤浅的，甚至是失败的。《三国演义》写得不好，也是因为在这个问题上的回答不够出色。

2. "抢椅子"的千年游戏："抢"才是硬道理

中国人经常吹牛说：中国人天下一家。但这个家不是天下的。秦朝是秦始皇的，汉朝是刘家的，唐朝是李家天下。那么在这样的情况下，要想致富只有一个方法：就是去当皇帝。所以中国有句话：皇帝轮着做，明天到我家。中国的历史发展规律就是这样的。

我们在学生时代都玩过抢椅子的游戏，十把椅子十一个人坐，一直到一把椅子两个人坐。那么中国二十多个朝代，都是抢椅子抢到最后。最典型的是朱元璋，起兵的时候是一个和尚。我们回顾一下历史就知道，中国是抢椅子游戏反复玩的历史，一把椅子我抢到手了，游戏能结束吗？不能！朱元璋坐这把椅子，说老子拿了天下，明朝千秋万代，可能吗？你总要打盹吧？我一刀把你砍下来。朱元璋说我就不打盹，但总是要睡觉，怎么办？我就把凡是可以和我抢椅子的人统统杀掉。这就是中国的历史。那么，在这个历史的演变下，我们很多聪明人就知道了中国的真相，中国的真相就是去夺权。有权就能过，没有权就不能过。

其实《三国演义》就是三个人抢两把椅子、两个人抢一把椅子的历史过程。这个过程和贪官污吏没有一点关系，中国为什么有贪官？一个最简单的原因：所有的人和这个国家都没有关系。中国历史上那么多把椅子，其实就是叫作国家。但这个国家和每个人无关，既然没有关系，那我就想尽办法去捞钱。于是，有些抢到椅子的人就学会了一个办法，最典型的就是朱元璋。在那个时代，朱元璋最痛恨贪官，因为他的认识水平和罗贯中一样，他说，为什么中国亡国呢？因为贪官太多了。怎么办？我杀无赦。朱元璋时代，贪污十元钱都被杀。任何人都有权揭发，到南京去把证据一交，朱元璋就去查。朱元璋时期比现在严格多了，他是剥皮啊。如果你是县官，把你剥皮后，在皮里面塞上稻草，就放在县衙那，让所有人看：这个县官贪污，被我朱元璋剥皮。即便这样，贪污还是管不住。

我们回过头来看《三国演义》，罗贯中的总结就不够深刻：贪官很多，曹操起来是要反贪官的，但曹操这个人太狠，想自己专权，结果出现了刘备，结果他们就打了六十年。罗贯中就说刘备是对的，曹操是错的。其实我们要知道，曹操、刘备和诸葛亮都是一样的，他们都知道中国是一个"抢椅子"的中国。我们总结历史教训，就一定要改变中国这个"拆迁"的历史。如果不改变这个历史，所有的人都可能变成贪官，这就是我们中国到今天最严酷的现实。

"天下者，天下人之天下。"曹操说，椅子谁都可以抢，不是刘家坐着，我们就要给他当大臣。椅子谁都可以抢，我曹操第一个来抢。所以我们经常说，曹操是"千古第一"的"非常"之人。"非常"在何处呢？他是第一个出来抢椅子的。

我们再看刘备，刘备的形象是最典型的。罗贯中在总结的时候，无意中落到了我们批评的那种历史发展模式上。曹操一开始就清醒：天下者，天下人的天下。既然这样，抢椅子的游戏不光你们刘家可以自己抢，曹家也可以抢。刘备有个最大的特点，他顶着刘家血统，可以鼓吹自己是刘家后裔，其实这个血统是靠不住的。但实际上你会发现，《三国演义》写的刘备，一开始是倒霉的，倒霉了十八年。后来什么时候大彻大悟了呢？要记住两个时期：荆州时期和益州时期。刘备当年不知道当官的秘诀，到了益州的时候，突然知道了，无非就是抢。他抢四川完全就是明火执仗。到了益州就带着庞统去抢四川。但是，刘备大彻大悟是里面最精彩的，我今天一定要告诉大家：一切都是因为诸葛亮。

在《三国演义》中，曹操是"五零后"，诸葛亮是"八零后"，诸葛亮就是一个青年干部。当时江苏的孙权政府是根本不敢打曹操的。吴国说了，我们臣服于曹家。曹操为什么写"老骥伏枥"那首诗，因为当时曹操很高兴，已经把天下拿下来了，这把椅子以后姓曹。但是他万万没有想到，诸葛亮正卧在南阳，考虑把天下重新带入动乱。你千万不要觉得，只要施展抱负，我就有权力乱天下。乱天下是要追究历史罪责的，曹操在这方面的罪责比诸葛亮要小。刘备当时没有权力和能力去乱天下，吴国已经承认臣服魏国。此时刘备只是不服气，他就到处找人帮他出主意。有一个人给刘备指了一条光明道路，此人是徐庶，他说："你去找那个人。"刘备问哪个人？一个"八零后"，二十七八岁，叫诸葛亮，你找他就行了。刘备就去找诸葛亮，诸葛亮怕刘备不敢下手，三次都不见他。最后觉得刘备能听自己的，就告诉他：我有一个方法能让你和曹操血拼到底：三分天下！

今天如果台湾要独立，就是二分天下，李登辉、陈水扁的那一套中国人能接受吗？当然不能！这是一个民族的底线。所以，曹操首先越过了一个底线，那就是国家道德，这个国家变得没道德了；诸葛亮越过了一个底线，就是民族道德。曹操已经把中原统治了，诸葛亮告诉刘备：有一个方法你的老祖宗刘邦就玩过，你打到四川去，把益州抢了，把蜀道扎住，然后你就在蜀宣布，成立蜀国。刘备说，这玩大了。诸葛亮说，你要玩，只有这么玩。你要是不玩，现在已经是曹操的天下了。后来刘备一狠心说，那我就玩吧！

刘备在诸葛亮的串通下，玩了六十年的中国惨痛历史。当然有些人不在意，他说，这有什么关系，不就是独立了六十年吗？请问，如果后来蜀没有收回来，如果现在蜀国已经建国一千多年，那我们将会怎么看待蜀国？蜀国的人到中国来要办护照，我们中国人去蜀国要办理护照。我现在到澳门要办通行证，如果按照诸葛亮的做法，我们到澳门去就不是办理通行证，而是办理护照的关系了。这样的事情诸葛亮居然能想得出来。再比如说，诸葛亮七出祁山，这是我们很多中国人都赞美的：诸葛亮顽强拼搏，一定要统一中国。这些说法是不对的。诸葛亮的《前出师表》、《后出师表》，我现在用规范的语言给大家分析一下，其实就相当于蜀国的《人民日报》社论："论出兵魏国的必要性"。我告诉你，诸葛亮永远打不下魏国。因为只有打仗他才能进政治局常委，才能够把刘禅弄得团团转。诸葛亮用七出祁山的办法来保护自己的政权。至于能不能打下魏国：古今中外没有人认为他能。

3. 英雄应当是一个能坚持底线、道德高尚的人

俄罗斯一个大作家说，世界处于乱世，任何人要想当英雄的话，必须回答一个问题：在乱世，人是否什么都可以做？西方有宗教，如果上帝死了，人是不是什么都可以做？他把这个问题变一下，人处在乱世，什么人也管不了你，是否什么都可以做？这个文学家庄严地宣布：在乱世里，我们必须面对问题，坚持做一个高尚的人。

罗贯中关于"英雄"的回答：乱世出英雄！然后，他讲了刘备、曹操、诸葛亮、孙权等很多人。可是事实上，这些人是什么人：这些人是什么都可以做的人。罗贯中在总结历史时说，我们一定要让有道德的人出来执政。但是事实证明，当刘备有道德的时候，他在乱世里颠沛流离了十八年，当他突破了人性的底线，他成功了。诸葛亮在有道德的时候，没有一官半职，当他突破了人性的底线，叛国了，却成了一代著名宰相。

所以，看《三国演义》，我特别希望大家注意一个问题：做人是不是可以没有底线？做人是不是可以相互欺骗？这是《三国演义》回答得不好的地方。其实罗贯中也意识到了，什么样的人是英雄呢？他说是刘备、诸葛亮；可是他写着写着，不由自主写出了刘备、诸葛亮也是不讲道德的人，这是中国历史上最大的悲哀。这个问题我要说得稍微远一点，我们江苏人，可能最容易想得清楚罗贯中的错误，因为我们江苏流传的项羽和刘邦的故事。自古以来失败者很多，中国人为什么要把项羽放到帝王列传里？虞姬和项羽的故事是中国人的情感安慰，因为项羽是真正的英雄。

项羽和刘邦最大的区别在哪里？其实，项羽和刘邦的故事，就是罗贯中要解决的乱世里面谁是英雄的问题。中国人为什么如此推崇项羽？因为所有的中国人都问心有愧，在项羽以后，中国没有一个像模像样的守道德底线的男子汉了。项羽之后，大家都知道，做人要做像刘邦这样的人，做人不能做像项羽这样的人，老实人吃亏！刘邦最大的特点就是不老实。他和项羽打仗，没有一次取胜，为什么最后把项羽打败了？因为要阴谋诡计。可就是这样的人夺取了国家政权。所以，我总结，

从刘邦时代开始，中国历朝历代出来谢幕的永远是小人。真正的英雄守人性底线，救人民于水火。

我们一定要清楚，政治斗争也是要讲规则的，没有规则的政治斗争是没有人性的。签个和平协议还不算数，外国大使来访问，慈禧太后就玩这一手。签完投降条约，外国人刚离开北京，慈禧太后就派人半路上把他杀了，结果导致八国联军进来了！

中国从战国时候就起坏了。在春秋时期，还有齐桓公的心灭迹绝，还有晋文公的退避三舍，还有宋襄公的蠢猪式的仁义。宋襄公打仗，对方兵马要过河，参谋长说：杀。宋襄公说这不行，这是欺负他们。对方过了河，还没有排列整齐，参谋长说：杀。宋襄公说不行，队伍还没有站好，参谋长说站好了就杀你了。宋襄公说，让他站好，我要和他公平打，结果宋襄公被杀。

楚国有一句名言叫："楚虽三户，亡秦必楚。"因为当时统一中国，不是秦国就是楚国，本来楚国最有希望，结果秦国一看斗不过楚国，就把楚国国王骗去杀掉了。所以我们江苏人就特恨秦朝，我们宣誓一定要把秦国灭了。最后大家知道，灭秦国的三个人都是楚国人，第一是陈胜，"苟富贵勿相忘"，楚国人说的；第二是项羽，"彼可取而代之"；第三是江苏沛县的刘邦，"大丈夫生当如此"。当然看看项羽和刘邦，就知道两人境界不一样。项羽是个英雄，一看他不如我，我就可以取而代之。刘邦一看见秦始皇，这家伙过得真好，大丈夫就应该这样过，算是个小人。

我们再来看几个历史大家的评价，我们就会知道，《三国演义》问天下谁是英雄，英雄的总结背离了人性的轨道。因为看三国是一个要阴谋诡计的三国，可是我们知道，英雄是绝不能要阴谋诡计的。要阴谋诡计一定要有底线，中国宋代的历史学家叶适就说，中国最美好的时代是夏、商，周之前不要权术，周朝开始要权术了。钱穆说：中国有制度也有法术，凡是强调制度的中国就是和平的中国，凡是强调法术、阴谋诡计的中国就是动乱的中国。因为只要讲法术，就会越过人性的底线，就会有私心。梁启超总结：中国为什么搞来搞去搞不好？就是因为"源于权术"。只要搞权术，中国就会是动乱的中国。

所以，我有一天晚上想到怎么在微博上说《三国演义》。《三国演义》是旗帜鲜明地批评曹操、司马懿等人的权术崇拜的，这是《三国演义》之所以是一部伟大作品的原因。但是今天我要强调：它不是一本坏书，它是一本很好的书，但是它不是一本最好的书。因为它在赞美刘备和诸葛亮等人的时候，我们看到的也是崇拜权术。

促成"乱世"的结束："补爱"

今天我们每一个中国人都面临一个选择：做一个不要阴谋诡计的好人，还是做一个耍阴谋诡计的好人。《三国演义》是这样帮我们解决的：你可以耍，为了革命、为了国家、为了民族，就可以。

我希望在座的各位都受到过最简单的教育，那就是我们每一个人在做事的时候，是一定要有底线的，而且是不加任何前提的底线。说不欺骗，就是不能欺骗。不是为了国家就可以欺骗，为了集体就可以欺骗，不能这样做。

有些人的思维方式是：对敌人什么都能做，对其他小团体的人可以无所不为，对生人就可以无所不为，对父母好一些就可以了，对老公老婆忠诚一些就可以了。除此以外，你看到中国人讲这个最简单的道德了吗？对敌人就可以不做一个高尚的人，对其他小团体就可以不做一个高尚的人，对生人就可以不做一个高尚的人，这就是从《三国演义》到今天，我们所有中国人身上都有的通病。我举一个最简单的例子，前段时间河南人总是挨骂，然后河南人就愤愤不平，作协主席张宇带头出来写了一本书，叫《河南人惹谁了》。我在河南待过若干年，我就在想，能不能来解释河南人为什么挨骂呢？为什么江苏人不挨骂？我有一次讲座的时候说：因为河南人身上的中原文化底子太深，他做生意的时候，是分得很清楚的。为朋友两肋插刀，对生人插他两刀。对朋友两肋插刀，这是河南人好的地方；对生人插他两刀，这就是罗贯中没有解决的问题。

大家知道，做生意有一个词就叫"杀熟"。传销就是最典型的杀熟，你去做传销，他就问你有七大姑八大姨吗？有啊，去骗！罗贯中的优点在于他说不能这样杀熟，罗贯中的缺点在于我们中国人到了市场经济时期才学会不杀"生"，对敌人也要有界限，对生人有界限，对不是自己团体里的人不能杀无赦。

基于"失德"的历史判断，怎样促成国家统一？《三国演义》理所当然地为中国历史开出了"药方"："补德"。然而，正确的答案却应该是：补爱！我们不妨先设想一下，如果我们是作家，如果我们在写《三国演义》这部小说，那么，我们会怎样去考虑这样一个乱世统一的问题？唯一的选择，就是"补爱"！这也就是说，既然乱世的出现与人性向善的缺席密切相关，也与对于国家的人性的监督、人性的推动、人性的制衡的缺席密切相关，更与在作为无限权力的国家的诱惑下粉墨登场的人性向恶密切相关，简而言之，就是与"失爱"密切相关，那么，唯一的办法就是"补爱"。

今天，我们每个善良的人，在总结自己的成功和失败的时候，一定要记住：不能再走阴谋诡计的老路，这条路谁都不可能走得很远。我们在单位为什么经常犯错误？就是有时候我们觉得，我能骗得了他，我能瞒得住。但是事实证明，吃进去的早晚要吐出来。三国时期三个国家搞动乱，结果都夭折了，因为"吃进去的一定会吐出来"。三国是把全民族拖进了阴谋诡计，拖入了战争血泊，在三国时代，所有的人都想从奴隶到将军。可是我想问：有没有人想从奴隶到弟兄呢？美国的马丁·路德·金，黑人领袖，他最著名的演讲是《我有一个梦想》："有一天，我们这些奴隶的孩子和奴隶主的孩子坐在一起高歌欢庆。"曹操、刘备、诸葛亮有这样说过吗？没有！他们只想从奴隶到将军，他们不管老百姓的死活。

罗贯中作为一代大师，他也只想到怎么样重新统一中国，却忽视了一个更伟大的课题，就是如何重新统一人性。今天的中国，依然是一个人性不统一的中国。

我一直认为，五四时期鲁迅提出了一个非常好的口号，鲁迅说中国最大的问题是：中国流行《三国演义》和《水浒传》，是因为中国存在着非常恶劣的"三国气"和"水浒气"：互相仇恨，绝不给对方爱；阴谋诡计，绝不彼此诚实。这就是"三国气"和"水浒气"。我们不要整天说万恶的旧社会，我们应该思考怎么样走出一个新中国。我们中国的改革开放是重要，但是人性的提升和统一更重要。有一个西方人说：千年易过，法西斯的罪孽难消。我也经常这样感叹：千年易过，三国时代的罪孽至今未消。这个罪孽就是：对乱世的错误判断和"做人要做这样的人"的错误推崇。所以就导致了一个结果：我们中国人到现在都不知道，谁是真正的英雄。"做人要做这样的人"，我们喊了上千年，可是这样的人是什么样的人呢？问天下谁是英雄？我们不得不说，到现在它还是一个问题。